# 2014年中国道路交通安全蓝皮书

交通运输部公路科学研究院 编著

人民交通出版社股份有限公司
China Communications Press Co.,Ltd.

## 内 容 提 要


全书共三篇六章。第一篇为发展历程篇，回顾了新中国成立以来，特别是近十年来我国道路交通安全发展历程，分析了目前我国道路交通安全面临的形势、挑战与机遇；第二篇为现状热点篇，总结了2013年我国道路交通安全形势，剖析了2013年道路交通安全方面的热点问题；第三篇为措施研究篇，列举了2013年我国改善道路交通安全的主要举措，介绍了道路交通安全研究的进展。另外，本书还编录了2013年道路交通安全十大新闻、2013年一次死亡10人以上的特大道路交通事故、网络舆情精选、道路交通安全新技术、国际道路交通安全和国际道路交通安全数据。

本书另有中英文简本，请从人民交通出版社股份有限公司网站(http://www.ccpress.com.cn)下载。



**图书在版编目(CIP)数据**

2014年中国道路交通安全蓝皮书/交通运输部公路科学研究院编著. —北京:人民交通出版社股份有限公司, 2015.1

ISBN 978-7-114-11928-6

Ⅰ.①2… Ⅱ.①交… Ⅲ.①道路—交通运输安全—白皮书—中国—2014 Ⅳ.①U491

中国版本图书馆CIP数据核字(2015)第002514号

**书　　名**:**2014年中国道路交通安全蓝皮书**
**著 作 者**:交通运输部公路科学研究院
**责任编辑**:卢俊丽　周　宇
**出版发行**:人民交通出版社股份有限公司
**地　　址**:(100011)北京市朝阳区安定门外外馆斜街3号
**网　　址**:http://www.ccpress.com.cn
**销售电话**:(010)59757973
**总 经 销**:人民交通出版社股份有限公司发行部
**经　　销**:各地新华书店
**印　　刷**:北京市密东印刷有限公司
**开　　本**:787×1092　1/16
**印　　张**:10.75
**字　　数**:255千
**版　　次**:2015年1月　第1版
**印　　次**:2015年1月　第1次印刷
**书　　号**:ISBN 978-7-114-11928-6
**定　　价**:38.00元

# 前言

自人类进入汽车社会以来,道路交通事故就如影随形,迄今已经夺去了上千万人的生命。为了遏制道路交通事故发生,降低道路交通事故危害,人类做出了不懈努力。进入 21 世纪,国际社会对因道路交通事故引发的道路交通安全问题越发重视,在全球范围内掀起了与道路交通事故做斗争的新高潮。但是,道路交通安全仍是一个被忽略的公共健康问题,遏制道路交通事故发生、改善道路交通安全仍是一项长期和艰巨的任务。目前,全球每年仍有 130 多万人死于道路交通事故伤害,其中 85% 发生在发展中国家。

从世界一些发达国家和地区道路交通安全发展的历程来看,道路交通事故通常与一个国家和地区的社会经济发展有着内在的联系。经济的高速发展、机动化水平的快速提高一般伴随着道路交通事故的高发。但是,从世界一些发达国家和地区遏制道路交通事故、改善道路交通安全的具体历程来看,道路交通事故是可以遏制的,道路交通安全是可以改善的。

改革开放以来,我国经济社会高速发展,机动车制造水平快速提高,道路交通事故频繁发生,已成为近年来影响我国公众安全感的重要因素之一。道路交通安全问题已经成为影响社会和谐、改善民生的基本问题之一。

近年来,我国政府高度重视道路交通安全工作,采取了一系列重要举措,道路交通安全形势已迅速得到改善,"道路交通事故六大指标"已连续 9 年大幅下降。2013 年我国道路交通事故死亡人数已降至 6 万人以下。与 2003 年相比,2013 年全国涉及人员伤亡且不适用简易程序处理的道路交通事故起数下降了 70.28%。

全社会重视道路交通安全问题是我国道路交通安全形势快速改善的根本保证。自 2003 年开始,我国政府首次全面部署道路交通安全工作,逐步形成了政府统一领导、有关部门各司其职、齐抓共管、综合治理、标本兼治的工作格局。一系列系统性和针对性措施的实施,在短时间内基本遏制了我国道路交通事故高发的态势。2013 年出版的《关于办理醉酒驾驶机动车刑事案件适用法律若干问题的意见》,修订的《机动车驾驶证申领和使用规定》《道路危险货物运输管理规定》《缺陷汽车产品召回管理条例》《机动车强制报废标准规定》等一批规定、条例和规范正式施行,道路交通安全制度建设得到进一步加强;"平安交通"创建活动启动,安全生产大检查、危爆物品安全大检查大整治、长途客运接驳运输试点工作、机动车安全隐患大检查等各项工作在全国开展,道路交通安全基础得到进一步夯实;"黑车"、货车违法行为、酒后驾驶和工程运输车交通违法等问题被列为专项整治,道路交通安全长期存在的一些突出问题得到进一步遏制;科技改善道路交通安全的作用进一步增强。所有这些都为我国2013年道路交通安全形势的进一步改善奠定了坚实的基础。

虽然道路交通安全形势进一步好转,但由于影响我国道路交通安全的诸因素还没有发生根本性的改变,当前全国道路交通安全形势依然十分严峻,与党和人民的要求、与发达国家的情况相比还有较大差距,工作中面临的困难和挑战还很多,进一步改善道路交通安全的压力和难度仍在增大。我国道路交通安全工作仍然任重而道远。

交通运输部公路科学研究院所属道路交通安全研究中心是我国第一家全方位在道路交通安全、交通工程和交通管理领域从事研究、设计、计量检测、标准规范制定、交通事故司法鉴定和安全评价等咨询服务的单位,完成了一大批具有重大影响的国家级、省部级道路交通安全和交通工程领域科学研究、试验检测及标准规范制定工作。在道路安全评价、改造与设计,相关标准、规范制定、修订,道路安全设施产品及试验设备研发,道路安全监控预警系统开发与集成,道路交通事故分析与司法鉴定,道路运输和道路施工安全生产保障技术研究与推广应用等方面积累了大量的研究资料和实证数据,取得了一批重大科研成果,每年推出的《中国道路交通安全蓝皮书》就是这些劳动结晶的一个缩影。本书书名已获得国家工商行政管理总局颁发的商标注册证(第5962868号)。交通运输部公路科学研究院将每年沿用此名称,回顾我国道路交通安全发展历程,深入剖析我国道路交通安全现状,真实记述我国道路交通安全发展步伐,追踪我国道路交通安全发展进程,编制并发布年度道路交通安全蓝皮书。目前,交通运输部公路科学研究院已连续8年发布《中国道路交通安全蓝皮书》。

全书共三篇六章。第一篇为发展历程篇,回顾了新中国成立以来,特别是近十年来我国道路交通安全发展历程,分析了目前我国道路交通安全面临的形势、挑战与机遇;第二篇为现状热点篇,总结了2013年我国道路交通安全形势,剖析了2013年道路交通安全方面的热点问题;第三篇为措施研究篇,列举了2013年我国改善道路交通安全的主要举措,介绍了道路交通安全研究的进展。另外,本书还编录了2013年道路交通安全十大新闻、2013年一次死亡10人以上的特大道路交通事故、网络舆情精选、道路交通安全新技术、国际道路交通安全和国际道路交通安全数据。本书的中英文简本单独成册。

本书由王丹、郭艳等编写。张建军在本书编写过程中提供了大力指导,他所积累的历年来有关交通事故的数据是本书不可多得的宝贵财富。另外,本书在编写过程中,得到了交通运输部公路科学研究院各级领导的鼎力支持和其他同仁、领导给予的大力配合及热情指导,在此表示衷心感谢!书中参阅并引用了大量国内外的文献资料,由于条件所限,未能与原作者一一取得联系,引用及理解不当之处,敬请见谅,并向这些文献资料的原作者表示衷心的感谢!由于写作时间仓促及作者水平有限,书中难免有诸多不足之处,敬请各位读者和专家批评指正。

本书兼具权威性、准确性、全面性和系统性特点,以期为我国道路交通安全提供较为翔实的资料分析和实践指导。

**交通运输部公路科学研究院**

**《中国道路交通安全蓝皮书》编写组**

# 目录

## 发展历程篇



## 现状热点篇



## 措施研究篇

## 附　　录

# 发展历程篇

# 第一章 道路交通安全发展历程

## 一、道路交通事故变化历程

自1951年新中国对交通事故数据有统计记录以来，道路交通事故的总量就呈现出与当年机动车保有量、公路通车里程、机动车驾驶人素质等因素密切相关的特点。自1951年至2013年，我国道路交通事故总体上经历了先升后降的变化历程，较明显地分为三个阶段。

第一阶段为从新中国成立至改革开放初期（1951～1984年），道路交通事故总量较低，增量较小。当时我国公路通车里程较少，汽车工业还没有建立起来，民用汽车仅有5万辆左右，在此阶段道路交通事故起数、死亡人数、受伤人数即便比上一年有所增加，增幅也并不明显。

第二阶段为改革开放初期以后（1985～2004年），我国交通事故迅猛增长，增速快、增量大。这与当时道路运输市场的活跃、机动车驾驶人素质的低下、公路通车里程的剧增及交通管理体制的混乱有关。1983年全国交通工作会议提出了“有路大家行车”“国营、集体、个体一齐上”的政策，1984年国务院又印发了《关于扶植和发展农村集体和个体（联户）运输业的通知》，道路运输市场向个体开放。随之而来的是个体运输车辆的迅速增加，道路运输市场变得十分活跃。但是，当时个体运输车辆技术性能落后，机动车驾驶人技术水平普遍较低，导致1985年前后个体运输车辆道路交通事故迅速增长。另外，当时我国城乡道路技术等级低，人车混杂，交通管理又由公安、交通、农业（农机）部门负责，机构重叠，政出多门。直到1986年国务院决定全国城乡道路交通由公安机关负责统一管理，道路交通管理体制才算理顺，之后的几年间交通事故总量基本保持稳定。1992年以后，随着国民经济的快速发展，公路通车里程和机动车保有量都在快速增长，交通事故的总量也开始急剧增加。1998年以后，道路交通事故增长迅猛，并在2002年达到了历史极值。2003年，受“非典”影响，道路交通事故有所下降。2004年，道路交通事故出现反弹。

第三阶段为2004年以后，道路交通事故迅速下降，道路交通安全形势逐渐向好。2004年4月1日，《中华人民共和国道路交通安全法》正式施行，我国道路交通安全开始进入一个崭新的发展阶段。为了遏制道路交通事故高发的趋势，我国政府采取了一系列针对性措施。随着政策和措施效果的逐步显现，我国道路交通事故自2005年起迅速回落，逐渐实现了道路交通事故从高发到基本遏制直至逐年下降的工作目标。2005～2013年间，我国道路交通事故年死亡人数逐年下降，由2005年的98 738人降至2013年的58 539人，降幅达到了40.71%。2013年的道路交通事故死亡人数与1992年大体相当，而1992年的公路通车里程、机动车保有量、交通量与2013年是不可同日而语的。图1-1为我国道路交通事故变化趋势。

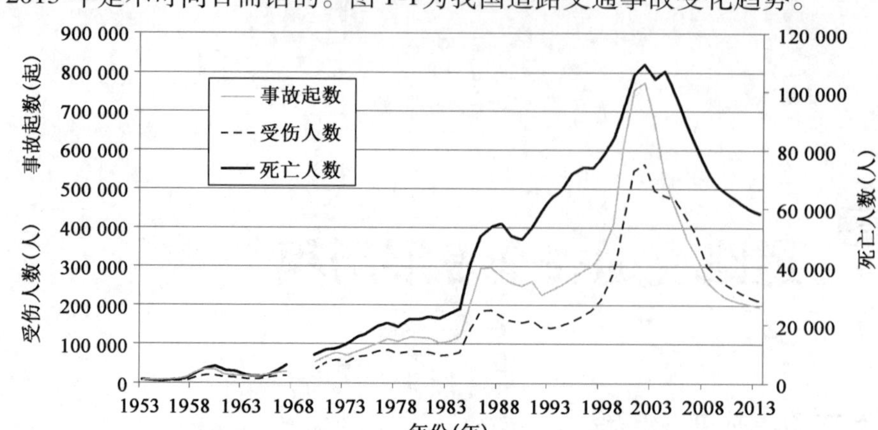


图1-1　我国道路交通事故变化趋势(1953～2013年)[1]

根据公安部的统计数据,1951～2013年[2],我国累计受到道路交通事故[3]直接伤害的人数达到1 157.89万人次,其中241.97万人死亡,915.92万人次受伤,相当于我国一个特大型城市消失在车轮之下。63年间平均每年3.8万人死于道路交通事故伤害、14.5万人次受伤。

2013年,我国共发生道路交通事故598.7万起。其中,涉及人员伤亡且不适用简易程序处理的道路交通事故198 394起,造成58 539人死亡、213 724人受伤;发生适用简易程序处理的道路交通事故5 788 382起,造成1 027 609人受伤。涉及人员伤亡且不适用简易程序处理的道路交通事故数量已连续11年下降。

## 二、近十年来我国道路交通安全发展

2002年,我国面临着有史以来最为严峻的道路交通安全形势。道路交通事故数量巨大,死亡人数约占全世界道路交通事故死亡总人数的10%,全国平均每天有300人死于道路交通事故。近十年来,伴随着道路交通的快速发展,我国道路交通安全也取得了辉煌成就。

### 1. 道路交通发展

(1)道路通车里程快速增长

近十年来,我国经济快速发展,国内生产总值由2004年的159 878.34亿元跃升至2013年的568 845.21亿元。经济的快速发展和道路交通需求的持续增长,需要有快速、高效、安全、便捷的道路交通网络。2004年以来,我国道路建设依旧保持快速增长势头。

公路通车里程由2003年年底的180.98万公里增至2013年年底的435.62万公里[4],公路密度由2003年年底的18.85公里/百平方公里增至2013年年底的45.38公里/百平方公里。其中,高速公路通车里程由2003年年底的2.97万公里增至2013年年底的10.44万公里,十年间通车里程净增7.47万公里。目前,我国高速公路通车里程已位居世界第一位,国家高速

[1]根据《中华人民共和国道路交通安全法》,自2004年起,我国道路交通事故统计范围有较大变化。

[2]1949年、1950年、1968年和1969年无道路交通事故统计数据,下同。

[3]本书所指交通事故除特别注明外,均不包括适用简易程序处理的道路交通事故。

[4]自2006年起,村道纳入公路通车里程统计,下同。

公路网骨架基本形成。农村公路由 2003 年年底的 137.12 万公里增至 2013 年年底的 378.48 万公里。截至 2013 年年底,全国通公路的乡(镇)占全国乡(镇)总数的 99.97%,通公路的建制村占全国建制村总数的 99.70%;其中,通硬化路面的乡(镇)占全国乡(镇)总数的 97.81%,通硬化路面的建制村占全国建制村总数的 89.00%。随着城市规模的扩大,我国城市道路里程和面积也在稳步增长。图 1-2 为近十年来我国公路通车里程图。

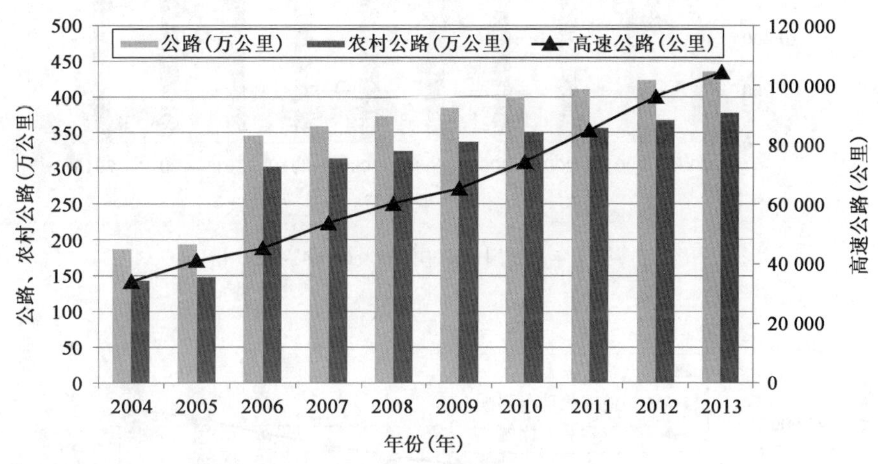

图 1-2 近十年来我国公路通车里程(2004 ~ 2013 年)

(2)机动化水平迅速提升

随着经济的快速发展和人民群众生活水平的快速提高,机动车越来越多地走进普通家庭。我国机动车保有量已从 2003 年年底的 7 975.68 万辆增至 2013 年年底的 2.50 亿辆,增长速度在世界范围内也是少有的。特别是 2009 ~ 2010 年,为应对国际金融危机,确保经济平稳较快增长,国家出台了汽车摩托车下乡、小排量汽车购置税减免等一系列促进机动车消费政策,有效刺激了机动车消费市场,加上机动车刚性需求旺盛,促使机动车保有量快速增长。截至 2013 年年底,我国每千人拥有机动车 184 辆。但是,与发达国家相比,我国仍处于机动化的快速增长期。可以预见,随着我国经济的快速发展,机动车保有量仍将保持较高的增长速度。

随着机动车需求的增长,我国汽车产量也屡创新高。据我国汽车工业协会统计,2013 年我国汽车产销首次突破两千万辆大关,创全球历史新高,连续 5 年蝉联全球第一。统计显示,2013 年国产汽车产销 2 211.68 万辆和 2 198.41 万辆,同比增长 14.76% 和 13.87%。其中乘用车产销 1 808.52 万辆和 1 792.89 万辆,同比增长 16.50% 和 15.71%;商用车产销 403.16 万辆和 405.52 万辆,同比增长 7.56% 和 6.40%。截至 2013 年年底,我国汽车保有量达到 1.37 亿辆,占机动车保有量的比例达到了 54.9%。图 1-3 为近十年来我国机动车保有量变化图。

随着机动车保有量的迅速增长,我国机动车驾驶人数量也迅猛增长。2003 年年底全国机动车驾驶人为 10 278.14 万人,2013 年年底增长至 2.79 亿人。十年间,我国机动车驾驶人数量增长了 171.57%。其中,汽车驾驶人数量增长更为迅猛,从 2003 年年底的5 420.68万人增长至 2013 年年底的 2.19 亿人,十年间增长了 303.49%。汽车驾驶人占机动车驾驶人总数的比例也从 2003 年年底的 52.74% 增长至 2013 年年底的 78.36%。与十年前相比,机动车驾驶人的组成结构已发生了较大变化,非职业驾驶人已占绝对主导地位。图 1-4 为近十年来我国机动车驾驶人数量变化图。

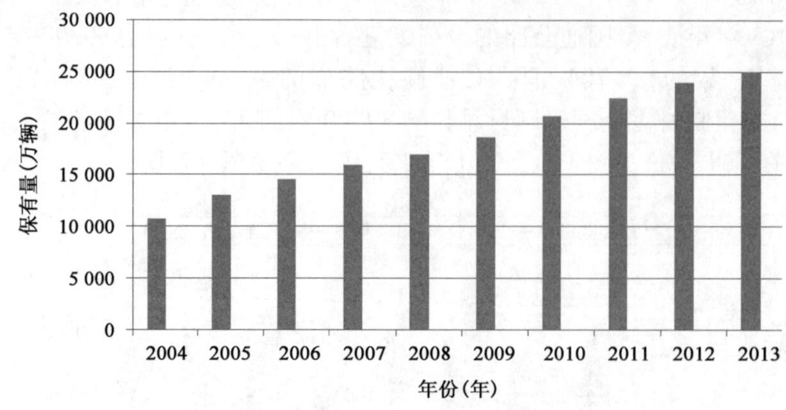


图 1-3　近十年来我国机动车保有量(2004 ~ 2013 年)

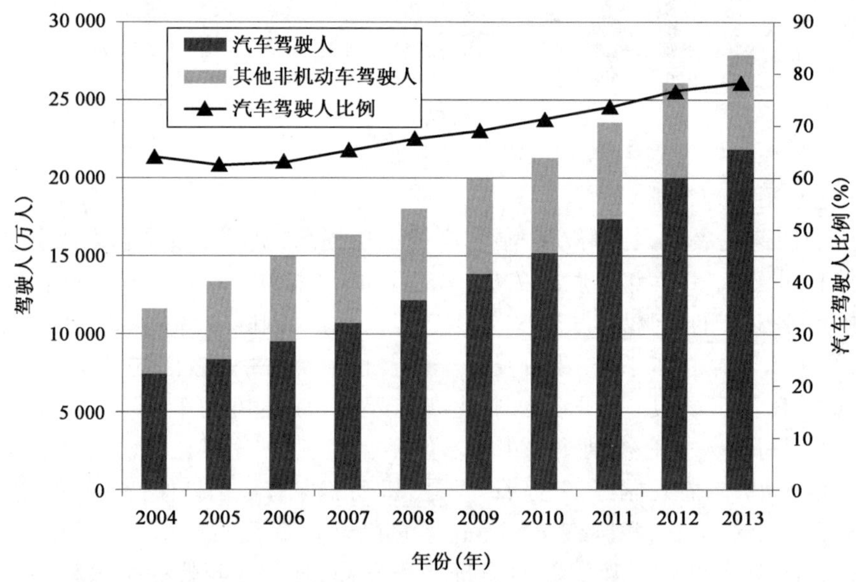


图 1-4　近十年来机动车驾驶人数量(2004 ~ 2013 年)

(3)公路运输量迅速增长

公路运输在综合交通运输体系中一直占据着重要作用。十年来,公路货物运输量、旅客运输量、货物运输周转量和旅客运输周转量在综合交通运输中的比例逐年提高,2013 年比例分别增至 78.77%、93.23%、35.99% 和 54.68%。不仅公路运输在综合交通运输体系中的比例在提高,而且公路运输量也在不断增加。2013 年,公路货物运输量、旅客运输量、货物运输周转量、旅客运输周转量分别完成 355.00 亿吨、374.7 亿人、67 114.5 亿吨公里和 19 705.6 亿人公里。图 1-5 为近十年来我国各种运输方式运输量统计。

与此同时,承担主要运输任务的国道网和高速公路网的交通流量和行驶量也在迅速增长。与 2003 年相比,2013 年全国国道网、高速公路日平均交通量分别增长 188.51% 和37.81%,日平均行驶量分别增长294.57%和406.19%。2013年,全国高速公路日均行驶量首次超过国道网。图1-6为近年来我国国道网和高速公路网行驶量统计。

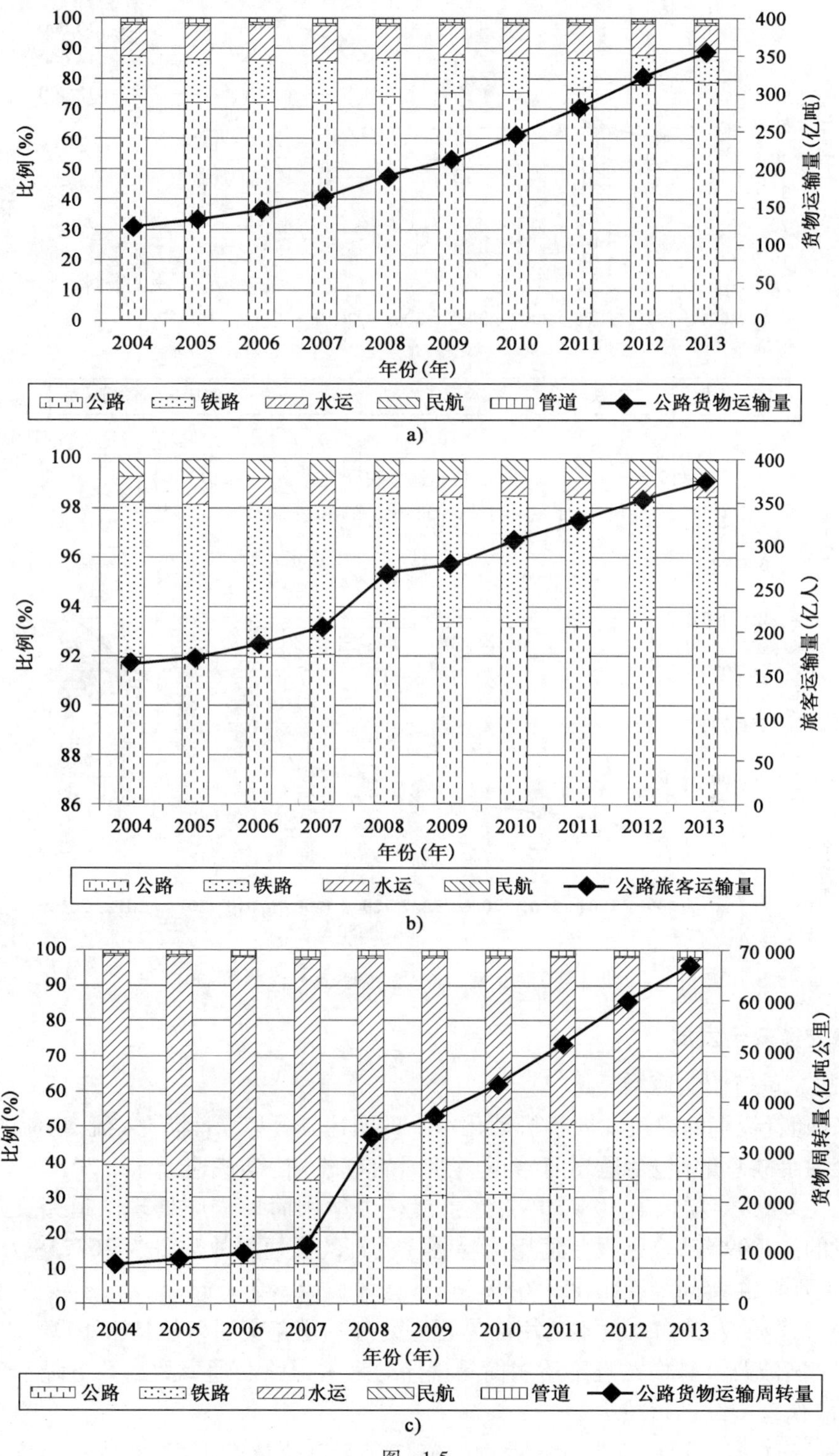


图　1-5

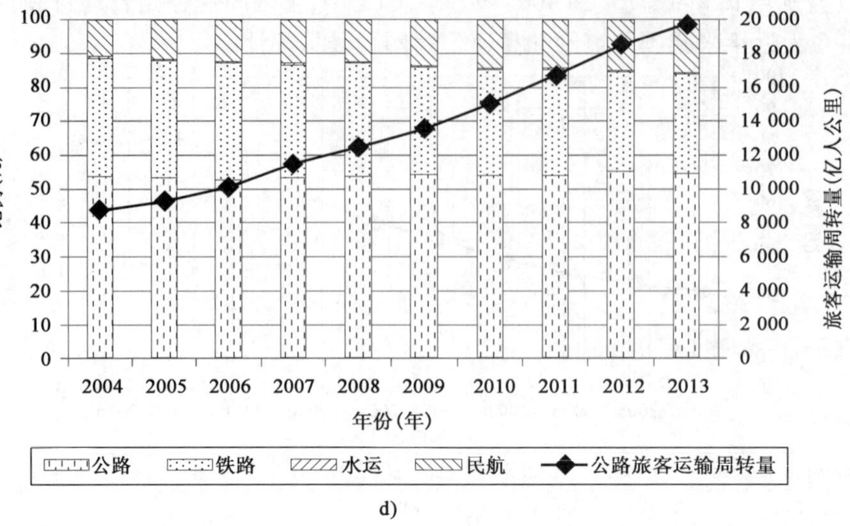


d)

图 1-5　近十年来我国各种运输方式运输量(2004～2013 年)

a)货物运输量;b)旅客运输量;c)货物运输周转量;d)旅客运输周转量

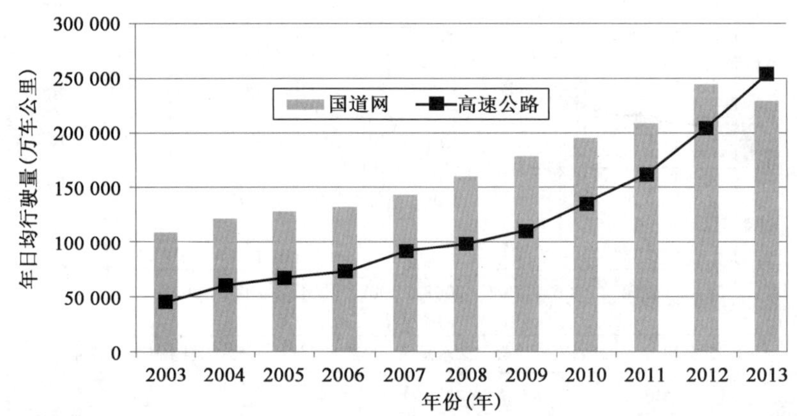


图 1-6　近年来我国国道网和高速公路网行驶量(2003～2013 年)

**2. 道路交通安全发展**

(1)事故总量持续快速增长

近年来,随着经济的快速发展和机动化水平的快速提升以及车流、人流、物流的高度叠加,我国道路交通事故总量(包括适用简易程序处理的事故)持续快速增长。2013 年全国道路交通事故总量比 2009 年增长了 108.30%,这主要是由适用简易程序处理的道路交通事故的强劲增长造成的。2009 年,全国发生适用简易程序处理的交通事故数量为 263.58 万起,2013 年增至 578.84 万起,4 年间增长了 119.61%,年平均增长 78.82 万起。

与此同时,涉及人员伤亡且不适用简易程序处理的道路交通事故持续下降。与 2003 年相比,2013 年全国涉及人员伤亡且不适用简易程序处理的道路交通事故起数下降了 70.28%。

(2)事故伤害持续迅猛减少

涉及人员伤亡且不适用简易程序处理的道路交通事故持续下降,我国道路交通事故死亡人数和受伤人数持续迅猛减少。与 2003 年相比，2013 年我国道路交通事故死亡人数下降 43.91%、受伤人数下降 56.75%。十年间，我国道路交通事故年死亡人数下降了近一半。2013 年的道路交通事故死亡人数与 1992 年相当。这是在我国经济快速发展、机动车保有量快速提高的情况下取得的，成绩来之不易。因为我国道路交通事故死亡人数的持续下降，自 2006 年以来，我国道路交通事故年死亡人数已降至世界第二位，与美国的差距也在迅速减小。图 1-7 为中国、印度和美国道路交通事故死亡人数统计。

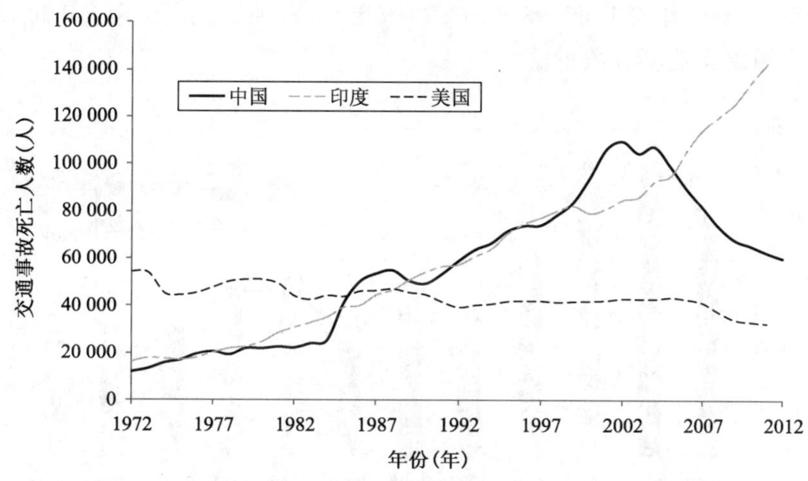


图 1-7　中国、印度和美国道路交通事故死亡人数（1972～2012 年）

假设交通事故死亡人数与 2003 年死亡人数一致，那么 2004～2013 年十年间，我国道路交通事故累计少死亡 279 410 人、少受伤 1 669 793 人。也就是说，由于我国道路交通安全的改善，十年来累计有近 195 万人得以避免了道路交通事故致死伤害，直接避免了上百万个家庭的痛苦和亲人的离别。图 1-8 为近年来我国避免的道路交通事故伤害人数。

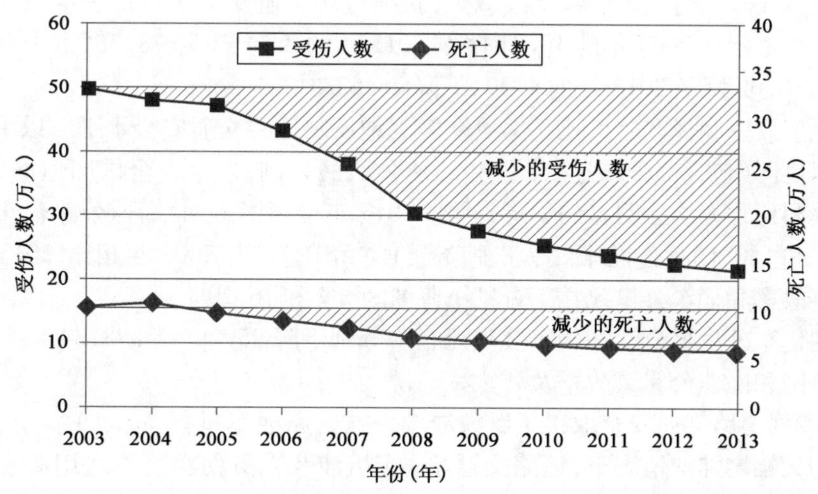


图 1-8　近年来我国避免的道路交通事故伤害人数（2003～2013 年）

值得注意的是，道路交通事故死亡人数一直占据各类安全生产事故死亡总人数的主体。

虽然近年来道路交通事故起数占各类安全生产事故的比例大幅降低，但是道路交通事故死亡人数占各类安全生产事故死亡总人数的比例持续增长，2013 年道路交通事故共死亡58 539人，道路交通死亡人数占安全生产死亡总数的比例已达到了84.31%，创下了历年来的新高。因此，遏制道路交通事故高发，对于减少我国安全生产事故死亡人数具有重要意义。

近年来，我国发生的一次死亡 10 人以上的特大道路交通事故虽有起伏，但总体上呈下降趋势。2013 年，我国共发生一次死亡 10 人以上的特大道路交通事故 16 起，造成 208 人死亡、259 人受伤，分别比 2003 年降低 60.98%、67.75% 和 54.32%。图 1-9 为近年来我国一次死亡 10 人以上的特大道路交通事故数量。

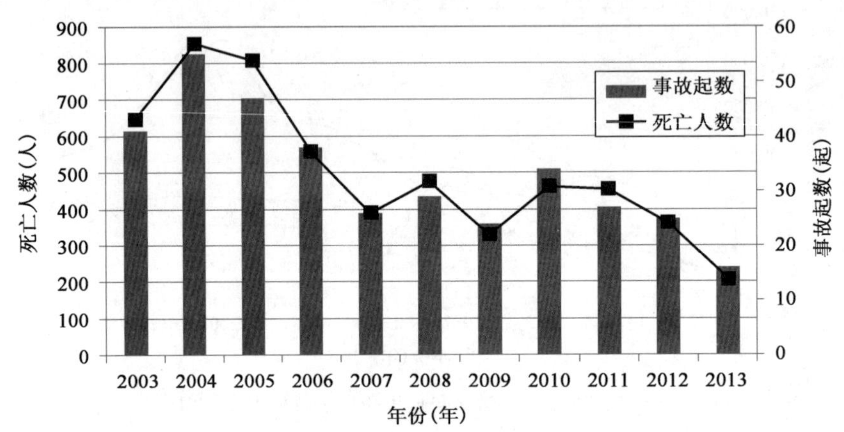


图 1-9　近年来我国一次死亡 10 人以上的特大道路交通事故(2003 ~ 2013 年)

(3)交通安全水平持续提升

虽然我国道路交通事故总数持续快速增长，但是由于涉及人员伤亡且不适用简易程序处理的道路交通事故和交通事故伤害持续减少，我国道路交通安全水平持续得到提升。道路交通事故万车死亡率已从 2003 年的 10.81 降至 2013 年的 2.34，下降 78.35%；十万人口死亡率已从 2003 年的 8.08 降至 2013 年的 4.32，下降 46.53%。

亿车公里事故率和亿车公里死亡率更能客观地反映道路交通安全水平。以承担主要运输任务的全国国道网(包含部分高速公路)和高速公路网为例，近年来全国国道网、高速公路亿车公里事故率和死亡率均呈明显的下降趋势。2013 年全国国道网、高速公路亿车公里事故率分别降至 3.0 和 1.0，亿车公里死亡率分别降至 1.4 和 0.7。与 2005 年相比，2013 年全国国道网亿车公里事故率和亿车公里死亡率分别下降 82.68% 和 76.29%；与 2003 年相比，2013 年全国高速公路网亿车公里事故率和亿车公里死亡率分别下降 95.26% 和 78.34%。图 1-10 为近年来我国国道网和高速公路事故率及死亡率情况。

近年来，我国道路交通安全取得了巨大成绩。在道路通车里程、机动车保有量、公路交通量和行驶量均大幅增加的情况下，道路交通事故(指涉及人员伤亡且不适用简易程序处理的道路交通事故)起数持续快速减少、道路交通事故伤害持续迅猛减少、道路交通安全水平持续快速提升。在经济快速发展和机动化水平快速提升的情况下，道路交通安全形势持续保持稳定并得到改善。

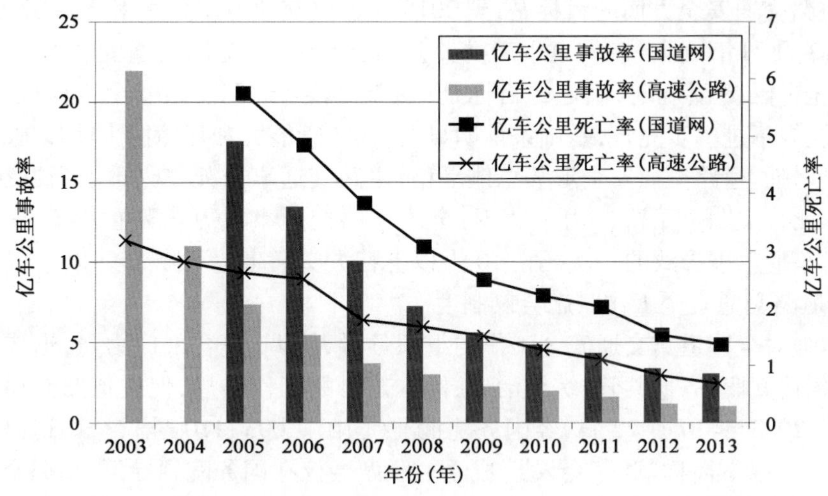


图1-10 近年来我国国道网和高速公路事故率及死亡率情况(2003～2013年)

## 三、近十年来我国道路交通安全持续改善的原因

### 1. 我国政府积极应对道路交通安全问题是根本原因

交通安全形势的迅速好转与我国政府全面应对道路交通安全所做出的不懈努力是分不开的。自2003年开始,我国政府首次全面部署道路交通安全工作,逐步形成了政府统一领导、有关部门各司其职、齐抓共管、综合治理、标本兼治的工作格局,采取了一系列系统性和针对性措施,在短时间内遏制了我国道路交通事故高发的态势,道路交通安全形势迅速改善。党和政府高度重视交通安全工作,实施一系列行之有效的对策措施,是我国道路交通安全形势迅速好转的根本性原因。

(1)设定交通安全目标

2003年9月2日,国务院第二十次常务会议听取了公安部关于进一步加强道路交通安全的情况汇报。2003年9月5日,国务院召开电视电话会议,首次以国务院名义部署全国道路交通安全工作。会议提出了“在本届政府任期(注:2003～2007年)内实现道路交通事故从高发到基本遏制直至逐年下降”的工作目标。

2008年4月30日,新一届政府成立后,时任国务院副总理张德江在全国道路交通安全工作部际联席会议第四次会议上提出了新阶段我国道路交通安全的目标,即“确保本届政府任期(注:2008～2012年)内,道路交通事故起数特别是群死群伤特大事故起数进一步下降,伤亡人数进一步减少,道路交通安全形势进一步好转,为促进经济社会发展和社会和谐稳定做出更大的贡献”。

2010年4月28日,时任国务委员、公安部部长孟建柱代表国务院在第十一届全国人民代表大会常务委员会第十四次会议上所作的《国务院关于贯彻实施道路交通安全法加强道路交通安全工作情况的报告》中提出要“坚持安全发展理念”,“确保道路交通安全形势继续保持平稳,特大道路交通事故进一步减少”。

2011年11月1日,国务院办公厅印发《安全生产“十二五”规划》。《安全生产“十二五”

规划》提出，道路交通安全方面的目标是，到2015年道路交通万车死亡率下降32%以上。

2011年12月31日，国务院安全生产委员会办公室印发《道路交通安全“十二五”规划》。《道路交通安全“十二五”规划》确定的目标是：到2015年，道路交通安全工作机制健全，责任体系完善，法规规章进一步完善，基础条件明显改善，监管能力和保障能力明显提升，全民交通安全意识明显增强，道路交通安全形势总体平稳，道路交通事故死伤人数有所减少，重特大交通事故和万车死亡率明显下降。力争实现：全国道路交通事故万车死亡率不超过2.2，下降1.0以上；营运车辆肇事导致的一次死亡10人以上特大交通事故下降15%以上。

（2）建立道路交通安全工作联席会议制度

为切实加强对全国道路交通安全工作的组织领导，协调、整合部门力量，形成政府统一领导，有关部门各司其职、齐抓共管、综合治理、标本兼治的工作格局，促进道路交通安全与经济社会协调发展，2003年10月22日，经国务院批准（国函[2003]110号），全国道路交通安全工作部际联席会议（以下简称“联席会议”）成立。联席会议在国务院领导下，掌握全国道路交通安全情况，分析道路交通安全形势，研究政策，制订中长期战略规划；统筹研究全国道路交通安全工作，对全国道路交通安全工作进行部署，指导和监督各省、自治区、直辖市人民政府及其职能部门的道路交通安全工作；协调解决涉及相关部门的道路交通安全问题，促进部门协作配合，实现信息共享，建立长效机制，预防和减少道路交通事故，全面推进道路交通安全工作。目前，我国已建立了国家、省（自治区、直辖市）、市、县、乡（镇）五级道路交通安全工作联席会议制度。

（3）专门制订加强道路交通安全工作意见

为适应我国道路通车里程、机动车和驾驶人数量、道路交通运量持续大幅度增长的形势，进一步加强道路交通安全工作，保障人民群众生命财产安全，2012年7月22日，国务院印发了《关于加强道路交通安全工作的意见》（国发[2012]30号，以下简称《意见》）。《意见》明确了当前和今后一个时期道路交通安全工作的发展方向，提出了有效防范和坚决遏制重特大道路交通事故，促进全国安全生产形势持续稳定好转，为经济社会发展、人民平安出行创造良好环境的总体目标，明确了当前和今后一个时期道路交通安全工作的发展政策。

《意见》指出，要通过规范道路运输企业生产经营行为，加强企业安全生产标准化建设，严格长途客运和旅游客运安全管理，加强运输车辆动态监管来强化道路运输企业安全管理；通过加强和改进驾驶人培训考试工作、严格驾驶人培训机构监管、加强客货运驾驶人安全管理来严格驾驶人培训考试和管理；通过提高机动车安全性能、加强机动车安全管理、强化电动自行车安全监管来加强车辆安全监管；通过完善道路交通安全设施标准和制度、加强道路交通安全设施建设、深入开展隐患排查治理来提高道路安全保障水平；通过强化农村道路交通安全基础和加强农村道路交通安全监管来加大农村道路交通安全管理力度；通过严厉整治道路交通违法行为、切实提升道路交通安全执法效能、完善道路交通事故应急救援机制来强化道路交通安全执法；通过建立交通安全宣传教育长效机制、全面实施文明交通素质教育工程、加强道路交通安全文化建设来深入开展道路交通安全宣传教育；通过加强重大道路交通事故联合督办和加大事故责任追究力度来严格道路交通事故责任追究；通过加强道路交通安全组织领导、落实部门管理和监督职责、完善道路交通安全保障机制来强化道路交通安全组织保障。

**2. 建立健全道路交通安全法律体系是重要经验**

建立健全道路交通安全法律体系是我国成功应对道路交通安全问题的重要经验。

(1)制定并实施《中华人民共和国道路交通安全法》为龙头的法律体系

2003 年 10 月 28 日,十届全国人大五次会议审议通过了《中华人民共和国道路交通安全法》,自 2004 年 5 月 1 日起施行。2004 年 4 月 30 日,国务院颁布了《中华人民共和国道路交通安全法实施条例》,明确了贯彻落实道路交通安全法的实施细则。2006 年 3 月 21 日,国务院颁布了《机动车交通事故责任强制保险条例》,建立了机动车交通事故强制保险制度。各地区、各部门围绕实施《中华人民共和国道路交通安全法》,先后制定、修订了 50 多个地方法规、规章,60 多个部门规章,150 多个国家和行业技术标准。如公安部颁布了《机动车登记规定》《机动车驾驶证申领和使用规定》《道路交通安全违法行为处理程序规定》《交通事故处理程序规定》等多个部门规章;财政部等部门联合发布了《道路交通事故社会救助基金管理试行办法》,加大交通事故受伤人员的应急救治力度。目前,全国基本建立了以《中华人民共和国道路交通安全法》为龙头、一个行政法规和多个部门规章为主体、地方性法规及政府规章为补充的较为完善的道路交通管理法律法规体系。

(2)及时修法加大违法行为惩治力度

为了有效惩处人民群众反响强烈的饮酒后驾驶机动车违法行为,2011 年 2 月 25 日,十一届全国人大常委会第十九次会议表决通过《中华人民共和国刑法修正案(八)》。其中明确规定,在道路上驾驶机动车追逐竞驶,情节恶劣的,或者在道路上醉酒驾驶机动车的,处拘役,并处罚金。有前款行为,同时构成其他犯罪的,依照处罚较重的规定定罪处罚。2011 年 4 月 22 日,十一届全国人大常委会第二十次会议表决通过的《关于修改中华人民共和国道路交通安全法的决定》中也加大了对饮酒后驾驶机动车违法行为的行政处罚力度。两部法律的修改及施行,有效遏制了饮酒后驾驶车辆行为。

**3. 提升道路交通参与者文明交通素质是重要基础**

道路交通是由人、车、路、环境和管理等要素构成的一个具有特定功能的系统。国内外研究均显示,道路交通事故是以上诸要素相互作用的结果,是多因素联合效应的产物。其中,作为道路交通参与者的人是影响道路交通安全诸因素中最活跃的因素,人的不安全行为是引发道路交通事故的主要原因。据公安交管部门统计,2008 ~ 2013 年全国发生一次死亡 10 人以上重特大交通事故 93 起,因驾驶人违法违规操作等因素导致的事故占比在 83% 左右。因此,提升道路交通参与者文明交通素质是改善道路交通安全的重要基础。

(1)加强公众交通安全宣传教育

为充分发挥交通安全宣传在预防和减少道路交通事故中的重要作用,自 2003 年以来,公安部等部门在全国陆续开展了以“关爱生命,安全出行”交通安全宣传进农村、进社区、进企业、进学校、进家庭的“五进”活动(2004 年 10 月 20 日 ~2005 年 2 月底)、“保护生命、平安出行”交通安全宣传教育工程(2006 ~ 2008 年)等交通安全宣传与教育活动,充分利用社会力量和现代传媒,大力开展交通安全宣传教育,使交通安全宣传深入人心,进一步提高全民交通法治意识、交通安全意识和交通文明意识,打造安全、畅通、和谐的交通环境。近几年来,各地又开展了文明交通主题宣传月、“文明交通进企业”主题宣传周和中小学交通安全教育等活动。交通运输部组织拍摄了《道路客运安全告知视频》和《道路客运驾驶员安全告知培训示范片》，并于2013年在全国大力推广使用。这两部视频被制作在光盘、U盘、闪盘等多媒体设备上，免费发放给长途班线客车和旅游客车所属的客运企业，除了用于对驾驶员培训以外，还在车上向旅客播放。

(2)提高驾驶员文明交通素质

加强道路交通安全管理基础性工作，尤其是培养驾驶员的安全意识、普及安全知识是交通运输部门多年来一直努力的方向。交通运输部门以培养驾驶员"安全第一、珍爱生命"的职业素质为总体目标，从提高驾驶员安全意识和操作技能入手，通过开展市场整顿、改革培训方法、提高培训效能、完善监管机制、加强舆论宣传等综合措施，深入实施了驾驶员素质教育工程。先后取消了1 900多所不符合条件的机动车和拖拉机驾驶培训学校，9 700多名不符合条件的教练员被清退，驾驶员培训市场环境得到明显改善。2012年年底，交通运输部与公安部首次联合发布《机动车驾驶培训教学与考试大纲》。这部大纲于2013年1月1日起正式实施，它贯穿素质教育理念，更注重安全文明驾驶意识的培训、实际道路驾驶能力的培养以及职业驾驶人素质的养成。2013年4~9月，公安部通过专项行动，对货车驾驶员的十大野蛮危险驾驶行为进行了整治。2013年5月，交通运输部在全国启动"机动车驾驶培训教练员素质提升工程"。

(3)增加驾驶证申领难度

《机动车驾驶证申领和使用规定》(公安部第71号令)自2004年5月1日起施行以来，迄今已历经2007年、2009年和2012年三次修订，驾驶证申领难度逐步加大。2007年的修订，考试内容方面增加了临危处理，考试难度加大，增加了文明驾驶考试，调整了违法记分，扩充场地驾驶技能。2009年的修订，针对严重影响交通安全的违法行为记分分值偏低、恶意补领驾驶证突出等问题，进一步完善了交通违法记分制度，严格驾驶证补领程序，改进驾驶证审验方式，加强对驾驶人主观过错大、后果严重等交通违法行为的处罚力度。2012年的修订，针对大中型客货车驾驶人肇事率较高的情况，新规定严格限制有严重危险驾驶行为的驾驶人申请大中型客货车驾驶证；针对吸毒后驾驶机动车问题，对吸毒人员申请驾驶证或者驾驶机动车采取"零容忍"措施，严格限制吸毒人员申请机动车驾驶证；为增强考试的针对性和实用性，对小型汽车、大中型客货车的考试项目进行了调整，增加模拟高速公路、雨雾天、湿滑路、紧急情况处置等考试项目，提高了考试针对性和考试难度；明确将大中型客货车驾驶人和实习期驾驶人作为重点管理对象，进一步完善了驾驶证审验和实习期管理制度；规定大中型客货车驾驶人每年参加审验，但没有记分的可以免于审验；对校车、大中型客货车等重点车型驾驶人的严重交通违法行为提高了记分分值。

**4. 提高机动车安全技术性能是必然要求**

机动车是道路交通运输的重要载体，其安全性能的好坏直接影响到道路交通安全。提高机动车安全性能，对于保障道路交通安全具有重要意义。

(1)机动车组成结构发生积极变化

截至2003年年底，我国机动车保有量为9 649.96万辆。其中摩托车保有量达到5 929.52万辆，占机动车保有总量的61.44%；汽车保有量仅为2 421.16万辆，占机动车保有总量的25.09%，仅为摩托车保有量的40.83%。摩托车由于自身安全防护差、驾乘人员安全意识差、交通违法行为突出、执法难度大等原因，一直是我国道路交通事故的主要肇事车型之一。我国大部分摩托车在中小城市和农村地区行驶，数量庞大的摩托车已成为农村地区的交通安全隐患，突出表现在：违法上路行驶多，无牌无证多，无证驾驶多，交通事故多，治安隐患多。加之农村地区存在大量违法改装的摩托车，其安全性能得不到任何保障，这些都造成了摩托车安全隐患日益突出。

十年来，随着越来越多的人选择购买汽车作为出行代步工具以及电动自行车的迅速普及，汽车保有量比例不断提高，摩托车保有量比例不断下降。截至2011年年底，我国汽车保有量达1.06亿辆，首次超过摩托车保有量。截至2013年年底，我国汽车保有量已超过1.3亿辆，摩托车保有量降至9 532.61万辆，分别占机动车保有量的54.93%和38.11%。我国机动车保有量的结构正由以摩托车为主向以汽车为主过渡和转变，这将对我国道路交通安全的持续改善带来积极影响。

(2)建立缺陷汽车产品召回制度和“三包”制度

为消除缺陷汽车产品对使用者及公众人身、财产安全造成的危险，维护公共安全、公众利益和社会经济秩序，2004年3月12日，国家质量监督检验检疫总局、国家发展和改革委员会、商务部和海关总署联合发布《缺陷汽车产品召回管理规定》，标志着我国缺陷汽车召回制度的正式建立。据统计，2004年以来，全国共召回了超过320万辆存在隐患的机动车。2012年10月22日，为了规范缺陷汽车产品召回，加强监督管理，保障人身、财产安全，国务院发布了《缺陷汽车产品召回管理条例》。

为了保护家用汽车产品消费者的合法权益，明确家用汽车产品修理、更换、退货(即“三包”)责任，2012年12月29日，国家质量监督检验检疫总局发布了《家用汽车产品修理、更换、退货责任规定》，规定了家用汽车产品生产者、销售者和修理者义务以及三包责任，自2013年10月1日起施行，标志着我国家用汽车产品“三包”制度的正式确立。

(3)修订机动车强制报废标准

我国实施机动车强制报废制度已有多年。1997年7月15日发布了《汽车报废标准》，其中对于私家车的强制报废标准为期限10年，行驶10万公里。在2000年的《汽车报废标准规定》中，规定私家车可通过年检将标准延长为15年。2006年，商务部就《机动车强制报废标准规定》征求意见。2012年12月27日，商务部、国家发展和改革委员会、公安部、环境保护部共同发布了《机动车强制报废标准规定》，规定国家根据机动车使用和安全技术、排放检验状况对达到报废标准的机动车实施强制报废。修订后的《机动车强制报废标准规定》对于私家车无使用年限限制，但是国家对达到一定行驶里程的机动车引导报废。2013年2月2日，商务部印发了《关于进一步加强报废汽车回收拆解行业监督管理工作的通知》。由商务部、工业和信息化部、公安部、交通运输部、工商总局和质检总局六部门组成的督察组，开展专项整治督查，重点对报废汽车回收拆解企业出售报废汽车及其“五大总成”、拼装车，倒卖报废汽车回收证明等违法行为加大打击力度，切实维护报废汽车回收拆解的正常秩序。

(4)提高大中型客货车安全技术性能

针对近年来大中型客货车自身存在车身结构强度不高，乘员保护设施不完善，抗侧倾稳定性能不强，部分卧铺车车内易燃品多，逃生通道狭窄，大型货车及挂车存在超载、超长、超宽，违法改装商品运输车、低平板车等问题，工业和信息化部、公安部对提高大中型客货车安全技术性能提出了具体要求。如要求公路客车、旅游客车应装置具有卫星定位功能的行驶记录仪，所有座椅均应设置汽车安全带。针对卧铺客车事故高发问题，工业和信息化部、公安部要求暂停受理卧铺客车新产品申报《公告》,自2012年3月1日起,相关企业应暂停生产、销售卧铺客车产品,公安机关交通管理部门暂停办理卧铺客车注册登记。2013年11月11日至12月31日,交通运输部、公安部、国家安全生产监督管理总局在全国重点对旅游包车、三类以上班线客车、危险品运输车安装使用具有行驶记录功能的卫星定位装置情况开展专项检查,并同时对旅游包车安全隐患开展全面排查和整治。

(5)强化校车安全

为加强校车安全管理,保障乘坐校车学生的人身安全,2012年4月5日,国务院公布了《校车安全管理条例》。规定接送小学生的校车应是按照专用校车标准设计和制造的小学生专用校车,并规定国务院标准化主管部门会同国务院工业和信息化部、公安部、交通运输部等部门,按照保障安全、经济适用的要求,制定并及时修订校车安全国家标准。截至2012年年底,已有《校车标识》(GB 24315—2009)、《专用校车安全技术条件》(GB 24407—2012)、《专用校车学生座椅系统及其车辆固定件的强度》(GB 24407—2012)等一批校车标准颁布施行,促进了校车安全技术性能的提高。2013年3月18日,教育部、公安部、交通运输部联合印发了《关于做好校车信息采集工作的通知》,决定建立全国校车信息管理系统,便于各级政府和相关部门及时了解掌握全国校车、校车驾驶人,随车照管人员和校车运营企业的基本情况,满足校车安全管理工作需要,提高校车安全管理水平。

**5. 提升公路基础设施行车安全保障能力是重要保障**

公路是道路运输的重要基础设施,公路基础设施行车安全保障能力对于保障道路交通安全至关重要。十年来,随着公路交通事业的快速发展、公路安全保障工程的实施,我国公路基础设施行车安全保障能力有了质的提升,为道路交通安全的提升提供了重要保障。

(1)高速公路重要性日益显现

安全和高速是高速公路的本质属性。相比于其他类型的公路,高速公路因其快速和舒适的行车感受、完善的安全设施和服务设施而受到公路使用者垂青,其安全保障能力是最强的,总体上看,事故率和死亡率远远低于其他类型公路(图1-10)。

我国已建成世界上规模最大的高速公路网。根据交通运输部评估,截至2012年年底,我国高速公路通车里程仅占公路通车总里程的2.27%,但承担了全国70%的客运量和40%的货运量。2013年,全国国道网日平均行驶量为254 737万车公里(当量标准小客车,下同),全国高速公路日平均行驶量达到229 416万车公里,占国道网日平均行驶量的90.06%,而同期高速公路通车里程仅占国道网通车里程的59.05%。高速公路对于我国经济快速健康发展和人民群众日常出行的重要性日益显现。虽然2013年我国高速公路交通事故死亡人数绝对数量已占道路交通事故总数的9.98%,但是由于高速公路的本质安全性,如果高速公路所承担车辆行驶量改由其他类型公路承担,其道路交通事故人数将更高。因此,高速公路十年来的快速发展已在客观上起到了降低我国道路交通事故的作用。

(2)实施公路安全保障工程

2004年初,交通部[1]在国省干线公路上启动实施以“消除隐患,珍视生命”为主题的公路安全保障工程(简称“公路安保工程”,下同)。10年来,全国交通运输部门共投入安保工程资

[1]现为交通运输部,全书同。

金305.9亿元,用于新增护栏8万公里、各类标志190万块、标线41万公里、减速设施28万处、警示桩780万个、警示墩1.8万公里,共整治视距不良的路段21万处,超过30万公里的道路步入“安全高效”的运行轨道。公路行车安全保障能力得到有效提升,促进了我国道路交通安全形势的持续好转。

①二、三级公路事故降幅明显高于其他类型公路。在公路安保工程实施重点的二、三级公路上,死亡人数和死亡人数所占比例呈逐年下降趋势。与公路安全保障工程实施前的2003年相比,2013年我国二级公路交通事故起数、死亡人数、受伤人数分别下降74.27%、55.87%和67.62%,三级公路交通事故起数、死亡人数、受伤人数分别下降77.04%、66.15%和70.41%。除高速公路事故起数外,二级公路交通事故降低幅度明显高于高速公路和其他类型公路。图1-11为我国二、三级公路与其他类型公路交通事故变化情况。

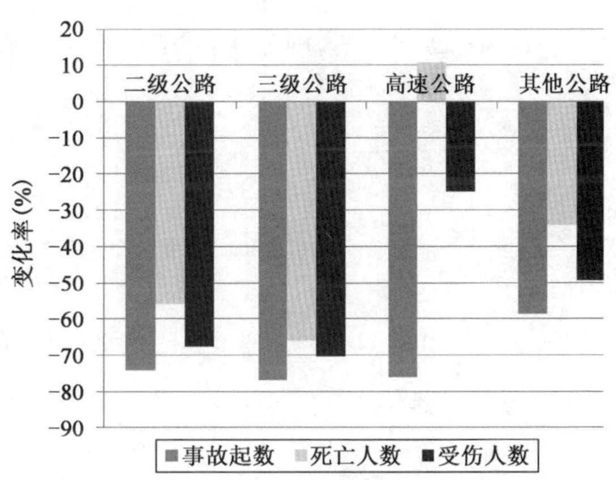


图1-11 二、三级公路与其他类型公路交通事故变化率(2013年与2003年相比)

②一次死亡10人以上的特大公路交通事故得到明显遏制。虽然一次死亡10人以上的特大公路交通事故仍时有发生,但自公路安全保障工程实施以来,事故数量已大幅降低。2004年,全国共发生一次死亡10人以上的特大公路交通事故55起,其中一次死亡20~29人的事故11起,一次死亡30人以上的事故1起。2013年,全国共发生一次死亡10人以上的特大公路交通事故有16起,其中一次死亡20~29人的事故仅有1起,一次死亡30人以上的事故没有发生。公路安保工程实施前,坠车(包括坠谷、坠崖、坠河、坠桥等)事故一直占据一次死亡10人以上的特大交通事故主体地位。公路安保工程实施后,普通公路路侧防护能力得到较大提高和改善,坠车事故虽有起伏,但总体呈下降趋势,事故比例也呈现总体下降趋势。2013年,发生在普通公路上的一次死亡10人以上特大交通事故中,坠车事故仅有7起。公路安全保障工程对于遏制坠车事故发生做出了重要贡献。如图1-12所示为不同类型道路上发生的一次死亡10人以上的交通事故,如图1-13所示为普通公路上发生的一次死亡10人以上坠车交通事故及其比例。

③国道网行车安全改善速度显著快于高速公路。虽然近年来我国高速公路行车安全性呈逐年改善的趋势,且高速公路行车安全性明显好于国道网,但国道网行车安全改善速度快于高速公路(图1-10)。与2005年相比,2013年全国国道网亿车公里事故率和死亡率分别降低14.51起和4.38人,降幅分别高达82.68%和76.29%。从数量看,国道网亿车公里事故率和死亡率降低量均高于高速公路网;从降幅看,高速公路网亿车公里事故率稍高于国道网,但死亡率远小于国道网。而且,我国国道网亿车公里死亡率降低量和降幅也高于同期美国、英国等发达国家。

④公路安保设施更加健全。在公路安保工程实施的十年里,全国增设、改进了大量公路交通标志、轮廓标、交通标线、减速设施、薄层铺装、隧道内太阳能设施等交通安全诱导与警示设

施;完善了一大批服务设施,如停车休息区、卫生间、加水站等。

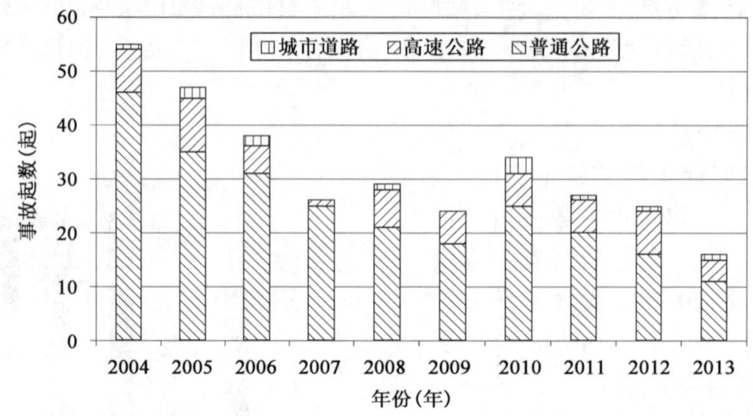


图 1-12　不同类型道路上发生的一次死亡 10 人以上交通事故(2004 ~ 2013 年)

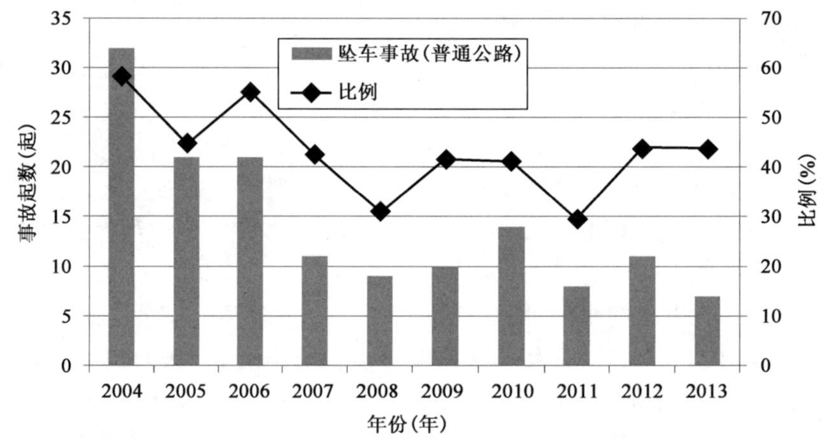


图 1-13　普通公路上发生的一次死亡 10 人以上坠车交通事故及其比例(2004 ~ 2013 年)

(3)开展公路危桥改造工程

截至 2013 年年底,我国公路桥梁达 73.53 万座,其中大部分是在最近一二十年内建造的。由于桥梁的老化、结构性损伤以及过去相对较低的设计标准,部分桥梁变为危桥,对交通安全造成较大隐患。2011 年,交通部启动了危桥改造工程。“十五”期间,交通部已投入了 150 亿元,改造了 7 000 多座危桥。“十一五”期间,全国共完成 11 296 座/87 万延米危桥改造任务。根据交通运输部《“十二五”公路养护管理发展纲要》,“十二五”期间危桥改造的主要任务是:国省干线公路现有危桥改造率 100%,当年新发现危桥处治率 100%;基本完成县乡公路中桥及以上现有危桥改造任务;农村公路危桥数量呈逐年下降趋势。截至 2012 年年底,全国共累计投入 440 亿元,改造危桥 2.2 万座。目前,我国公路四五类桥梁仍有 9.03 万余座,其中国省干线公路四五类桥梁总数仍有 5 054 座。公路危桥改造工程的实施,确保了我国公路桥梁技术状况和安全水平的稳步提升,并促进了公路行车安全保障能力的稳步提升。

(4)实施干线公路灾害防治工程

为提高干线公路抗灾能力,交通部于 2006 年启动了干线公路灾害防护工程实施工程。公路灾害防治工程是通过增设和完善公路的灾害防护设施为重点，对公路边坡、路基、桥梁构造物和排（防）水设施进行综合整治，以提高公路抗灾能力的专项工程。“十一五”期间，全国共处治公路灾害路段10 283公里。根据交通运输部《“十二五”公路养护管理发展纲要》，“十二五”期间干线公路灾害防治工程的主要任务是：加大国省干线公路灾害防治工程实施力度，基本完成国道、省道公路中抗灾能力明显不足路段的改造任务，力争同一路段灾害损毁重复发生率控制在5%以内。在自然灾害频发地区按每个县拥有两条抗灾能力较高公路的标准推广和实施“生命线”工程，提高公路网的抗灾能力。干线公路灾害防治工程的实施，提高了我国干线公路抗灾能力，确保了国省干线公路的技术状况和安全水平稳步提升，并促进了公路行车安全保障能力的稳步提升。

（5）开展超载超限治理工程

从20世纪90年代以来，我国运输车辆超限超载现象十分普遍和严重，车辆超限超载引发了大量的交通事故，成为道路交通安全的重大隐患。同时，由于超限超载车辆和核载远超公路和桥梁的设计承受核载，致使公路基础设施正常使用年限大大缩短，不得不提前大中修。根据国务院的统一部署，从2004年6月起，交通部、公安部、国家发展改革委等8个部委，从宣传教育、路面执法、车辆生产和改装、吨位标定和牌照发放、运输市场秩序、公路收费政策等多个环节入手，综合采取经济、行政、法律、科技手段，在全国集中开展车辆超限超载治理工作，取得了明显成绩。全国干线公路货车超限率由80%以上下降到6%左右，车辆超限超载现象得到有效遏制，道路交通安全形势也明显好转。

**6. 加强道路运输安全能力建设是重中之重**

道路运输交通事故一直是我国道路交通事故的重要组成部分，同时也是我国道路交通事故预防工作的重点。2004年，道路运输事故死亡人数占全国道路交通事故死亡总人数的42.35%。强化道路运输安全能力、遏制道路运输事故多发是改善我国道路交通安全形势的重中之重。

（1）推动道路运输安全长效机制建设

各级道路运输管理部门狠抓源头管理，按照“三关一监督”的工作要求，严把运输经营者市场准入关，不符合许可条件特别是安全生产不符合要求的运输企业，要责令其退出道路运输市场；严把营运车辆技术关，对客运车辆进行定期维护、检测，对行车记录进行全面检查，不符合技术标准的客运车辆要强制其退出道路运输市场；严把客运驾驶员资格关，对所有客运车辆驾驶员要进行安全教育，并进行严格考试，不符合资格的客运车辆驾驶员一律不得进入道路运输市场，驾照已被交警部门记满12分或发生重大交通事故负有主要责任的驾驶员，不得从事客运车辆驾驶；严格按照客运车辆排班制度发车，严禁售超员票，发超员车，确保客车不超员、不超速，确保客运车辆行驶400公里以上必须配备两名以上驾驶员，搞好汽车客运站安全监督。交通运输部同时会同有关部门联合开展“道路客运安全年”活动，努力解决道路客运安全工作中长期存在的薄弱环节和突出问题，提高道路客运安全生产水平。

（2）加强交通运输企业安全生产标准化建设

为全面提升交通运输企业安全生产水平，交通运输部组织开展了交通运输企业安全生产标准化建设，制定印发了《道路旅客运输企业安全管理规范（试行）》《交通运输企业安全生产标准化建设实施方案》《交通运输企业安全生产标准化考评发证实施办法》《交通运输企业安全生产标准化考评机构管理实施办法》《交通运输企业安全生产标准化考评员管理实施办法》等多个文件，有力保障了安全生产标准化建设的顺利开展，推动了企业本质安全水平不断提高。目前，交通运输企业安全生产标准化建设工作已在全国展开。根据交通运输部《交通运输企业安全生产标准化建设实施方案》，从事客运、危险化学品和烟花爆竹等重点运输企业在2013年年底前达标，其他交通运输企业在2015年前达标。

(3)注重依靠科技进步防范事故

在道路运输车辆上，交通运输部会同有关部门开展了在"两客一危"车辆(指从事旅游的包车、三类以上班线客车和运输危险化学品、烟花爆竹、民用爆炸物品的道路专用车辆)上安装动态监管系统工作，联合制定印发了《关于加强道路运输营运车辆动态监管工作的通知》《道路运输车辆卫星定位动态监管系统》平台技术要求、平台数据交换、终端技术要求和终端数据协议及数据格式等标准，加强了对车辆和驾驶人的动态监控。

(4)强化道路运输驾驶人安全意识和提升操纵技能

强化对驾驶人的培训教育，不断提高其安全意识和操作技能。针对客货车辆驾驶人，交通运输部会同公安部制定下发了《关于进一步加强客货运驾驶人安全管理工作的意见》，从驾驶人的培训、考试、从业准入、日常教育管理、违规问题责任追究等方面提出了具体严格的要求，切实提高驾驶人的安全意识、驾驶技能和应急处置能力。此外，交通运输部还开展了"安全带—生命带"专项行动，在高速公路客运上全面推广使用安全带，提高了道路客运企业和旅客对佩戴安全带预防交通事故伤害的认识，有效减少了事故伤亡人数。

**7. 开展针对性集中整治是必要行动**

2003年以来，各地先后组织开展了"预防特大道路交通事故百日竞赛""预防重特大道路交通事故专项行动""双超(超速、客车超员)专项整治""公路客运交通安全集中整治行动""高速公路交通秩序集中整治行动、交通安全宣传集中统一行动""农村道路交通安全集中整治行动""道路危险化学品运输车辆集中整治行动""涉牌涉证违法行为集中整治行动""中小学幼儿园校车交通安全集中整治行动""预防特大道路交通事故百日会战"等一系列全国范围的统一专项治理行动。与此同时，各地公安机关还会同有关部门联合开展了针对三轮汽车、低速载货汽车、拖拉机违法载人以及客运车的专项整治等行动。另外，各地还针对本辖区道路交通违法行为和道路交通事故的特点及暴露出的突出问题，组织开展区域性整治，对严重交通违法行为形成了长期严管严控的态势，有效遏制了严重交通违法行为多发的势头。

2004~2009年，年均查处超速行驶1 900万起、酒后驾驶100万起、无证驾驶320万起，因超速行驶、酒后驾驶等交通违法行为导致的交通事故年均下降10%以上；深入开展了校园周边及校车交通安全专项整治行动，校车和涉及学生的道路交通事故年均下降17%；集中开展了交通肇事逃逸案件专项侦破工作。积极实施城市交通管理畅通工程，有效缓解城市交通拥堵问题，全国660个城市已有29个达到畅通工程一等管理水平，166个达到二等管理水平。

**8. 科技研发应用及推广是重要支撑**

为了遏制我国道路交通事故多发的态势和为道路交通安全保障提供技术支持，交通运输部组织实施了一系列交通安全基础性研究。针对我国低等级公路交通安全现状以及建设、管理养护的需求，为公路安全保障工程提供技术支持，2004年交通部立项开展了"公路交通安全应用技术研究”项目的研究工作,旨在解决目前我国公路交通安全中亟待解决的部分重大技术问题。2008 年 2 月 28 日,科技部、公安部、交通运输部共同启动了“国家道路交通安全科技行动计划”。国家道路交通安全科技行动计划打破了行业壁垒,第一次将交通安全的两个主要责任部门,即公安部和交通运输部的资源整合起来,建立数据和资源共享机制,以科技创新为突破点,互相配合,群策群力,共同致力于提升我国公路系统的交通安全水平。目前,一期项目已顺利完成,一大批交通安全研究成果已成功应用于工程实践,并取得了较好的效果,为我国道路交通安全的持续改善起到了重要的技术支撑作用。二期项目即将启动实施。

在 2004~2013 年安保工程实施过程中,各级公路交通部门加大研究力度,开展了一系列技术攻关,取得了一系列技术成果。一是将国外先进的路侧净区、交通宁静建设理念引入我国,提出了具有指导意义的建设方法;二是提出创建了符合我国公路交通特点的公路安全设计与评价技术体系,填补了我国在公路运行速度应用模型、设计与评价基础理论方面的空白;三是创建了公路安全保障技术体系,建立了 LOGIT 事故预测模型,开发了公路安全数据共享平台和事故深度分析系统。同时,针对事故多发段特征提出了事故致因机理与综合性处置方法、避险车道设置方法、公路平面交叉口渠化设计方法等行之有效的技术措施。四是开发了太阳能交通安全诱导设施、缆索护栏、低成本防护设施、系列减速设施等新兴交通安全产品、设施。

**9. 加强出行安全服务是必要补充**

(1)提升事故应急处理和救援服务能力

2003 年以来,各地针对影响道路交通安全的不同情况,分级分类制定了应急工作预案。据不完全统计,全国所有省(区、市)、97.9% 的市(地)和 92.8% 的县已制定了交通管理应急预案 1 813 项,并纳入地方政府统一管理,最大限度地降低了恶劣天气和突发事件对道路交通安全的影响。公安、卫生部门建立了道路交通事故救援绿色通道,完善了道路交通事故快速抢救机制。公安部制定了高速公路交通应急管理规定,建立了以消防、交警为主的应急救援队伍,完善了部门、警种联动协作机制和应急救援预案。据不完全统计,仅 2008 年全国因及时实施道路交通事故现场救援,共挽回 2.5 万人的生命。

2013 年 3 月 16 日,武警交通第三总队正式挂牌。它是在原武警交通直属工程部的基础上调整升格,其编制由原来的副师级单位升格为正师级单位,下辖七、八、九三个支队。正式挂牌之后,武警交通第三总队的主要任务逐步由施工生产向应急救援转变。它的组建对完成以首都为重点的华北、东北、江淮等地区的应急救援任务具有重大意义。2013 年 12 月 10 日,由武警交通部队建设的首个交通应急救援保障基地在北京落成并投入使用。交通应急救援保障基地建成后,集指挥、训练、保障等功能于一体,可加快实现兵力集中训练、重点区域集中布防,促进装备集成化、信息化水平的进一步提升,满足首都交通枢纽、战略要地、自然灾害的应急救援需要,确保武警交通部队关键时刻能够当尖兵、打头阵,高效完成应急救援任务。

交通应急救援保障基地的建成彻底改变了武警交通九支队分散化管理模式。以往武警交通部队基层流动性大,武警交通九支队当前主要兵力分散在江西、内蒙古、山西等多个区域,难以实现大规模救援快速集中用兵。

(2)提升路网出行信息服务能力

交通运输部已成立路网监测与应急处置中心,主要承担路网运行监测、应急处置、出行服务三项核心职能。目前,路网中心基本建立了覆盖重要干线通道、易堵路段、省界收费站、特大桥梁、长大隧道、重要服务区和治超站的路网运行监测网络，可以初步掌握全国干线路网路况运行信息；积极推进部、省两级全国公路网管理与应急处置平台系统建设，相继开通了“我国公路信息服务网”、《公路服务站》直播栏目、中国高速公路交通广播（FM99.6）等平台，全面开展全国干线公路网运行监测、突发事件应急处置与出行信息服务工作。每年春运、重大节假日期间，路网中心都及时通过新闻媒体发布路况信息，为公路出行者提供及时、便捷、有效的信息服务。

雾、冰雪、暴雨等不利气象条件，泥石流、滑坡、水毁等自然灾害和各类危险品运输泄漏事件对公路交通运输安全和通畅的影响正日趋强烈。交通运输部和我国气象局共同开展了公路交通气象预报工作，根据水毁、雾害等对我国公路影响最普遍的气象灾害形式，结合汛期大范围强降雨预报和公路沿线雾监测工作，及时发布相关气象信息，建立相关的应急处置、信息反馈与评估等制度。公安部和我国气象局也建立道路交通气象信息交换和发布制度。

# 第二章 道路交通安全面临的形势、挑战与机遇

## 一、我国道路交通安全面临的形势

虽然道路交通事故死亡人数呈现大幅下降趋势，交通安全形势保持了总体平稳态势，但是当前我国仍然处于道路交通事故高发期，影响道路交通安全的因素依然很多，道路交通安全形势依然严峻。

### 1. 道路交通事故依然高发

虽然近年来我国道路交通事故降幅明显，但是依然高发。如果把适用简易程序处理的交通事故计算在内，那么近几年我国道路交通事故总数量呈现快速增长态势。近五年来，我国道路交通事故平均增长近78万起。2013年，我国道路交通事故总数量已增长至598.68万起。目前，我国道路交通事故死亡仍高居世界第二位，遏制道路交通事故高发、降低交通事故伤害仍然任重道远。图2-1为我国近五年来道路交通事故总数量。

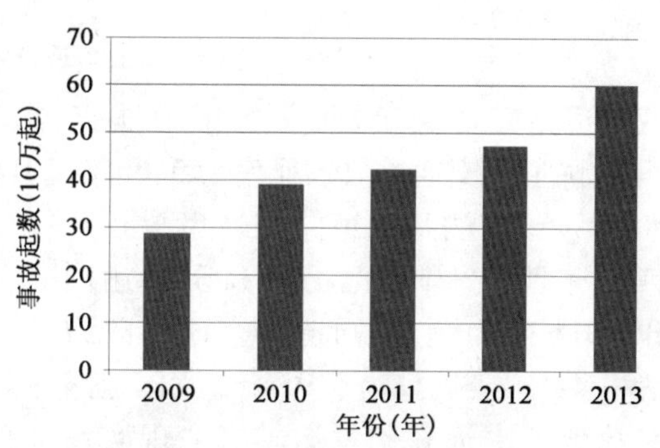


图2-1 我国近五年来道路交通事故总数量（包括适用简易程序处理的交通事故）

此外，我国仍处于机动化初期阶段，机动化的快速发展和交通需求的日益增长与道路交通基础设施承受能力之间的矛盾依然没有改变，道路交通的不安全因素依然存在。从发达国家经验看，人均GDP大约8 600美元（以1985年美元国际价格为准），道路交通事故人口死亡率将达到顶峰。2013年我国人均GDP约为6 800美元，以发达国家的经验看，我国道路交通事故人口死亡率仍存在较大的上升空间。人、车、路等方面存在的影响道路交通安全的现实问题还没有得到根本解决，国民整体文化素质和道路交通安全意识等仍处于较低水平，促使道路交通安全改善的基础仍比较薄弱。由于影响和制约道路交通安全的一些问题尚未得到全面解决，随着我国社会经济的快速发展，人流、车流、物流的高速增长，在交通事故历经多年快速下降之后，遏制道路交通事故高发的压力将愈发增大，工作上稍有放松，道路交通事故极有可能强力反弹。

**2. 交通事故率、致死率仍然偏高**

虽然我国近年来道路交通安全取得了巨大成绩，国道网、高速公路亿车公里事故率和死亡率均呈明显的下降趋势（图1-10），但不可否认的是，与发达国家相比，我国道路交通事故率仍然偏高，如万车死亡率、亿车公里死亡率仍远高于美国、日本、英国、瑞典、荷兰等发达国家。因此，虽然从纵向看我国道路交通安全工作取得了巨大成绩，但从横向看，我国道路交通安全形势仍不容乐观。图2-2为我国与其他国家道路交通事故率的比较。

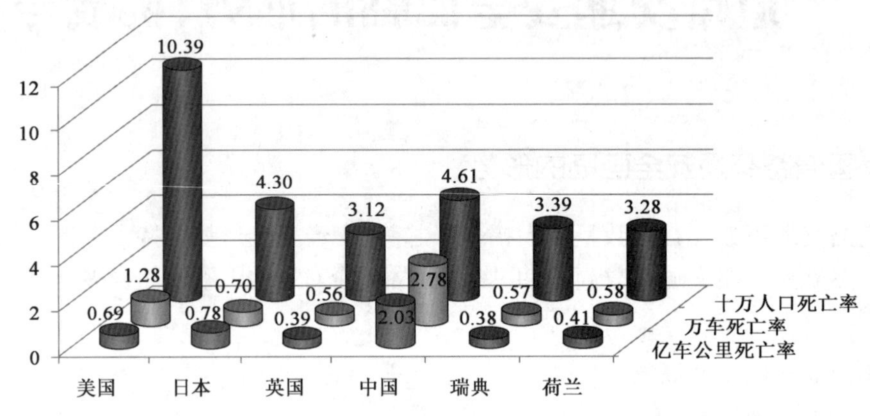


图2-2　我国与其他国家道路交通事故率比较（2011年）[1]

我国道路交通事故致死率[2]较高。根据公安部公布的我国道路交通事故统计数据计算，2010年我国道路交通事故致死率为5.60%，2011年降为5.15%，2012年降为5.00%，2013年降为4.50%。虽然我国道路交通事故致死率近四年来明显下降，但仍远高于发达国家。以2011年为例，美国道路交通事故致死率为1.44%，英国仅为0.93%。我国道路交通事故致死率远高于发达国家的现实反映出我国交通事故应急救援与医疗救护水平不能满足道路交通事故救援需求，与发达国家相比差距较大，其结果直接导致了交通事故伤者错过最佳救治时间而致死或致残。因此，应加快我国道路交通事故应急救援和医疗救护水平体系和能力建设。图2-3为我国与发达国家道路交通事故致死率的比较。

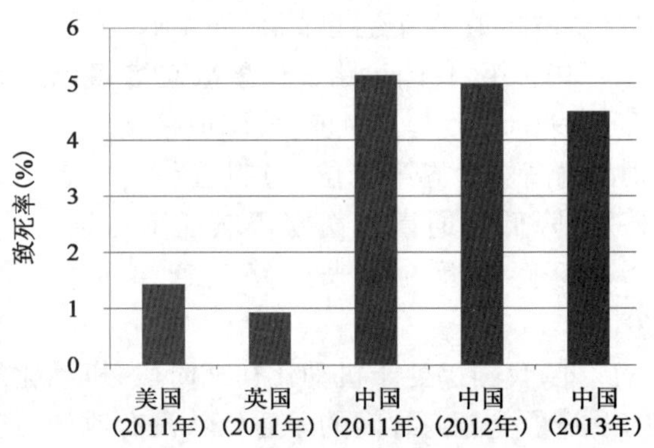


图2-3　我国与发达国家道路交通事故致死率比较

**3. 高速公路事故占比大**

随着高速公路通车里程的增长及其对我国经济快速健康发展和人民群众日常出行重要性

[1] 我国亿车公里死亡率为全国国道网亿车公里死亡率。数据来源：经济发展与合作组织（OECD）：Road Safety Annual Report 2011。

[2] 道路交通事故致死率＝道路交通事故死亡人数/道路交通事故伤亡总数。

的日益显现,高速公路事故占比逐年增加。近四年来,高速公路交通事故死亡人数占道路交通事故死亡总数的比例维持在10%上下。可以预见,随着高速公路的进一步发展及其重要性的进一步显现,高速公路交通事故占比可能会进一步提高。虽然高速公路拥有相对较高的行车安全性,但为了进一步预防高速公路交通事故,遏制事故占比的进一步提高,应加强高速公路交通事故特点的分析研究,并采取相应对策措施。图2-4为我国高速公路交通事故占道路交通事故比例。

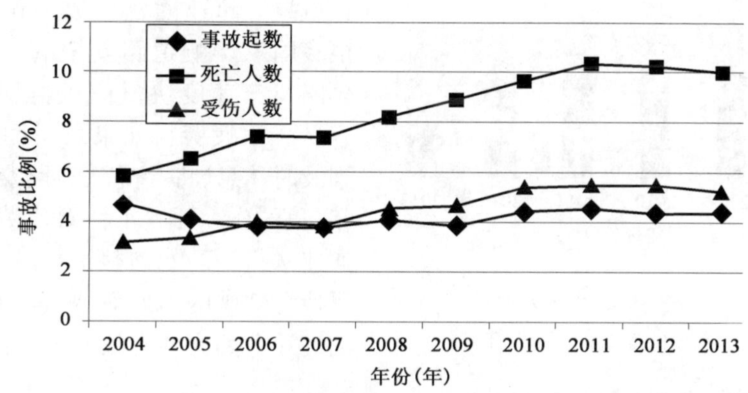


图2-4 我国高速公路交通事故占道路交通事故比例(2004~2013年)

高速公路作为公路网的组成部分之一,与其他公路类型相比,其道路交通事故既有共性,又有其自身的特点。

(1)追尾与剐撞行人事故多发

高速公路车速快,不同车型车辆速度差异大。车辆间如果未保持足够的安全间距,极易造成追尾事故。追尾事故是我国高速公路最为常见的事故形态,导致的死亡人数和受伤人数比例也较大。2013年,高速公路共发生追尾事故2 981起,造成1 909人死亡、4 224人受伤,分别占高速公路事故总数的34.29%、32.67%和37.82%。

除追尾事故外,剐撞行人事故高发也是我国高速公路交通事故的一个重点特点。2013年,我国高速公路共发生剐撞行人事故1 059起,造成836人死亡、325人受伤,分别占高速公路事故总数的12.18%、14.31%和2.91%。高速公路上发生车辆与行人相撞事故是完全可以避免的,因为高速公路全线封闭,行人是不允许进入高速公路的,但是部分高速公路沿线居民因各种原因进入高速公路,甚至横穿高速公路,对高速公路行车安全造成了极大威胁,也将自身安全置于危险境地,这是造成高速公路剐撞行人事故的主要原因。2013年,因行人违法进入高速公路导致发生交通事故725起,造成609人死亡、165人受伤,分别占高速公路事故总数的8.34%、10.42%和1.48%。行人违法进入高速公路已成为2013年高速公路交通事故的首要致因。避免行人进入高速公路是遏制因行人违法进入高速公路而导致的事故和剐撞行人这两类事故最有效的方法。

(2)超速与疲劳驾驶问题较突出

高速公路交通事故肇事原因中,超速行驶和疲劳驾驶是造成交通事故最多的两个因素。近年来,这两个因素导致的交通事故比例占高速公路事故总数的近1/5。图2-5为我国高速公路疲劳驾驶和超速行驶肇事比例。

高速是高速公路的本质特征之一。但是,超速(超出最高限速或在最高限速之下,但在所处环境中属过快速度)就可能成为影响交通事故发生和严重程度的关键因素。尼尔森(Nilsson)"功耗模型"(Power Model)显示,将平均速度提高5%,将增加近10%的人身事故和20%的死亡事故;将平均速度减少5%,将减少近10%的人身事故和20%的死亡事故。超速问题已成为包括我国在内的很多国家影响道路安全的头号问题。高速公路行车速度快,行车过程单调,驾驶员更容易产生疲劳。如果长时间连续驾驶得不到及时休息,将会导致道路交通事故。近几年,我国连续开展了针对疲劳驾驶等严重交通违法行为的专项整治,在一定程度上遏制了疲劳驾驶的高发态势,但因疲劳驾驶引发的高速公路交通事故所占比例仍然较高。

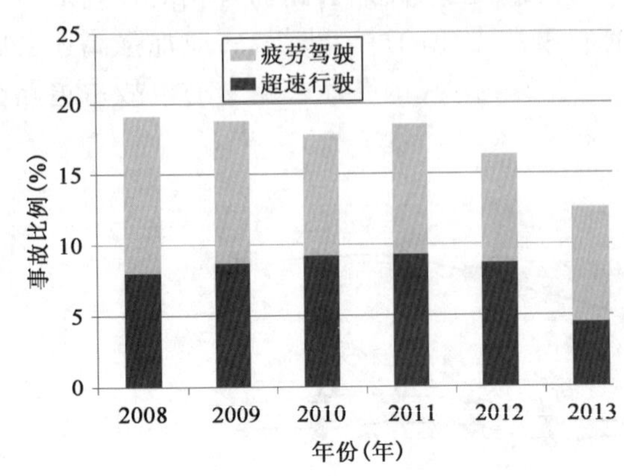


图2-5　我国高速公路疲劳驾驶和超速行驶肇事比例(2008～2013年)

(3)重特大事故频发

高速公路已成为我国道路交通运输的主动脉,但近年来高速公路重特大事故频发。2010年以来4起特别重大道路交通事故均发生在高速公路,2012年将近1/3的重大以上事故发生在高速公路。2013年,全国未发生特别重大的道路交通事故。表2-1为2010年以来发生的特别重大道路交通事故。

**2010年以来我国发生的特别重大道路交通事故**　　表2-1

<table>
<tr><th>年份(年)</th><th>日期</th><th>时间</th><th>地　点</th><th>死亡人数</th><th>受伤人数</th><th>道路行政等级</th><th>道路技术等级</th><th>事故形态</th><th>涉事车辆</th></tr>
<tr><td>2010</td><td>5月23日</td><td>2:50</td><td>长深高速公路辽宁阜新段</td><td>33</td><td>24</td><td>国道</td><td rowspan="4">高速公路</td><td>碰撞起火</td><td>半挂牵引车、大型卧铺客车</td></tr>
<tr><td rowspan="2">2011</td><td>7月22日</td><td>3:43</td><td>京港澳高速公路河南信阳段</td><td>41</td><td>6</td><td>国道</td><td>失火</td><td>大型卧铺客车</td></tr>
<tr><td>10月7日</td><td>15:46</td><td>滨保高速公路天津武清段</td><td>35</td><td>19</td><td>国道</td><td>剐蹭后侧翻切割</td><td>大型普通客车</td></tr>
<tr><td>2012</td><td>8月26日</td><td>2:31</td><td>包茂高速公路陕西延安段</td><td>36</td><td>3</td><td>国道</td><td>追尾碰撞后起火</td><td>大型卧铺客车、中型半挂牵引车</td></tr>
</table>

以高速公路一次死亡10人以上的特大道路交通事故为例。2005～2013年,我国高速公路上共发生一次死亡10人以上的特大道路交通事故53起,共造成923人死亡、1 051人受伤,分别占一次死亡10人以上的特大道路交通事故总数的19.92%、22.82%和26.76%。2013年,我国高速公路发生4起一次死亡10人以上的特大交通事故。图2-6为我国高速公路一次

死亡10人以上的特大道路交通事故。

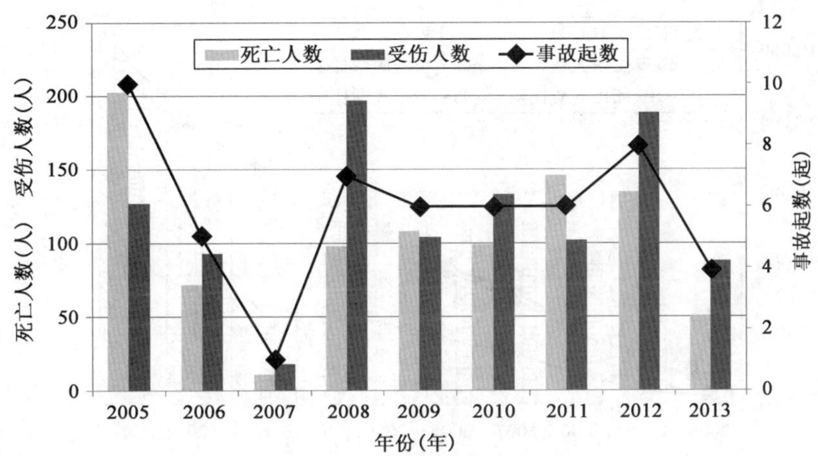


图2-6 我国高速公路一次死亡10人以上的特大道路交通事故(2005~2013年)

高速公路一次死亡10人以上的特大道路交通事故形态主要有翻车、起火、爆炸、正面碰撞、撞固定物、追尾碰撞、坠车等。其中,追尾碰撞、坠车和正面碰撞为主要事故形态。在2005~2013年高速公路上发生的53起一次死亡10人以上特大道路交通事故中,追尾碰撞事故20起、坠车事故21起、正面碰撞事故12起。其中,追尾事故多发与高速公路交通事故特点相一致。我国高速公路多为高路基、高边坡,坠车事故加剧了事故严重程度。正面碰撞事故主要由肇事车辆因各种原因进入对向车道引发,与对向车道正常行驶的车辆发生碰撞。

**4. 电动自行车交通安全问题突出**

电动自行车因其节省体力、价格适中、操作简便、速度快、效率高、使用成本低(无需获取驾驶资格、办理车辆行驶证、无需支付高价油费)和无污染等优点,近年来在我国城乡得到迅速普及。特别是在公共交通欠发达的中小城市、农村和大城市非中心区,普及率极高。我国已连续多年成为电动自行车世界第一产销国。截至2013年年底,我国电动自行车保有量约为1.81亿辆。我国已从自行车大国快速转变为电动自行车大国。

(1)涉及电动自行车交通事故激增

近年来,在我国交通安全形势快速好转的背景下,电动自行车肇事数量(指不适用于简易程序处理的交通事故)及比例呈现快速增长趋势。2013年,全国电动自行车肇事9 184起,造成1 238人死亡、10 530人受伤,分别占道路交通事故总数的4.63%、2.12%和4.93%,分别占非机动车肇事交通事故总数的71.53%、61.32%和73.84%。可见,电动自行车肇事已经成为非机动车肇事的主体。如果将适用于简易事故处理的道路交通事故计算在内,2013年电动自行车肇事245 172起,造成1 238人死亡、106 468人受伤,分别占道路交通事故总数的4.10%、2.11%和8.58%,肇事起数、死亡人数和受伤人数分别比2012年同期增长39.70%、27.50%和32.05%。相比于2004年,2013年涉及电动自行车道路交通事故导致的死亡人数和受伤人数分别是2004年的8.14倍和6.07倍。因此,虽然电动自行车肇事比例相对较小,但是增长幅度明显、增长速度较快,需要引起高度关注。图2-7为我国电动自行车肇事情况。

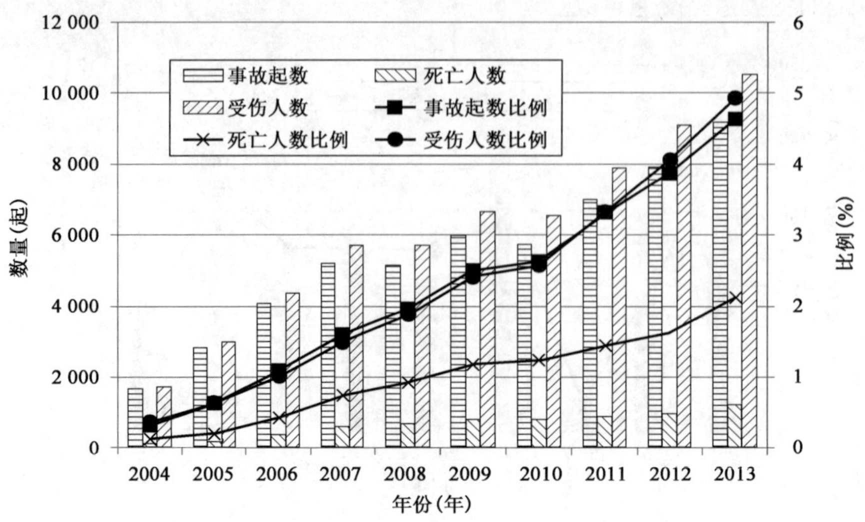


图 2-7　我国电动自行车肇事情况(2004 ~ 2013 年)

(2)电动自行车驾驶人伤亡占比激增

在交通事故(不包括适用于简易程序处理的交通事故)伤亡人员中,电动自行车驾驶人伤亡数量快速增长,死伤人员所占比例显著上升。2013 年,道路交通事故死伤人员中,电动自行车驾驶人分别达到 5 752 人和 29 010 人,分别占死伤总数的 9.83% 和 13.57%,分别占驾驶非机动车死伤总人数的 51.65% 和 64.19%。也就是说,目前我国道路交通事故死亡人员中近 1/10是电动自行车驾驶人,道路交通事故驾驶非机动车死亡总人数的一半以上是电动自行车驾驶人,且这一比例仍在快速增长。因此,电动自行车的交通安全问题的确需要引起高度关注。图 2-8 为我国交通事故伤亡人员中电动自行车驾驶人情况。

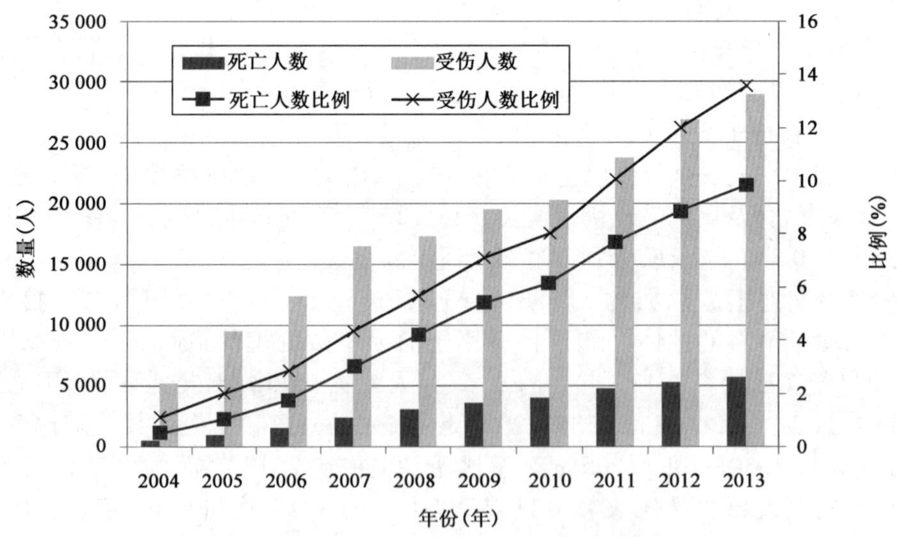


图 2-8　我国交通事故伤亡人员中电动自行车驾驶人情况(2004 ~ 2013 年)

**5. 农村公路安全形势依然严峻**

当前,我国农村公路正从大规模建设为主转向更加注重质量、安全和效益。安全发展已成为农村公路发展的重要组成部分。农村公路安全发展应是使农村公路发展建立在安全保障能力不断提升、农村群众出行安全不断得到保障的基础上,使农民群众能够平安、幸福地享用农村公路发展成果,能够享受到安全、便捷的公路运输基本公共服务。但是,我国农村公路交通安全形势依然严峻。

(1)农村公路交通事故所占比例高

近年来,随着我国道路交通事故的下降,农村公路交通事故整体上呈下降趋势。2013 年,农村公路上共发生道路交通事故 47 550 起,造成 14 793 人死亡、51 514 人受伤。与 2006 年相比,2013 年农村公路道路交通事故起数、死亡人数和受伤人数分别下降40.31%、25.36%和45.92%。虽然近年来农村公路交通事故整体上呈下降趋势,但其所占公路交通事故比例整体呈上升态势(2010 年比 2009 年有所降低)。2013 年,农村公路交通事故起数、死亡人数和受伤人数分别占公路交通事故总数的 41.60%、35.52%和 40.83%,也就是说,公路交通事故中每死亡 3 人就至少有 1 人死于农村公路交通事故。图 2-9 为我国农村公路交通事故死亡人数占公路交通事故死亡总数的比例。

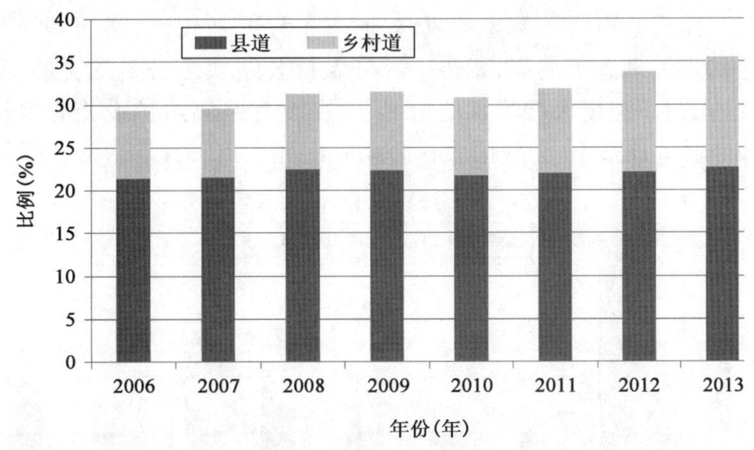


图 2-9 我国农村公路交通事故死亡人数占公路交通事故死亡总数的比例(2006~2013 年)

(2)农村公路群死群伤事故时有发生

2006~2013 年,农村公路上共发生一次死亡 10 人以上的特大交通事故 56 起,共造成 782 人死亡、694 人受伤。近 8 年来,农村公路上发生的一次死亡 10 人以上的特大交通事故起数、死亡人数、受伤人数平均占一次死亡 10 人以上特大交通事故总数的25.57%、24.16%和21.53%。表 2-2 为我国农村公路一次死亡 10 人以上的特大交通事故统计。

我国农村公路一次死亡 10 人以上的特大交通事故(2006~2013 年) 表 2-2

| 年份(年) | 事故起数 | | 死亡人数 | | 受伤人数 | |
|---|---|---|---|---|---|---|
| | 数量(起) | 百分比(%) | 数量(人) | 百分比(%) | 数量(人) | 百分比(%) |
| 2006 | 11 | 28.95 | 162 | 29.03 | 136 | 29.37 |
| 2007 | 7 | 26.92 | 110 | 28.28 | 121 | 26.95 |

续上表

| 年份(年) | 事故起数 | | 死亡人数 | | 受伤人数 | |
|---|---|---|---|---|---|---|
| | 数量(起) | 百分比(%) | 数量(人) | 百分比(%) | 数量(人) | 百分比(%) |
| 2008 | 5 | 17.24 | 79 | 16.60 | 43 | 8.53 |
| 2009 | 5 | 20.83 | 59 | 17.93 | 64 | 18.55 |
| 2010 | 8 | 23.53 | 94 | 20.39 | 53 | 12.27 |
| 2011 | 8 | 29.63 | 118 | 25.93 | 108 | 26.73 |
| 2012 | 5 | 20.00 | 61 | 16.90 | 71 | 19.35 |
| 2013 | 7 | 43.75 | 99 | 47.60 | 98 | 37.84 |
| 合计 | 56 | 25.57 | 782 | 24.16 | 694 | 21.53 |

农村公路上发生的一次死亡10人以上的特大交通事故中坠车(包括坠崖、坠河、坠沟、坠桥)事故最为常见。2006～2013年,在农村公路上发生的一次死亡10人以上的56起特大交通事故中,坠车事故共41起,比例高达73.21%。坠车进一步加重了事故的严重程度,应把预防坠车事故作为农村公路上事故预防工作的重要内容。

我国农村公路坠车特大道路交通事故高发,与农村公路交通安全设施的缺乏有较大关系。近年来我国农村公路建设取得了辉煌的成就,通车里程增加较快,路面等级和质量显著改善,但由于建设资金和发展理念等局限,相当一部分农村公路缺乏必要的交通安全设施。在农村公路路况大幅改善、行车速度大幅增加的情况下,在没有路侧防护设施有效拦阻的情况下,极易发生车辆坠车事故。图2-10为我国农村公路一次死亡10人以上特大交通事故形态。

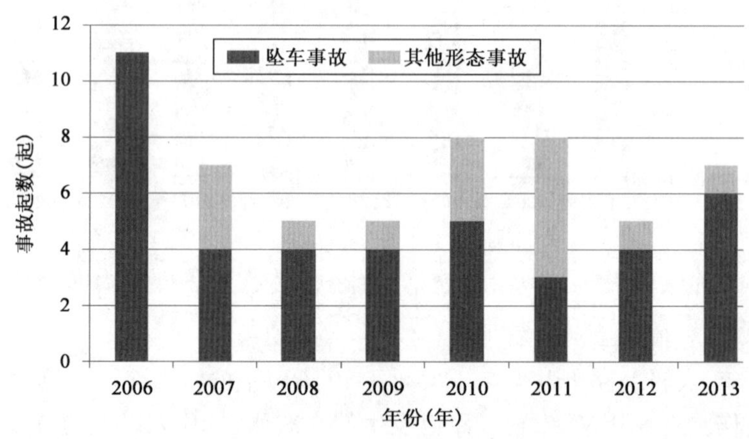


图2-10　我国农村公路一次死亡10人以上特大交通事故形态(2006～2013年)

(3)农民成为道路交通事故最大受害群体

伴随着农村经济的发展和农村公路建设的深入推进,农民接触机动车、拥有和驾驶机动车的机会大大增加,涉及农民的交通事故逐渐增多。随着我国道路交通事故数量的降低,近年来道路交通事故伤亡人员中农民的数量也大幅下降。与2006年相比,2013年道路交通事故中农民伤亡人数分别下降53.76%和64.02%。但从道路交通事故伤亡人员行业类型看,农民伤亡的比例依旧是最高的,2013年分别占道路交通事故伤亡总数的31.29%和26.68%,远高于其他行业人员。图 2-11 为我国农民道路交通事故伤亡情况。

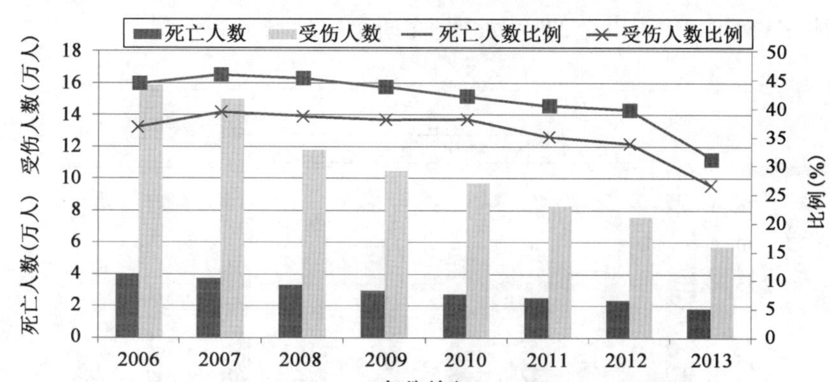


图 2-11 我国农民道路交通事故伤亡情况(2006 ~ 2013 年)

**6. 群死群伤特大事故仍然频发**

群死群伤事故因为死伤人数多、社会影响和危害大,因此遏制包括一次死亡 10 人以上的事故在内的群死群伤事故一直是我国道路交通安全工作的重要内容之一。虽然近年来我国群死群伤特大道路交通事故已总体上呈现下降趋势,但仍然频发。以一次死亡 10 人以上的特大道路交通事故为例,2013 年,此类事故已降至 16 起,造成 208 人死亡、259 人受伤,分别比 2005 年下降 65.96%、74.23% 和 63.26%。群死群伤特大道路交通事故频发也说明了我国道路交通事故仍处于高发期,交通安全形势进一步好转的基础并不牢固,仍需要加倍努力,才能实现我国交通安全的持续好转。图 2-12 为我国一次死亡 10 人以上的特大道路交通事故情况。

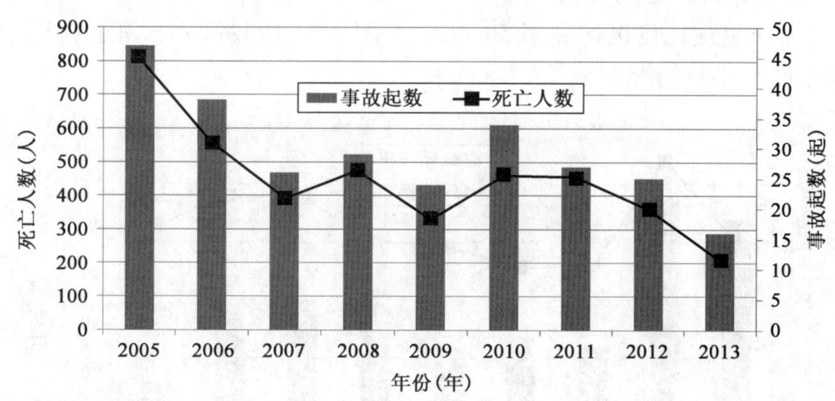


图 2-12 我国一次死亡 10 人以上的特大道路交通事故情况(2005 ~ 2013 年)

(1)群死群伤事故呈现明显的地域性特征

西部地区发生的一次死亡 10 人以上的特大道路交通事故数量远高于东部地区和中部地区。2005 ~ 2013 年,西部地区发生一次死亡 10 人以上的特大道路交通事故 120 起,东部地区 68 起,中部地区 78 起,分别占总数的 45.11%、25.56% 和 29.32%。而且,西南地区是我国一次死亡 10 人以上事故的高发地区,尤以云南省、贵州省和西藏自治区最为严重。2005 ~ 2013 年,三省(区)共发生一次死亡 10 人以上的特大道路交通事故 60 起,造成 878 人死亡、814 人受伤，分别占全国一次死亡 10 人以上特大道路交通事故总数的 22.56%、21.71% 和 20.72%。图 2-13 为我国一次死亡 10 人以上的特大道路交通事故地域分布情况。

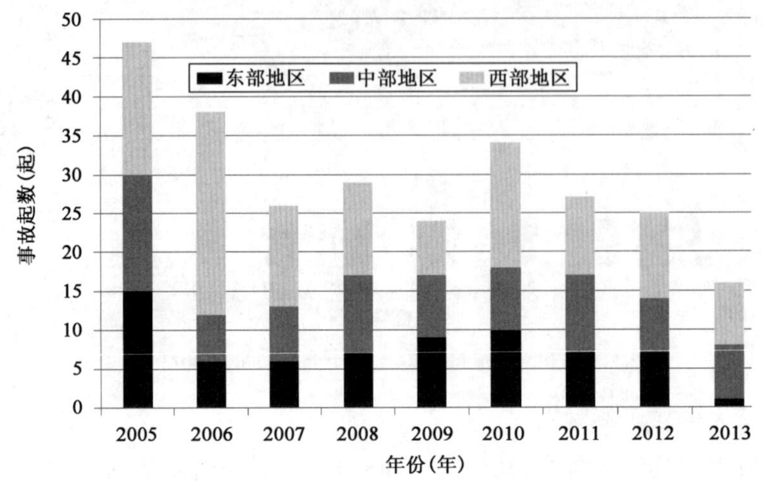


图 2-13　我国一次死亡 10 人以上的特大道路交通事故地域分布情况（2005～2013 年）

（2）事故形态多样，但以坠车事故为主

一次死亡 10 人以上的特大交通事故的事故形态多样，主要包括：正面碰撞、侧面碰撞、对向刮擦、翻车、碾压、碰撞行人、撞固定物、追尾、失火、爆炸、坠车等。其中尤以坠车（包括坠崖、坠谷、坠河、坠桥、坠沟等事故形态）事故发生起数最多。2005～2013 年共发生 133 起一次死亡 10 人以上的坠车特大道路交通事故，占一次死亡 10 人以上的特大道路交通事故总数的一半。2013 年，坠车事故比例也达到了 50.00%。图 2-14 为我国一次死亡 10 人以上的特大道路交通事故中坠车事故情况。

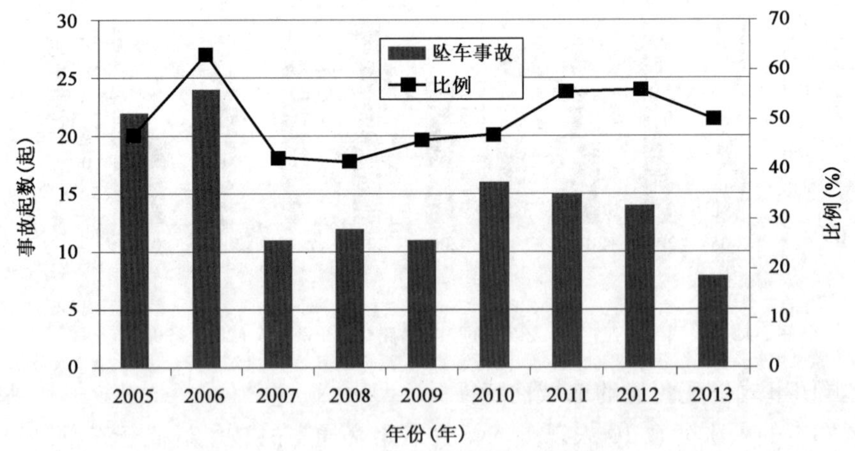


图 2-14　我国一次死亡 10 人以上的特大道路交通事故中坠车事故情况（2005～2013 年）

坠车加重了道路交通事故的严重程度，极易导致人员群死群伤。因此，在遏制群死群伤事故工作中，应把预防坠车事故作为其中一项重要内容。同时，坠车事故高发也从一个侧面说明了部分路段路侧防护设施缺乏或防护等级不足。因此，应重点加强山区公路事故多发路段的路侧防护设施建设,补齐路侧防护设施并适当提高路侧防护设施防护等级。

## 二、我国道路交通安全面临的挑战

### 1. 安全隐患仍比较突出

(1)机动化水平快速提升带来的隐患

近10年来,我国机动化水平快速提升,年均增长11.64%。截至2013年年底,我国机动车保有量已突破2.50亿辆,比上年增加近1 025万辆。千人机动车保有量已从2002年年底的62辆增至2013年年底的184辆。机动车驾驶人增至近2.8亿人,比上年增长近1 790万人。机动化程度的快速提高必然给道路交通安全带来不利影响。

我国机动化水平仍有较大提高空间。与发达国家相比,我国机动化程度仍然较低,仍处于机动化初级阶段。2011年,我国千人机动车保有量为167辆,美国为826辆,日本为707辆,英国为562辆,瑞典为597辆,荷兰为567辆。随着我国经济的快速发展,机动化水平仍将在很长时期内快速提升。这必将对我国道路交通安全带来长期影响。我国与发达国家机动化程度见表2-3。

**我国与发达国家机动化程度(2011年)**[1] 表2-3

| 国家 | 机动车保有量(万辆) | 人口数(百万) | 机动化水平(辆/千人) |
|---|---|---|---|
| 美国 | 25 751 | 311.6 | 826 |
| 日本 | — | — | 707 |
| 英国 | 3 420 | 60.9 | 562 |
| 瑞典 | — | — | 597 |
| 荷兰 | — | — | 567 |
| 中国 | 22 478 | 1 354.0 | 167 |

(2)摩托车数量庞大带来的隐患

摩托车一直占据我国机动车的主体地位。2004年,我国机动车保有量中,摩托车保有量比例高达62.63%,而同期汽车保有量比例仅占33.28%。图2-15为我国机动车组成情况(2005~2013年)。摩托车由于自身安全防护差、驾乘人员安全意识差、交通违法行为突出、执法难度大等原因,一直是我国道路交通事故的重要肇事车型之一,造成的死伤人数所占比例也较高。2013年,摩托车肇事占事故总数的20.59%,造成的死亡人数和受伤人数分别占总数的17.87%和23.69%。摩托车肇事数量仅次于客车肇事数量。我国大部分摩托车在中小城市和农村地区行驶,在农村已成为农民朋友代步、赶集、载运生产生活资料的重要交通运输工具。但数量庞大的摩托车已成为农村地区的交通安全隐患,突出表现在:违法上路行驶多、无牌无证的多、无证驾驶的多、交通事故多、治安隐患多。加之农村地区存在大量违法改装的摩托车,其安全性能得不到任何保障,这些都造成了摩托车安全隐患日益突出。

随着我国经济社会的快速发展和人民生活水平的提高,近年来越来越多的人选择购买汽车作为出行代步工具,汽车保有量比例不断提高。同时,随着近年来电动自行车的迅速普及,摩托车增长速度迅速回落。不仅其增长速度远低于机动车的增长速度,而且在2012年首次负

[1] 数据来源:经济发展与合作组织(OECD):Road Safety Annual Report 2013。

增长，并在2013年继续负增长。受上述因素影响，近年来我国摩托车保有量比例不断下降。截至2010年年底，我国摩托车保有量比例降至48.30%，摩托车保有量比例首次降至50%，但绝对数量上仍多于汽车保有量。截至2011年年底，我国汽车保有量达1.06亿辆，首次超过摩托车保有量。我国机动车保有量结构正由以摩托车为主向以汽车为主过渡和转变，这将对我国道路交通安全的持续改善带来积极影响。但是，由于摩托车保有量依然庞大，对我国道路交通安全持续改善的影响仍然不可忽视。图2-16为我国机动车和摩托车保有量增长情况(2005~2013年)。

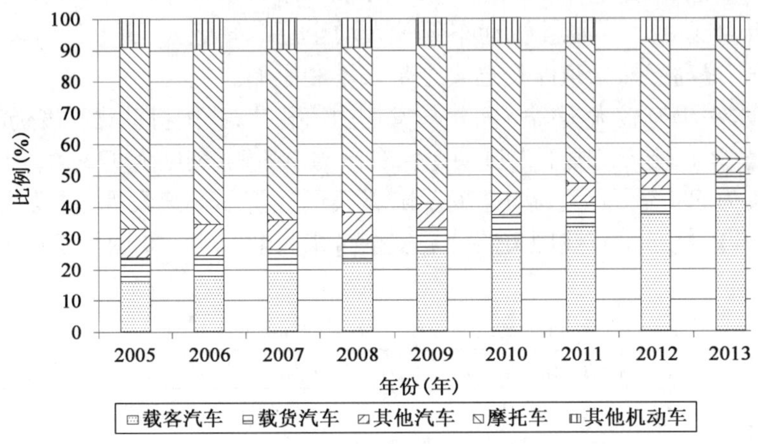


图2-15　我国机动车组成情况(2005~2013年)

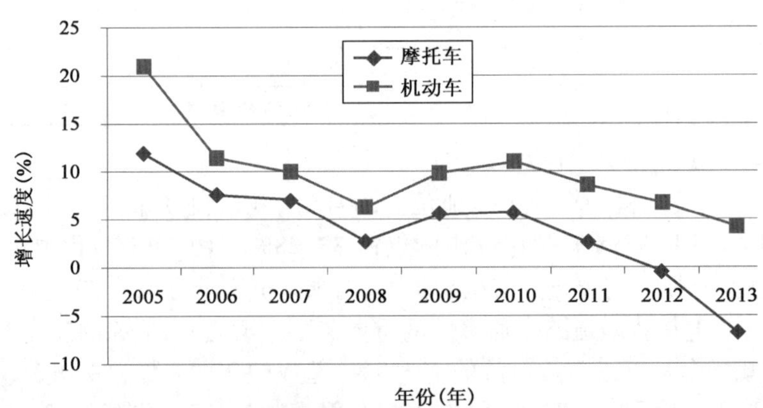


图2-16　我国机动车和摩托车保有量增长速度(2005~2013年)

(3)电动自行车快速增长带来的隐患

由于电动自行车被界定为“非机动车”，电动自行车驾驶人无需经过相关交通安全知识和电动自行车驾驶技术的相关培训和考核，也不需要获得相应的驾驶资格。部分电动自行车驾驶人无视道路交通安全法规，交通违法行为突出。随着电动自行车保有量的快速增长，涉及电动自行车的道路交通事故也迅速增长。从全国范围看，虽然目前电动自行车的肇事比例较低，但我国道路交通事故死亡人员中电动自行车驾驶人已占近1/10，道路交通事故非机动车驾驶人死亡人员中有一半是电动自行车驾驶人。在部分城市，电动自行车已成为道路交通事故的肇事主体。随着电动自行车保有量的进一步快速增长，涉及电动自行车的交通安全问题愈发凸显，电动自行车正在成为我国道路交通安全的一个重要隐患。

电动自行车本身安全风险较大。首先，相比于自行车，电动自行车质量大，行驶稳定性差。与摩托车、自行车一样，电动摩托车自身无任何防护设施，不能给驾驶员和乘客提供有效保护。发生交通事故后极易造成严重伤害。其次，电动自行车速度高、整车质量大，动能大，发生交通事故后也会加重事故伤害。再次，电动自行车市场繁荣，生产厂家众多，品牌繁杂，产品质量不能得到有效保证。主要表现在制动性能差，制动可靠率低。部分生产厂家为迎合用户需求，肆意生产销售不符合电动自行车安全技术标准的车辆。此外，还有大量经过改装的电动自行车上路行驶。这就导致了很多本身存在安全隐患、不符合安全技术标准的电动自行车上路行驶，加大了道路安全风险。

电动自行车轻摩化趋势严重，机非界定实施困难，难以形成有效管理。1999 年 10 月 1 日施行的国家标准《电动自行车通用技术条件》（GB 17761—1999）对电动自行车整车提出了多项技术性能要求。其中规定电动自行车最高车速应不大于 20 千米/小时，整车质量应不大于 40 千克。但是，部分企业为了迎合某些购车族的需要，置国家标准、消费者的安全于不顾，擅自提高了车辆的最高时速和整车质量。车速超标越来越多，外观造型越来越豪华，电动自行车“轻摩化”现象严重。2009 年 6 月 25 日国家标准化管理委员会批准了《电动摩托车和电动轻便摩托车通用技术条件》（GB/T 24157—2009）国家标准。此标准规定质量 40 千克以上、车速 20 千米/小时以上的电动自行车称为轻便电动摩托车或电动摩托车，这意味着这些车辆将被划入机动车范畴。此规定在社会上引发了重大争议。考虑到标准引发的争议，国家标准化管理委员会暂缓了标准中涉及电动轻便摩托车内容的实施。目前，由于电动自行车界定模糊，导致社会上现存的大部分电动自行车实际上已超出《电动自行车通用技术条件》（GB 17761—1999）中关于电动自行车的界定，实际上已不属于电动自行车。但这些车辆又没有按照机动车来管理，处于一种缺乏有效管理的状态，加大了道路安全风险。

此外，由于电动自行车车主基本没有购买保险，交通事故产生的赔偿费用、医疗费用都需要电动自行车车主承担。如果电动自行车车主无力承担，就可能导致交通事故受害人的医疗费用、赔偿费用无法解决。近年来，由于电动自行车肇事引发的各种经济纠纷和矛盾时有发生，引发了一些社会问题。

（4）道路基础设施仍然存在安全隐患

由于受资金、环境和理念等众多因素的制约，我国一些早期建成的山区公路，坡陡弯急，傍沟临涧，道路等级低，行车环境恶劣，安全隐患大，事故频发。虽然经过多年的公路安全保障工程建设，但由于建设资金等因素限制，目前仍有部分安全隐患路段没有得到治理。此外，近年来农村公路得到了快速发展，但大部分农村公路标准较低，缺乏必要的安全防护设施，在缺乏农村公路交通安全管理的情况下，农村拖拉机、三轮汽车、低速载货汽车无牌无证、违法载人现象普遍，导致农村公路交通事故高发。

**2. 交通参与者交通违法行为仍比较突出**

（1）机动车交通违法行为仍很突出

虽然近年来全国纠正机动车违章（法）次数、教育人次和处罚人次起伏较大，但绝对数量一直很高。2013 年，全国处理机动车违章（法）次数、教育人次和处罚人次分别高达 4.65 亿、7 339万和 3.92 亿，分别比 2012 年增长 12.27%、12.47% 和 12.23%，图 2-17 为 2004 ~ 2013 年全国纠正及处理机动车交通违法情况。这说明我国机动车交通违法行为数量一直维持高位,机动车交通违法行为仍很突出。在纠正的机动车违法行为中,超速行驶、货车超载、无证驾驶、饮酒驾驶、客车超员和醉酒驾驶是较为常见和突出的违法行为。

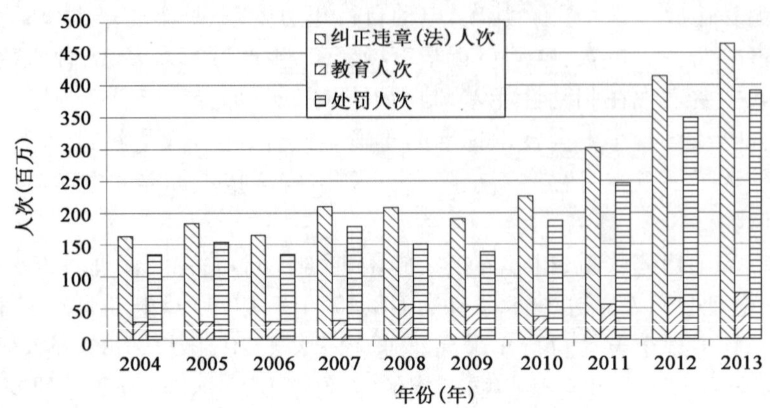


图 2-17　全国纠正及处理机动车交通违法情况(2004 ~ 2013 年)

由于机动车交通违法行为一直居高不下,使得因机动车违法行为导致的交通事故比例总体上呈现增长态势。根据公安部的统计,2013 年因机动车违法行为导致的交通事故起数、死亡人数和受伤人数已分别占总数的 88.93%、90.92% 和 89.20%。图 2-18 为 1998 ~ 2013 年我国机动车违法行为肇事情况。

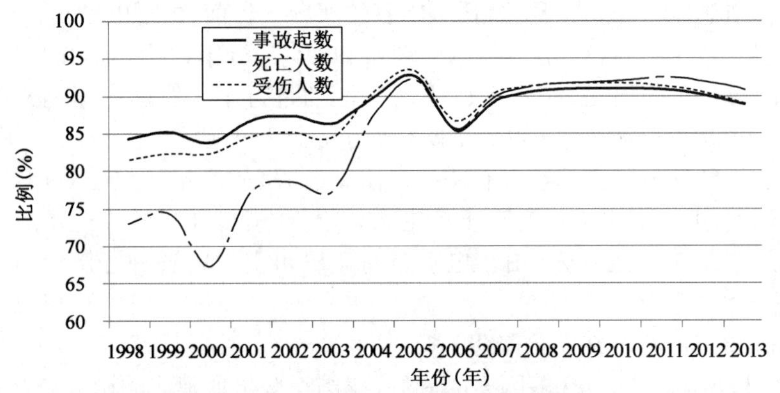


图 2-18　我国机动车违法行为肇事情况(1998 ~ 2013 年)

(2)非机动车、行人和乘车人遵守交通法规意识淡薄

与机动车违法行为一样,近年来全国处理非机动车、行人和乘车人违章(法)次数、教育人次和处罚人次也起伏较大。与处理的机动车违法行为相比较,虽然非机动车、行人和乘车人违法行为数量上相对较少,但绝对数量仍然较大。2013 年,全国处理非机动车违章(法)次数、教育人次和处罚人次分别高达 2 387 万、1 744 万和 642 万;处理行人和乘车人违章(法)次数、教育人次和处罚人次分别高达 2 642 万、2 040 万和 603 万。图 2-19 为 2004 ~ 2013 年全国处理非机动车交通违法情况,图 2-20 为 2004 ~ 2013 年全国处理行人和乘车人交通违法情况。

**3. 管理、执法和交通事故应急、救护水平仍然偏低**

我国道路交通科学管理的理念、机制、手段、方法以及管理人员的素质、能力还不适应经济社会发展的需要。特别是交通安全管理警力不足问题比较突出。部分农村公路交通安全处于无人管理的状态;有的新建高速公路虽已开通,但交警警力配备没有同步跟上。

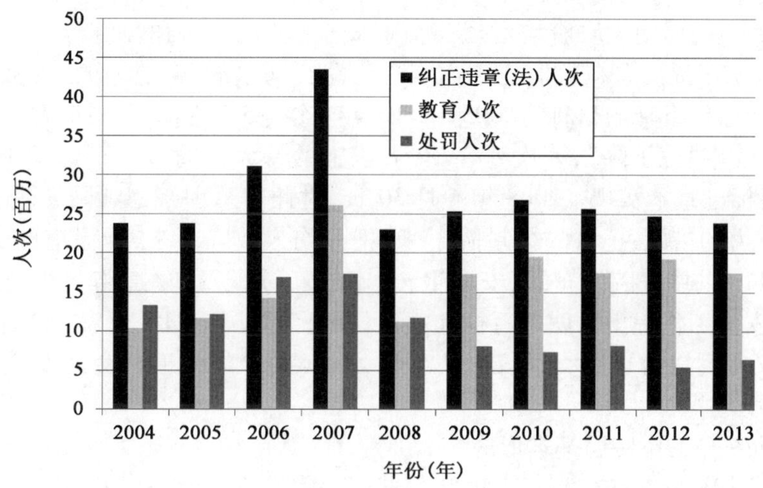


图 2-19 全国处理非机动车交通违法情况(2004~2013 年)

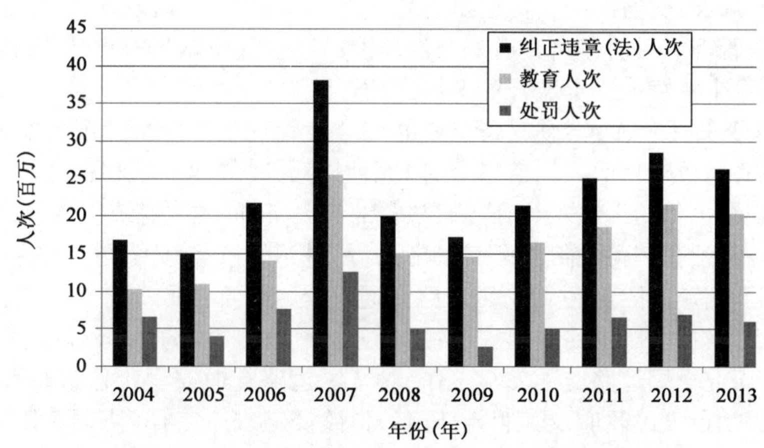


图 2-20 全国处理行人和乘车人交通违法情况(2004~2013 年)

近年来,虽然我国道路交通事故应急救援和救护水平有了很大进步,但从总体来说,我国道路交通事故应急救援和救护水平仍处于起步阶段,水平仍然偏低,其结果导致我国交通事故致死率和致残率居高不下(图 2-2 和图 2-3),加重了交通事故损失和社会负担。因此,应对机动车驾驶人实施必要的医疗急救知识培训,使之掌握在道路交通事故现场对受伤人员的初步救护技能,强化"黄金半小时"救护制度,提高道路交通事故应急救援和救护水平。

## 三、我国道路交通安全面临的机遇

### 1. 道路交通安全获得空前重视

在改革开放不断深入,我国经济社会高速发展的新形势下,党中央、国务院提出了以人为本的科学发展观，构建社会主义和谐社会。道路交通安全问题已成为促进社会和谐、改善民生的基本问题之一。

(1)党和政府高度重视道路交通安全工作

自2003年以来，历届中央政府均对道路交通安全提出了明确的工作目标。2004年1月15日，国家领导人明确提出要在政府任期内实现道路交通事故和人员伤亡人数明显减少，从高发到基本遏制到逐年下降的目标。2003～2007年，连续5年实现全国道路交通事故起数、死亡人数、万车死亡率“三下降”，一次死亡10人以上的特大交通事故下降至1990年以来的最低点，设定的目标已基本实现。2008年4月30日，时任副总理张德江同志代表上届政府提出要“采取更加有力的措施，把事故数量降下来，把死伤人数降下来，确保道路交通安全形势进一步好转。”2011年，国务院发布的《安全生产“十二五”规划》和《道路交通安全“十二五”》规划对道路交通安全工作提出了明确目标和主要任务，为我国道路交通安全工作指明了方向。2012年，国务院又专门针对道路交通安全工作印发了《关于加强道路交通安全工作的意见》(国发[2012]30号)。

(2)道路交通安全工作格局基本形成

1984年以前，我国的道路交通基本由交通部门一家管理，1984～1986年因农村经济的发展，农机部门参与了农用运输车辆的管理。1986年以后，我国道路交通的管理演变成了交通和公安两家共管的局面：交通部门负责道路规划、建设、路政管理、运政管理、稽征管理等，公安部门负责交通安全管理。目前道路交通安全仍然沿用这一管理体制，并涉及宣传、司法、计划、建设、工商、财产、卫生、教育、安全监督等17个政府部门。

道路交通安全管理是一个跨部门、跨行业的综合性管理工作。虽然现有交通安全管理体制存在一定的缺陷，但也对目前我国道路交通安全形势的改善起到了积极作用。为切实加强对全国道路交通安全工作的组织领导，协调、整合部门力量，形成政府统一指导，有关部门各司其职、齐抓共管、综合治理、标本兼治的工作格局，促进道路交通安全与经济社会协调发展，2003年10月，经国务院批准，建立了全国道路交通安全工作部际联席会议制度。其主要职能是在国务院领导下，掌握全国道路交通安全情况，分析道路交通安全形势，研究政策，制订中长期战略规划；统筹研究全国道路交通安全工作，对全国道路交通安全工作进行部署，指导和监督各省、自治区、直辖市人民政府及其职能部门的道路交通安全工作；协调解决涉及相关部门的道路交通安全问题，促进部门协作配合，实现信息共享，建立长效机制，预防和减少道路交通事故，全面推进道路交通安全工作。

道路交通安全工作格局的基本形成，为我国道路交通安全形势的持续改善奠定了重要的体制保障。

**2. 道路交通安全环境迅速改善**

(1)公众更加关注自身出行安全

随着人民群众生活水平的提高，接触、参与道路交通的机会大增，人民群众对自身的出行安全比以往更加关注。早在2006年，道路交通事故就已经超越刑事犯罪、公共秩序混乱等因素成为我国影响人民群众安全感的最重要因素。公众更加关注自身的出行安全，显著提升自身的道路交通安全意识，有效减少道路交通违法行为，有助于我国整体道路交通安全形势的改善。

(2)道路交通整体环境正迅速好转

近年来,针对道路交通安全涉及的诸多因素,在中央政府的领导下,各部门采取多项措施预防道路交通事故的发生,取得了明显成效,成功遏制了我国道路交通事故高发的态势,交通安全形势得到明显改善。目前,我国公路通行条件正逐步改善,高等级公路里程稳步提高;随着我国汽车工业的进一步发展,机动车安全性能正进一步得到改善;随着道路交通安全宣传教育工程的深入推进,交通参与者的交通安全意识正逐步增强。道路交通安全环境的改善为我国道路交通安全形势的持续好转奠定了坚实的基础和良好的氛围。

**3. 道路交通安全科学发展迅速**

科学研究是快速改善道路交通安全的催化剂,其对道路交通安全的改善起支撑和引领作用。改革开放初期,受社会经济的限制,交通安全没有受到应有的关注,相关研究工作比较薄弱。随着改革的逐步深化,交通安全越来越受到社会的广泛关注。在加强法律、执法、宣传教育和工程治理等措施降低交通事故之外,科技改善道路交通安全的重要性日益显现,通过科技改善道路交通安全形势的需求愈加强烈。《国家中长期科学和技术发展规划纲要(2006 ~ 2020 年)》将"交通运输安全与应急保障"作为交通运输业的优先主题之一。《公路水路交通中长期科技发展规划纲要(2006 ~ 2020 年)》也将"交通安全保障技术"作为重点领域。2006年,"综合交通运输系统与安全技术"首次进入国家"863 计划"。2008 年 2 月,科技部、公安部和交通部联合启动"国家道路交通安全科技行动计划"。该计划围绕人、车、路等影响道路交通安全的因素,开展交通安全领域关键技术研发,并组织实施示范工程。交通部西部交通建设科技项目也对道路交通安全研究提供了强有力的支持,为道路交通安全提供了技术保障。我国道路交通安全研究从无到有,取得了巨大的发展。许多交通安全研究成果已应用于我国道路交通安全改善实际工作中,并取得了显著的效果,为我国道路交通安全形势的持续改善提供了重要的技术保障。

(1)逐步建立以重点实验室为依托的道路交通安全研究平台

近十年来,我国逐渐形成了以重点实验室为依托的道路交通安全研究平台。以 2003 年 6 月交通部公路交通安全工程研究中心成立为标志,我国道路交通安全研究进入到一个新的阶段。中心设立的公路交通安全技术交通行业重点实验室于 2007 年获得交通部认定,以道路交通安全保障技术、交通设施安全技术与新材料、道路交通防灾减灾技术、道路交通应急处理技术四个研究方面为特色,以期系统地建立适合我国国情的道路交通安全研究体系。此外,国内致力于道路交通安全的科研机构主要有:同济大学和北京工业大学道路与交通工程教育部重点实验室,其以综合交通政策和交通规划理论、交通行为评价与安全技术、ITS 等为主要研究方向;清华大学汽车安全与节能国家重点实验室,其围绕汽车安全、节能、环保三大主题,在汽车高速行驶安全性和汽车节能与环保两个领域,以汽车被动安全性、主动安全性、新动力系统电动汽车等为主要研究方向;长安大学汽车运输安全保障技术交通行业重点实验室,其以高速车辆主动与被动安全性、汽车代用燃料应用、道路交通事故多发点诊断、分析及治理方法、运输生产的安全管理体系等为主要研究方向。这些实验室每年产生大量的道路交通安全研究成果,是道路交通安全技术的孵化器,在我国道路交通安全研究中具有举足轻重的作用。

(2)初步搭建起较为完备的道路交通安全技术学科体系

道路交通安全技术以人的出行和物品的运输为核心,把人、道路、车辆和环境四大要素相互关联的内容综合在动态交通系统中进行研究,对系统的安全性、可靠性、经济性进行评价,需求交通事故最少,交通伤害和损失最低的系统保障措施,达到安全、快捷、经济、舒适和低公害的系统目标。人、道路、车辆和环境是动态交通系统的四大要素,四个方面的和谐建设构成了完整的道路交通安全体系。改革开放以来,伴随着交通工程学的发展,道路交通安全技术得到了较快发展,尤其是近十几年来,国内学者对道路交通安全技术的认识和理解进一步深化,初步搭建起了较为完备的学科体系。

(3)一批道路交通安全研究成果应用于工程实践

近年来,一大批交通安全研究成果在工程中获得了广泛应用。如道路交通安全评价技术、公路安全保障技术、速度管理技术、太阳能在低能耗交通安全设施中的应用技术等在工程实践中发挥了重要作用,为道路交通安全形势的改善做出了重要贡献。

(4)注重吸收借鉴国外先进道路交通安全理念

注重对外交流、将国外先进的道路交通安全技术及经验、先进的道路交通安全理念和技术引入我国是新时期道路交通安全研究的重要特点之一。近年来,发达国家的专家学者多次到我国开展道路交通安全技术交流,为我国带来了先进的交通安全理念和技术,拓宽了我国科研人员的研究视野,也为我国道路交通安全理念技术走向世界提供了一条重要途径。

# 现状热点篇

# 第三章 2013年道路交通安全形势

## 一、2013 年道路交通事故情况

### 1. 总体情况

根据公安部的统计数据，2013 年全国共接报道路交通事故 5 986 776 起，同比增加 1 259 908起，上升 26.65%。其中，适用简易程序处理的道路交通事故 5 788 382 起，造成 1 027 609人受伤，同比分别增加1 265 710 起、111 457 人，分别上升27.99%和12.17%；发生涉及人员伤亡且不适用简易程序处理的道路交通事故 198 394 起，造成58 539 人死亡、213 724 人受伤，同比分别减少5 802 起、1 458 人和10 603 人，分别下降2.84%、2.43%和4.73%。其中，发生一次死亡3 人以上道路交通事故834 起，同比减少187 起；发生一次死亡5 人以上道路交通事故209 起，同比减少37 起；发生一次死亡10 人以上特大道路交通事故16 起，同比减少9 起。全国道路交通万车死亡率为2.34，同比减少0.16；10 万人口死亡率为4.32，同比减少0.11。全国国道网平均亿车公里事故率为3.0，同比降低0.4，亿车公里死亡率为1.4，同比降低0.1；全国高速公路平均亿车公里事故率为1.0，同比降低0.2，亿车公里死亡率为0.7，同比降低0.1。表3-1 为2013 年我国道路交通事故。

**2013 年我国道路交通事故** 表3-1

| 事故类型 | 事故起数 | | | 死亡人数 | | | 受伤人数 | | |
|---|---|---|---|---|---|---|---|---|---|
| | 数量（起） | 同比增长（起） | 同比增长率（%） | 数量（人） | 同比增长（人） | 同比增长率（%） | 数量（人） | 同比增长（人） | 同比增长率（%） |
| 适用简易程序处理 | 5 788 382 | 1 265 710 | 27.99 | — | — | — | 1 027 609 | 111 457 | 12.17 |
| 不适用简易程序处理 | 198 394 | -5 802 | -2.84 | 58 539 | -1 458 | -2.43 | 213 724 | -10 603 | -4.73 |
| 合计 | 5 986 776 | 1 259 908 | 26.65 | 58 539 | -1 458 | -2.43 | 1 241 333 | 100 854 | 8.84 |

道路交通事故在我国安全生产事故中一直占据着较大的比重。交通运输部公路科学研究院的研究成果显示，在 2003～2012 年的十年间，道路交通事故死亡人数占安全生产事故死亡人数的比例连年保持在 75% 以上，并且在近几年该比例还呈现出逐年升高的趋势。根据国家统计局发布的《2013 年国民经济和社会发展统计公报》，2013 年全年各类生产安全事故共死亡 69 434 人。而在 2013 年道路交通事故共死亡 58 539 人，道路交通死亡人数占安全生产死亡总数的比例已达到了 84.31%，创下了历年来的新高。因此，遏制道路交通事故，尽量减少事故致死人数，对于改善我国安全形势来说刻不容缓。

**2. 地域分布情况**

(1)东部地区[1]是道路交通事故高发地区

2013 年，经济相对发达的东部地区 11 个省(市)机动车保有量占总数的 48.11%，人口占总数的 41.48%，交通事故死亡人数占全国道路交通事故死亡总数的 49.01%；中部地区 8 个省机动车保有量占总数的 26.93%，人口占总数的 31.49%，交通事故死亡人数占总数的 23.87%；西部地区 12 个省(区、市)机动车保有量占总数的 24.95%，人口占总数的 27.04%，交通事故死亡人数占总数的 27.12%。

(2)中部地区道路交通事故死亡率相对较低

2013 年中部地区万车死亡率、10 万人口死亡率分别为 2.07 和 3.27，远低于东部地区的 2.38、5.10 和西部地区的 2.54、4.33。表 3-2 为我国东、中、西部地区道路交通事故分布表。

**我国东、中、西部地区道路交通事故分布** 表 3-2

| 地　区 | 所占比例(%) | | | 万车死亡率 | 10 万人口死亡率 |
|---|---|---|---|---|---|
| | 机动车保有量 | 人口 | 交通事故死亡人数 | | |
| 东部地区 | 48.11 | 41.48 | 49.01 | 2.38 | 5.10 |
| 中部地区 | 26.93 | 31.49 | 23.87 | 2.07 | 3.27 |
| 西部地区 | 24.95 | 27.04 | 27.12 | 2.54 | 4.33 |

(3)中部地区道路交通事故致死率高

道路交通事故致死率为交通事故中死亡人数占死伤总数的比例。致死率的高低一方面说明了道路交通事故严重程度的高低，另一方面也反映出了我国道路交通事故应急救援和救治水平的高低。

2013 年全国道路交通事故平均致死率为 4.50%，东部、西部、中部地区致死率分别为 4.04%、4.50% 和 5.89%。与 2012 年相比，无论是全国道路交通事故平均致死率，还是东部、西部、中部地区致死率都有所下降。即便如此，中部地区交通事故的致死率依然是最高的。另外，从全国范围看，黑龙江、西藏、吉林、内蒙古、河北、山西、陕西、青海八省(区)道路交通事故致死率较高，都在 10% 以上。

**3. 各省情况**

2013 年，全国 31 个省(区、市)中有 27 个省(区、市)的道路交通事故起数都呈现出下降趋

[1] 东部地区包括北京、天津、河北、辽宁、上海、江苏、浙江、福建、山东、广东和海南 11 个省(市)；中部地区包括山西、吉林、黑龙江、安徽、江西、河南、湖北和湖南 8 个省；西部地区包括四川、重庆、贵州、云南、西藏、陕西、甘肃、青海、宁夏、新疆、广西和内蒙古 12 个省(区、市)。

势，其中吉林、上海、福建三省（市）下降明显，同比降幅均超过了10%，分别为12.84%、10.86%和14.29%；仅有天津、海南、宁夏、新疆4省（区、市）的交通事故起数同比增加，其中宁夏、新疆的增幅仅为1.53%和0.02%，属正常变动，但是天津和海南的增幅较大，同比增长均超过了10%，分别为39.08%和12.79%。

2013年仅海南省道路交通事故死亡人数同比上升，同比增长7.88%；其余省（区、市）道路交通事故死亡人数同比都出现下降，其中福建和西藏两省（区）的降幅超过了10%，分别为13.55%和13.43%。

2013年天津、河北、海南、西藏、宁夏、新疆六省（区、市）道路交通事故受伤人数同比上升，其中河北、西藏、宁夏、新疆的增幅均在10%以内，海南的增幅为14.67%，而天津由于事故起数的大幅增加，受伤人数也同比激增43.48%；其余省（区、市）道路交通事故受伤人数同比都出现下降，其中内蒙古、吉林、上海、福建、江西、贵州、青海七省（区、市）道路交通事故受伤人数同比降幅均超过了10%。

2013年各省（区、市）道路交通事故死亡人数仍以广东省、浙江省、江苏省和山东省最多。这四个省份均为我国东部沿海省份，经济相对发达，且机动车保有量和人口在全国所占的比重也在逐年上升。截至2013年年底，四省份的机动车保有量共7 715万辆，人口3.38亿，分别占全国的30.84%和24.95%。2013年四省份道路交通事故死亡人数为18 934人，占全国道路交通事故死亡总人数的32.34%。虽然四省份道路交通事故死亡人数与去年相比有所减少，但死亡人数依然占到了全国的近1/3。图3-1为2013年各省（区、市）道路交通事故死亡人数分布，表3-3为2013年各省（区、市）道路交通事故情况一览表。

## 二、2013年道路交通事故主要特点

### 1.交通事故总量持续上升，死亡人数持续减少

随着我国国民经济的持续健康发展，尽管有部分城市已经对小客车采取了限购措施，但是在全国范围内机动车保有量的持续增加势头不减。与之相应的，道路交通事故的发生概率也在不断加大，2013年我国道路交通事故的总量依然保持着增长的态势。2013年全国公安交通管理部门接报道路交通事故数量同比增加126万起，上升26.65%。其中，适用简易程序处理的道路交通事故数量增长幅度较大，同比增加27.99%，受伤人数同比增加12.17%；涉及人员伤亡但不适用简易程序处理的道路交通事故连续第11年下降，同比下降2.84%，死亡人数连续第9年下降，同比下降2.43%，受伤人数连续第11年下降，同比下降4.73%。2013年道路交通事故死亡人数仅为2002年最高峰时的53.52%。

2013年，全国平均每天发生道路交通事故16 402起，其中不适用简易程序处理的道路交通事故544起，造成160人死亡。由于道路交通事故总数（包括适用简易程序处理的）的持续增长以及道路交通事故死伤总人数的持续下降，从全国平均水平看，道路交通事故严重程度持续改善，交通事故致死率和万起道路交通事故死亡人数均呈现快速下降的趋势。2013年，全国道路交通事故平均致死率降至4.50%，百起道路交通事故死亡人数降至0.98人。但是，涉及人员伤亡但不适用简易程序处理的道路交通事故严重程度近年来呈现逐渐恶化的趋势，2013年涉及人员伤亡但不适用简易程序处理的道路交通事故已上升至21.50%，百起道路交通事故死亡人数已近30人，比2012年略高。

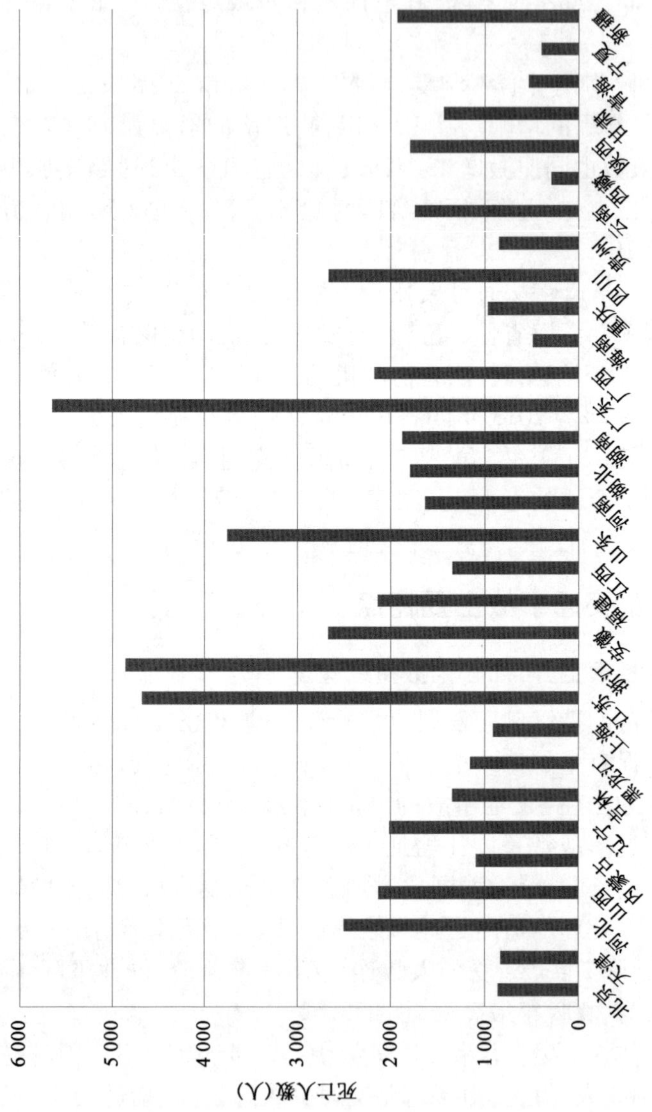


图3-1　2013年各省(区、市)道路交通事故死亡人数分布

**2013 年各省(区、市)道路交通事故情况一览表**

表 3-3

| 省(区、市) | 所占比例(%) | | | | | | | 万车死亡率 | 10 万人口死亡率 | 致死率(%) |
|---|---|---|---|---|---|---|---|---|---|---|
| | 事故起数 | | 死亡人数 | 受伤人数 | | 机动车保有量 | 人口 | | | |
| | 不适用简易程序处理 | 适用简易程序处理 | | 不适用简易程序处理事故导致的 | 适用简易程序处理事故导致的 | | | | | |
| 北京 | 1.54 | 4.55 | 1.47 | 1.57 | 4.94 | 2.15 | 1.56 | 1.60 | 4.07 | 1.56 |
| 天津 | 2.17 | 2.91 | 1.43 | 2.30 | 1.20 | 1.11 | 1.09 | 3.02 | 5.68 | 4.62 |
| 河北 | 2.62 | 1.61 | 4.27 | 2.23 | 1.03 | 6.25 | 5.41 | 1.60 | 3.41 | 13.99 |
| 山西 | 2.67 | 1.56 | 3.64 | 2.58 | 1.00 | 1.96 | 2.68 | 4.35 | 5.88 | 11.88 |
| 内蒙古 | 1.84 | 0.61 | 1.87 | 1.64 | 0.28 | 2.13 | 1.84 | 2.06 | 4.39 | 14.54 |
| 辽宁 | 2.91 | 3.37 | 3.44 | 2.59 | 2.09 | 2.73 | 3.24 | 2.96 | 4.59 | 6.95 |
| 吉林 | 1.24 | 1.37 | 2.30 | 1.08 | 0.40 | 1.82 | 2.03 | 2.95 | 4.89 | 17.39 |
| 黑龙江 | 1.65 | 0.31 | 1.98 | 1.54 | 0.09 | 1.65 | 2.83 | 2.81 | 3.02 | 21.72 |
| 上海 | 1.01 | 16.33 | 1.56 | 0.68 | 8.19 | 1.14 | 1.78 | 3.21 | 3.78 | 1.06 |
| 江苏 | 6.75 | 11.68 | 7.99 | 5.70 | 10.56 | 6.90 | 5.86 | 2.71 | 5.89 | 3.73 |
| 浙江 | 9.22 | 8.72 | 8.30 | 8.68 | 9.88 | 5.65 | 4.06 | 3.44 | 8.84 | 3.89 |
| 安徽 | 8.88 | 6.23 | 4.56 | 9.52 | 6.88 | 3.91 | 4.45 | 2.73 | 4.43 | 2.85 |
| 福建 | 4.29 | 2.86 | 3.65 | 4.45 | 5.70 | 3.11 | 2.78 | 2.75 | 5.67 | 3.04 |
| 江西 | 1.45 | 1.44 | 2.31 | 1.37 | 1.35 | 2.75 | 3.34 | 1.96 | 2.99 | 7.44 |
| 山东 | 6.49 | 4.27 | 6.40 | 5.60 | 4.24 | 9.15 | 7.18 | 1.64 | 3.85 | 6.32 |

续上表

| 省(区、市) | 所占比例(%) | | | | | | | 万车死亡率 | 10万人口死亡率 | 致死率(%) |
|---|---|---|---|---|---|---|---|---|---|---|
| | 事故起数 | | 死亡人数 | 受伤人数 | | 机动车保有量 | 人口 | | | |
| | 不适用简易程序处理 | 适用简易程序处理 | | 不适用简易程序处理事故导致的 | 适用简易程序处理事故导致的 | | | | | |
| 河南 | 3.25 | 2.12 | 2.79 | 3.07 | 1.17 | 7.47 | 6.95 | 0.87 | 1.73 | 8.08 |
| 湖北 | 2.92 | 1.52 | 3.08 | 2.97 | 2.02 | 3.87 | 4.28 | 1.86 | 3.11 | 6.22 |
| 湖南 | 4.38 | 1.59 | 3.21 | 5.28 | 3.10 | 3.50 | 4.94 | 2.15 | 2.81 | 4.18 |
| 广东 | 12.81 | 8.49 | 9.65 | 13.30 | 7.74 | 9.15 | 7.85 | 2.47 | 5.31 | 4.97 |
| 广西 | 1.93 | 1.67 | 3.71 | 1.84 | 2.15 | 4.04 | 3.48 | 2.15 | 4.60 | 7.71 |
| 海南 | 1.00 | 0.48 | 0.84 | 1.27 | 0.68 | 0.79 | 0.66 | 2.48 | 5.51 | 4.83 |
| 重庆 | 2.84 | 3.48 | 1.66 | 3.69 | 5.26 | 1.64 | 2.19 | 2.37 | 3.27 | 1.54 |
| 四川 | 4.82 | 3.85 | 4.54 | 5.34 | 6.34 | 4.94 | 5.98 | 2.15 | 3.28 | 3.35 |
| 贵州 | 0.63 | 1.36 | 1.45 | 0.78 | 1.39 | 1.61 | 2.58 | 2.10 | 2.42 | 5.03 |
| 云南 | 1.89 | 3.70 | 2.98 | 2.14 | 7.63 | 4.03 | 3.46 | 1.73 | 3.73 | 2.06 |
| 西藏 | 0.36 | 0.02 | 0.50 | 0.41 | 0.02 | 0.12 | 0.23 | 9.29 | 9.29 | 20.44 |
| 陕西 | 3.00 | 1.17 | 3.07 | 2.55 | 0.84 | 2.41 | 2.78 | 2.99 | 4.78 | 11.31 |
| 甘肃 | 1.47 | 0.92 | 2.45 | 1.56 | 1.29 | 1.23 | 1.91 | 4.66 | 5.56 | 7.97 |
| 青海 | 0.54 | 0.19 | 0.91 | 0.58 | 0.30 | 0.34 | 0.43 | 6.25 | 9.20 | 10.88 |
| 宁夏 | 0.90 | 0.61 | 0.68 | 1.02 | 0.58 | 0.73 | 0.48 | 2.18 | 6.12 | 4.69 |
| 新疆 | 2.49 | 1.02 | 3.30 | 2.64 | 1.64 | 1.73 | 1.67 | 4.46 | 8.52 | 7.90 |

**2. 高速公路、城市快速路事故下降,农村低等级公路事故增多**

(1)高速公路事故总体下降,尤其是重大道路交通事故下降最为明显

2013 年,全国高速公路共发生道路交通事故 8 693 起,同比减少 203 起,为连续第三年下降,占道路交通事故总数的比例为 4.38%;全年高速公路事故共导致 5 843 人死亡、11 169 人受伤,死亡人数比 2012 年减少 301 人,死亡人数占道路交通事故死亡总数的比例为 9.98%,近三年来死亡人数占比首次降到 10% 以下。

2013 年,全国一次死亡 10 人以上的重大道路交通事故共发生 16 起,导致 208 人死亡、259 人受伤。但是在这 16 起事故中,只有 4 起发生在高速公路上。高速公路上发生的一次死亡 10 人以上的重大道路交通事故共导致 51 人死亡、88 人受伤。其中,事故起数、死亡人数、受伤人数比 2012 年减少 4 起、84 人、101 人。

(2)城市快速路事故继续下降

2013 年,全国城市快速路共发生道路交通事故 6 338 起,造成 1 540 人死亡、6 716 人受伤,分别比上年减少 418 起、106 人和 358 人,分别降低 6.19%、6.44% 和 5.06%。

(3)低等级公路事故起数减少,但死亡人数增加

2013 年,全国四级公路及等外公路共发生交通事故 27 904 起,比上年减少 80 起;但死亡人数达到 8 305 人,比上年增加 203 人,占道路交通事故死亡总人数的比例上升至 14.19%,比 2012 年高出 0.68%。从公路行政等级来看,农村地区乡村道上共发生交通事故 18 509 起,比上年减少 103 起;但死亡人数达到了 5 363 人,比去年增加了 267 人。

**3. 新手事故得到遏制**

与 2012 年明显不同,在 2013 年由驾龄不满 1 年的新驾驶人肇事导致的死亡人数大幅下降,在各驾龄的驾驶人肇事中降幅最为明显,同比下降 14.8%。这与公安部 123 号令的实施密切相关,修订后的《机动车驾驶证申领和使用规定》将驾驶人考试内容增加,考试难度加大。虽然 2013 年全国新增机动车驾驶人 1 790 万人,但是新手事故还是得到了明显的遏制。与此同时,驾龄 16 ~ 20 年的驾驶人肇事导致的死亡人数同比上升 10.3%,驾龄 4 年、5 年的驾驶人肇事导致的死亡人数同比分别上升 5.9% 和 2.7%。

**4. 较大以上道路交通事故持续下降**

2013 年,全国较大以上道路交通事故持续下降,且降幅明显。发生一次死亡 3 人以上的道路交通事故共 834 起,造成 3 402 人死亡,同比分别减少 187 起和 824 人。其中一次死亡 5 人以上的道路交通事故共 209 起,造成 1 339 人死亡,同比分别减少 37 起和 328 人;一次死亡 10 人以上的道路交通事故共 16 起,造成 208 人死亡,同比分别减少 9 起和 153 人。表 3-4 为 2013 年全国较大以上道路交通事故情况。

**2013 年全国较大以上道路交通事故情况** 表 3-4

| 事故类型 | 事故起数(起) | | 死亡人数(人) | |
|---|---|---|---|---|
| | 数量 | 同比减少 | 数量 | 同比减少 |
| 一次死亡 3 人以上 | 834 | 187 | 3 402 | 824 |
| 一次死亡 5 人以上 | 209 | 37 | 1 339 | 328 |
| 一次死亡 10 人以上 | 16 | 9 | 208 | 153 |
| 合计 | 1 059 | 233 | 4 949 | 1 305 |

2013年一次死亡10人以上的道路交通事故有如下特点：

(1)一半发生在低等级公路上,且均为翻坠车事故

2013年发生的一次死亡10人以上的16起事故中,有8起都是发生在三级及以下公路上,占总数的一半。其中,发生在三级公路和四级公路上均为3起,发生在等外公路上2起,这8起事故均为翻、坠车事故。

(2)重型货车肇事居多,超载问题突出

2013年发生的一次死亡10人以上的16起事故中,重型货车肇事所导致的事故居多,共6起。其次是由大型普通客车肇事所导致的,共5起。在6起重型货车肇事事故中有4起存在货车超载违法行为,占总数的2/3,其中有3起事故车辆的超载率超过了100%。

(3)弯坡路段事故居多,长下坡路段事故上升

2013年发生的一次死亡10人以上的16起事故中,有12起发生在弯坡路段,占到了总数的3/4。在12起弯坡路段事故中有5起发生在长下坡路段,与上年相比增加了4起。

**5. 货车事故同比下降,但事故比重呈现上升**

2013年,全国开展了为期半年的货车违法行为专项行动,货车肇事导致的死亡人数同比下降了5.7%,但货车事故死亡人数仍占总数的30%,所占比例同比上升0.8%;与2012年相比,危险品运输车辆事故死亡人数上升5.5%。全国有12个省(区、市)货车事故同比上升,其中,贵州、青海、河北货车事故死亡人数同比分别上升30.7%、22.1%和11.2%。从事故认定原因看,货车超速行驶、违法占道行驶、违法牵引等重点违法行为导致的死亡人数同比分别下降55%、34.8%和25%,而货车违法装载超限及危险品运输、违法变更车道、无证驾驶导致的死亡人数则同比分别上升7.3倍、41%和10.3%。

**6. 恶劣天气事故整体下降,但雾天事故明显上升**

2013年,雨、雪、雾等恶劣天气下发生事故导致的死亡人数占总数的10.7%,所占比例同比下降2.5%,死亡人数同比下降21.3%。2013年,全国多地爆发大范围雾霾天气,雾天发生事故导致的死亡人数同比上升32.7%,雾天发生的较大事故起数同比增加3起,上升31.8%。从各片区情况来看,东北、华北、华东因大雾天气发生事故导致的死亡人数同比分别上升1.5倍、57.3%和30.1%。此外,沙尘天气发生事故导致的死亡人数同比上升57.1%。

# 第四章 2013年道路交通安全热点

## 一、"雾霾与交通安全"成焦点

### 1. 雾霾来袭,道路交通备受影响

在2013年之前,雾霾天气仿佛从来没有像在2013年那样成为全民关注的焦点。因为,在这一年,我国中东部地区出现了长时间、大范围、高浓度的重污染天气。1月份,首都北京就出现了5次强霾污染。国庆节期间,华北、黄淮等地相继出现重污染天气,造成大范围交通拥堵。10月中下旬,东北地区出现重污染天气,哈尔滨市PM2.5一度高达1 700微克/立方米。11月以来,华北、黄淮、江淮等地又出现了大面积重污染天气。12月初,长三角出现大面积重污染天气。雾霾来袭时,我国多地白天能见度不足几十米,中小学停课,航班停飞,高速公路封闭,公交线路暂停营运。雾霾天气在全国大面积地集中爆发,在国人心目中留下了挥之不去的灰色印迹。

根据中国气象局发布的2013年《中国气候公报》显示,2013年全年我国中东部地区平均雾日数16天,平均霾日数36天,其中霾日数较常年偏多27天,为1961年以来最多。雾霾发生频率之高、波及面之广、污染程度之严重是前所未有的。对此,有媒体评论道,2013年全国遭遇了史上最严重的雾霾天气。

雾霾对道路交通安全的影响是不容小觑的。雾霾天气下,行车能见度会大大降低。雾霾使光线发生散射,视物明度下降。另外,雾霾浓淡不均,也会使驾驶人产生视觉错误,对车距和车速判断不准,通视距离变短。对于延伸里程长、分布广泛、车辆快速行驶的高速公路来说,更是如此。研究表明,在所有不利的气象条件中,大雾对于高速公路的安全运行所产生的危害是最大的。高速公路上行驶的车辆类型多样且车速差异较大,同时由于车辆的行车速度快、回避余地小,所以高速公路一旦发生雾天事故,伤亡情况往往是很严重的。当雾霾天气发生时,高速公路管理部门会相应地采取封路或限速等临时管制措施。

在2013年春运伊始,雾霾天气就开始出来"搅局"。根据交通运输部的统计,在1月28日(春运第三天)全国道路运送旅客达7 851万人次,但当日天津、河北等八个省市都出现了雾霾天气,导致了约有30余条高速公路的多处路段一度封闭。1月29日(春运第四天)全国道路运送旅客已达8 023万人次,可是中东部地区持续的雾霾天气再次导致北京、天津、河北、山东、湖南、湖北六省市约有30余条高速公路局部路段封闭。在此后的一个多月里,雾霾天气依然在中东部多个省(市)频繁出现,受影响的高速公路封闭之后,高速公路上的车辆分流到普

通公路上，使得车流量本身就不小的普通公路更是不堪重负。

在经历了年初的“年头堵”之后，雾霾在进入冬季之后卷土重来，继续给道路交通“添堵”。这与进入供暖季之后燃煤量的迅速增加有很大的关系。在东三省供暖的第一天，省会城市哈尔滨、长春、沈阳出现重度雾霾，局部能见度不足 10 米。其中，哈尔滨 PM2.5 高达 1 000 微克/立方米，空气质量达到“严重污染”级别，整个城市沦为“雾城”。东北三省公交停运，高速公路封闭，城市交通几近瘫痪。随后，北京、天津、河北、河南、山东等省（市）的雾霾天气也都陆续出现并且来势汹汹，高速公路再次出现大范围封路的局面。中国气象局的数据显示，2013 年 12 月初的雾霾波及全国 25 个省份、100 多个大中型城市，安徽、湖南、湖北、浙江、江苏等 13 省的雾霾天数均创下历史纪录。

**2. 追查元凶，机动车尾气成争论焦点**

雾霾本身是一种天气现象，但是鉴于其对社会生活所造成的严重影响，我国对于雾霾的研究早已远远超越了气象范畴。

雾霾主要由二氧化硫、氮氧化物和可吸入颗粒物三项组成，其中前两项为气态污染物，后一项颗粒物才是加重雾霾天气污染的罪魁祸首。在城市当中，有毒颗粒物主要有以下几种来源：第一是汽车尾气；第二是北方到了冬季烧煤供暖所产生的废气；第三是工业生产排放的废气；第四是建筑工地和道路交通产生的扬尘；第五是可生长颗粒。这些有毒颗粒物几乎在每个大中城市都广泛存在，究竟是哪种或哪几种有毒颗粒物才是导致雾霾天气频繁出现的“元凶”呢？在 2013 年，人们比以往任何时候都迫切地寻找答案。

首都北京也许最具有代表性。在 2013 年多轮的雾霾天气过程中，北京几乎无一次能幸免，不折不扣地成为污染的重灾区。尤其是在 2013 年的 1 月份，北京总共出现了 5 次强霾污染，分别发生在 1 月的 6 ~ 8 日、9 ~ 15 日、17 ~ 19 日、22 ~ 23 日、25 ~ 31 日。也就是说，在 2013 年的 1 月份，只有 9 天的时间里北京的空气里是没有霾的。雾霾的出现与北京的地形不无关系，北京地势西北高、东南低，三面环山，属于“窝风”地区，的确容易造成污染物聚积。但是如此严重的雾霾天气在北京的历史上是极少见的，我们只能从地形之外寻找答案。对此，专家们也进行了一番探讨。

2013 年 1 月底，北京市环保局大气处处长于建华表示，北京 PM2.5 中，来自周边地区占 24.5%，机动车排放占 22%，煤炭燃烧排放占 16.7%，工业喷涂占 16.3%，扬尘占 16%，桔梗燃烧占 4.5%。机动车尾气排放污染引起了有关人士的注意。

2013 年 7 月下旬，中科院大气物理研究所研究员王跃思表示，在对 2013 年元月京津冀强霾过程中的 PM2.5 进行来源分析后，发现京津冀地区餐饮排放占了 PM2.5 来源的 6%，北京餐饮排放则占了 13%。餐饮排放也是不应忽视的因素。

2013 年 10 月中旬，新华社载文报道，从 PM2.5 来源上说，北京机动车尾气排放“贡献”了 25%。天津的机动车尾气排放对 PM2.5 影响度约达 33%。其中，长期以来一直使用国三标准成品油尾气排放是对天津空气造成污染的重要原因。机动车尾气排放污染再度被认为是导致雾霾天气频繁出现的“元凶”。

2013 年 12 月底，中科院大气物理研究所研究员张仁健课题组对外公布，对北京地区 PM2.5 化学组成、来源解析及季节变化研究后发现，北京 PM2.5 有 6 个重要来源，分别是土壤尘、燃煤、生物质燃烧、汽车尾气与垃圾焚烧、工业污染和二次无机气溶胶，这些源的平均贡献分别为15%、18%、12%、4%、25%和26%。张仁健等研究人员认为，在北京，“汽车尾气与垃圾焚烧”对雾霾的平均贡献只有4%。这个结论与以往的主流观点几乎是大相径庭，多名专家对此并不认同。

环保部环境监测司副司长朱建平对这一结论表示质疑。朱建平认为，从雾霾的源解析，甚至需要一年以上时间的监测，获取大量的监测信息，要做大量的源分析，还要有一定的研究模型，选哪些监测点也非常重要。

国家机动车污染防治专业委员会副主任颜梓清也表示，目前影响北京空气质量最主要的因素是机动车尾气排放。颜梓清介绍，根据美国、日本等国治理空气污染的经验，以及这些国家的清洁空气行动计划，主要是控制机动车排放总量，重点是削减在用机动车污染量。

中国环境科学院研究员韩应健也认为机动车是大城市里的主要污染源，一些地区频繁发生细颗粒物(PM2.5)污染问题，与机动车尾气排放密切相关。

北京市环境保护局副局长方力认为“在北京‘汽车尾气与垃圾焚烧’对雾霾的平均贡献只有4%”这一说法仅能当作一家之言。方力用数字来印证自己的观点，每年在北京路面上的汽车要消耗汽油400万吨、柴油200万吨，如果这600万吨油烧完之后只占4%，那就要再找出24倍于600万吨油的废气排放源，事实上这是不可能的。方力介绍，从北京市环保局收集到的各方面数据，汽车对PM2.5的贡献度通常在20%~30%。

对于雾霾“元凶”的争论依然在持续，虽然暂时还没有定论，但是已经有越来越多的证据指向了机动车尾气排放。事实上，雾霾现象无论在发达国家还是在发展中国家都并不鲜见。在五十多年前，英国伦敦就发生了震惊世界的“伦敦烟雾事件”。1952年12月5~8日，伦敦空气寂静无风，又恰逢冬季采暖期间，当时的伦敦多使用燃煤供暖，由于逆温层的作用，煤炭燃烧产生的二氧化碳、一氧化碳、二氧化硫、粉尘等气体与污染物在城市上空蓄积，引发了连续数日的大雾天气，造成伦敦市4 000余人死亡。尽管12月9日之后，由于天气变化，毒雾逐渐消散，但在此之后两个月内，有近8 000人因为烟雾事件而死于呼吸系统疾病。这场灾难直接催生了世界上第一部空气污染防治法案——《清洁空气法》的出台，英国政府还采取了一系列改善空气质量的举措，如今的伦敦已经基本摘掉了“雾都”的帽子。我国政府也是一样，尽管2013年的雾霾“来势汹汹”，但是也采取了一系列措施来打好雾霾攻坚战。

**3.积极应对，多部局联动保安全**

针对雾霾频发的情况，交通运输部、公安部、中国气象局多部局联动，采取了多项措施，力保道路交通安全。

在2013年年初，三部局就联合印发了通知，要求加强恶劣天气公路交通应急管理工作，确保公路安全畅通。根据通知，交通运输、气象部门将积极推进公路灾害性天气预报预警系统和公路交通气象观测站网建设，特别是在团雾和雨雪多发路段、易结冰路段及周边区域，科学布设气象监测设备、道路监控设备和预警信息发布装置。同时，公安、交通运输、气象部门将建立恶劣天气信息共享机制，并通过多种手段及时发布灾害预警；建立应急联动机制，做好相应人员、物资、装备的准备。公安、交通运输部门和公路经营管理单位将根据辖区恶劣天气历史数据、交通事故等情况，排查辖区恶劣天气多发、交通事故易发路段的道路安全隐患，制订整改计划，限期进行整改；重要路段和团雾多发路段两端将增设警示提示标志和爆闪警示灯、照明设施，增设电子显示屏。此外，气象部门发布恶劣天气预警后，公安、交通运输部门将研判公路通行影响情况，发布恶劣天气交通影响预警，并启动相应级别的应急机制。在出现冰冻、雨雪恶劣天气后，公安、交通运输部门要通过公路沿线电子显示屏和车载电子显示等设备，显示限速值，并通过间断放行、分车型放行、警车带道、分流绕行等措施，科学组织交通，引导车辆有序通过，尽量不封路。同时，公安、交通运输部门要协调广电、通信等部门建立公路恶劣天气监测预警和应急信息发布机制，及时发布恶劣天气和道路通行信息，引导驾驶人合理选择出行方式、时间和路线。

随后，在2013年3月底，由交通运输部和中国气象局主办的公路交通气象观测站网建设和信息服务电视电话会议召开。针对年初中东部地区雾霾频发、高速公路备受影响的情况，会议提出了两部局要以雾霾、强降雨、暴风雪、冻雨、路面结冰凝冻等对公路交通影响较大的气象预报预警为重点，提高预报预警服务产品的针对性和准确性的要求。交通运输部副部长冯正霖还在会上指出，力争在2015年年底基本形成覆盖全国重要干线公路的气象监测预报预警系统，实现雾霾、强降雨等恶劣天气6小时内预警的“十二五”规划目标。

**4. 快速反应，多地出台交通应急措施**

北京出台了极重污染天停驶三成公车的强制措施，停驶公车如上路的话将被电子眼抓拍到。同时还停止土石方和建筑拆除施工，停止渣土运输车辆运输，减少沥青路面施工。为满足在减少机动车上路行驶情况下市民早晚高峰的出行需求，北京在主要公交线路增加运力，在城市重点环路、主干路、次干路安排备班运力不少于50辆，在重点线路、微循环线路安排备班运力不少于总数的5%。轨道交通根据客流变化适时加开临列不少于备班运力的5%。优先调派纯电动、混合动力、天然气等清洁能源公交车，并要求公交车驾驶员停车时及时熄火，减少车辆原地怠速运行。

天津市和河北省污染最为严重的保定、石家庄、邢台、唐山等市都纷纷出台了针对机动车单双号限行的措施。此外，天津还在公共交通上下功夫。天津市公交集团所属近400条线路，合理调度，缩小发车间隔，增加配车200部，根据需要提高运力5%。轨道交通方面，津滨轻轨全线运能较正常运能增加5%。地铁和出租车的日均客流也都有了明显的增长。江苏省也规定，当达到最高级别的“红色”污染天时，除与应急相关及执行任务的特种车辆外，其他公私车辆一律实行单双号限行。

黑龙江省哈尔滨市在重度雾霾天气出现后全市的6个客运站全部停止售票和发车，所有长途客车停止运营，部分公交车停运，并做好对乘客的解释工作。吉林加大了对受大雾影响路段的路面巡查力度，及时发现路面停驶车辆，引导其进入服务区或就近引导其驶离高速公路；及时清理故障车辆，协助交警做好路面安全维护工作，快速排除路面障碍；及时采集路面信息，向指挥调度中心反馈路况信息，通过全省高速公路收费站入口、高速公路管理局门户网站、新闻媒体、114咨询台、可变情报板等多种方式，对外发布提示信息。

河南在雾霾天气出现以后通过咨询电话、报纸、广播、电视、手机报、网络、“河南高速公安”微博、手机“高速e路通”、路面电子显示屏共9种渠道，实时发布高速公路路况信息。同时，第一时间通过高速公路收费站口和路面的电子显示屏发布高速公路前方路况和交通管制措施等信息，引导群众及时选择合理的通行路线。为方便群众出行，他们还专门在高速公路收费站口设置便民服务台，发放地图和《雾天高速公路安全行车注意事项》，及时为广大驾乘人员提供便民服务和雾天行车指导。

山东省在高速公路封路之后，除了做好对因班车停发而滞留乘客的解释和安抚工作之外，还督促中心城市客运站在城区外围设立客运班车临时安全停靠点和专属待发区，避免中心城区客运站因旅客滞留而出现过度拥堵。在不适合运行条件时坚决停运，适合运行条件时合理安排行车线路。发车前，各站场安全机务人员重点对客运班车的灯光系统、车窗、后视镜、喇叭、车载卫星导航系统等重点部位进行安全例检，确保每一部发出的客运班车均符合安全技术标准。

在多方面的努力之下，道路交通安全得到了切实的保证。在2013年，虽然雾天发生事故导致的死亡人数与2012年相比有了32.7%的上升；但是在晴、阴、雨、雪、雾、大风等各种天气条件中，在雾天发生的不适用简易程序处理的道路交通事故所占的比重还是较小的。2013年雾天发生的不适用简易程序处理的道路交通事故有271起，占3.12%；死亡人数为233人，占3.99%。

## 二、"史上最严交规"实施

### 1.细则出台，被称为"史上最严"

公安部令第123号《机动车驾驶证申领和使用规定》（以下简称《新交规》）自2013年的1月1日起正式施行。此前所沿用的公安部令第91号《机动车驾驶证申领和使用规定》（2006年12月20日发布）和公安部令第111号《公安部关于修改〈机动车驾驶证申领和使用规定〉的决定》（2009年12月7日发布）同时废止。尽管《新交规》在发布之前网上已经流传有关于其的种种猜测，但是当修订后的《机动车驾驶证申领和使用规定》（公安部令第123号）发布之后，还是有不少人感叹这是"史上最严交规"。与之前的交规相比，《新交规》在机动车驾驶人考试、机动车驾驶人日常管理、交通违法行为记分等多项内容上都有了变化。

机动车驾驶人考试难度增加了。考试依然由科目一、科目二、科目三组成，但是每个科目的考试内容都有了不小的变化。首先，科目一的考试内容"一拆为二"。原先的科目一考试只有一场，放在学员接受场地驾驶技能培训前进行，而《新交规》实施后的科目一考试拆分为两场。其中，第一场考试仍作为科目一，放在学员接受场地驾驶技能培训前进行，主要考察学员对于道路交通法律、法规、交通信号、通行规则等基本知识的了解程度。第二场考试作为科目三的一部分，放在了实际道路驾驶后进行，主要考察学员对于安全驾驶和文明驾驶以及复杂条件下的驾驶知识、紧急情况下的临危处置方法等的了解程度。《新交规》实施后的科目一题库已全国更新，内容保密，题目涉及更广。其次，科目二的考试项目得到了优化。小型汽车由原来的"训练10项、考试4项"改为"训练考试均为5项"，即桩考、坡道停车与起步、侧方停车、曲线行驶、直角转弯5个项目。大型客货车场地考试项目由原来的"训练10项、考试6项"变为"训练考试均为16项"，即桩考、坡道停车与起步、侧方停车、单边桥、连续障碍、限速通过限宽门、曲线行驶、直角转弯、百米加减挡、起伏路、模拟高速、模拟隧道、窄路掉头、雨雾天湿滑路面、连续急弯山区路、紧急情况处置共16个项目。在科目二考试过程中，任何项目考试都要求一气呵成，中途不得停车。同时，考试场地中的施划标线代替了原有的标杆，防止考生以标杆为基准点背口诀应试。再次，科目三考试内容更加贴近实际。科目三的道路驾驶技能考试增加了加减挡位操作、路口左转弯和右转弯这三个项目。对于大中型客货车还增加了山区、隧道陡坡等复杂道路考试内容。对于小型汽车抽取不少于20%的考生进行夜间考试，不进行夜间考试的，也要进行模拟夜间灯光使用考试。《新交规》实施后的机动车驾驶人考试要求更加严格，为了保障学员充足的学习时间，驾驶技能准考证明的有限期也由原来的两年延长至三年。

机动车驾驶人日常管理更加严格了。与之前所沿用的交规相比，《新交规》更加注重对新手驾驶人的管理。按照规定，2013 年 1 月 1 日以后，不论是新取得驾驶证的驾驶人，还是驾驶证升级新取得大型客车、中型客车、牵引车等驾驶证的驾驶人，都要一并纳入实习期管理，实习期为一年。无论是持有何种车型驾驶证的驾驶人，在实习期内只要有记满 12 分记录的，都将予以注销实习车型的驾驶资格。大中型客货车驾驶人在实习期内违法记 6 分以上的，实习期限延长一年；在延长的实习期内再次记 6 分以上但未达到 12 分的，注销其实习的准驾车型驾驶资格。大中型客货车驾驶人在实习期结束后要参加安全文明驾驶等知识考试，接受交通事故案例警示教育。此外，《新交规》对新手驾驶人上高速也有特殊要求。新手驾驶人在实习期内驾驶机动车上高速公路时，必须由持相应或者更高车型驾驶证 3 年以上的驾驶人陪同。

交通违法行为记分项增多了。与之前所沿用的交规相比，《新交规》还有一个明显特点就是交通违法的记分项大大增加了，而且部分记分项分值显著提高。首先，交通违法行为记分项由原来的 38 项增加至 52 项，而且新增加的 14 项记分项几乎全部涉及校车管理。伪造和变造校车标牌，校车超员 20% 以上，驾驶校车在高速公路、城市快速路上行驶超过规定时速 20% 以上，未取得校车驾驶资格驾驶校车的，以上四种行为都会被记 12 分；校车载人超员未达 20%，驾驶校车在高速公路、城市快速路上行驶超过规定时速未达 20%，驾驶校车在高速公路、城市快速路以外的道路上行驶超过规定时速 20% 以上未达到 50% 的，驾驶机动车不按照规定避让校车的，以上四种行为都会被记 6 分；不按照规定为校车配备安全设备或者不按照规定对校车进行安全维护的，驾驶校车运载学生不按照规定放置校车标牌、开启校车标志灯或者不按照经审核确定的线路行驶的，校车上下学生不按照规定在校车停靠站点停靠的，校车未运载学生上道路行驶却使用校车标牌、校车标志灯和停车指示标志的，驾驶校车上道路行驶前未对校车车况是否符合安全技术要求进行检查或者驾驶存在安全隐患的校车上道路行驶的，在校车载有学生时给车辆加油或者在校车发动机引擎熄灭前离开驾驶座位的，以上六种行为都会被记 2 分。其次，原有的部分交通违法行为记分项分值显著升高。《新交规》实施后，闯红灯从之前的记 3 分提高到 6 分。闯红灯凡是能确定驾驶人的一律记分，除交警现场处罚之外，被高清探头拍摄到也会被记分。机动车超速 50% 以上，中型以上载客汽车和危险物品运输车辆疲劳驾驶，上道路行驶的机动车未悬挂机动车号牌的、故意遮挡机动车号牌的、故意污损机动车号牌的、不按规定安装机动车号牌的，营运客车在高速公路车道内违法停车，以上这四种交通违法行为也由原来的记 6 分提高至记 12 分。

**2. 要求严格，《新交规》效果显著**

《新交规》的实施调整了机动车驾驶人考试的考试内容，增加了考试难度，提高了考试针对性，严格了机动车驾驶人的实习期管理和记分管理，提高了机动车驾驶人的违法成本，可谓是“严”字当头。在“史上最严交通法规”的威慑下，机动车驾驶人的守法意识得到了明显提高，全国的严重交通违法行为也出现了大幅下降。

新手驾驶人的安全驾驶综合技能明显提高了。在《新交规》实施之前，很多学员在应对驾考时循环操作“一起步、二瞄杆、三碎步挪动”。这种“背口诀”式的做法虽然使学员取得了较高的考试合格率，但是也使得学员在面对复杂的交通环境时无从下手。《新交规》实施之后，考试场地中的标杆被标线所取代，考生以标杆为基准点背口诀的应试方式也不再奏效。虽然驾考的合格率降低了，但是换来了学员从学习“考试技巧”到掌握“驾驶技术”的转变。以往，新手驾驶人在拿到驾照之后还需要花钱聘请陪练员和陪练车“练手”。2013 年以后，按照《新交规》要求参加培训考试并取得驾驶证的新手驾驶人中，已经有越来越多的人能够独自安全驾车上路。与此同时，新手驾驶人肇事也出现了明显下降。根据公安部的统计，2013 年全国新增机动车驾驶人 1 790 万人，但是驾龄不满 1 年的新手驾驶人被查处的违法起数同比下降 72.9%，驾龄不满 1 年的新手驾驶人肇事导致的死亡人数同比下降 14.8%。

交通违法行为明显减少了。《新交规》的严格之处，不仅仅在于它加大了对于部分严重违规行为的处罚力度，还在于它纠正了许多平常开车时不太注意的小细节。而这些小细节如果不加注意的话，就很有可能让驾驶人的分扣完。以往，许多婚庆车队都会用“百年好合”的字条贴住牌照。《新交规》实施之后，不少婚庆车队都悄悄地将字条从牌照处移到了保险杠处，因为这种故意遮挡机动车号牌的行为会被记 12 分，驾驶人也将面临“回炉再造”。由于闯红灯的记分分值从 3 分提高到 6 分，所以在《新交规》实施之后，闯红灯的交通违法行为也几乎杜绝。另外，开车时接打电话和在高速公路或者城市快速路上行驶时不系安全带，这些之前几乎是司空见惯的行为在《新交规》实施之后也会被记 2 分。所以，在驾驶过程中，接打电话的驾驶人越来越少了，系上安全带的驾驶人越来越多了。《新交规》潜移默化地改变着人们的交通安全观念。根据公安部的统计，2013 年全国共查处上道路行驶的机动车未悬挂号牌、故意遮挡号牌、故意污损号牌、不按规定安装号牌违法行为，同比分别下降 27.7%、81.5%、80%、77%；使用交通技术监控设备记录超速 50% 以上违法行为，同比下降 58.4%；酒驾、醉驾导致的交通事故起数、死亡人数，同比分别下降 11.7%、5.7%。

道路通行秩序明显改善了。《新交规》加大了对大中型客货车驾驶人的管理力度。它不但提高了对严重交通违法行为的记分分值，还针对严重违法的大中型客货车驾驶人建立了降级退出机制，大中型客货车驾驶人“野蛮驾驶行为”的多发态势得到了有效遏制。此外，《新交规》还加大了对大中型客货车驾驶人的驾驶证审验制度。大中型客货车驾驶人在一个记分周期内有违法记分的，就要到公安交管部门接受驾驶证审验，审验时参加不少于 3 小时的道路交通安全法律法规、交通安全文明驾驶、应急处置等知识学习，并接受交通事故案例警示教育。2013 年，全国共有 500 万名大中型客货车驾驶人参加了审验教育，安全文明素质得到了提高。群死群伤的重大事故起数首次降至 20 起以下，创历史最低。

**3. 细节欠完善，部分规则引争议**

《新交规》在实施一年之后，虽然在推动依法从严治理交通乱象，完善交通管理配套制度和执法设施建设，有效预防和减少重特大交通事故，培养汽车社会安全文明出行的新风尚等方面产生了重大的影响，但是由于一些细节还欠完善，配套措施不到位，部分规则还是引起了争议。

争议最大的是对于“闯黄灯记 6 分”的问题。按照《新交规》的规定，“闯黄灯”作为一种违反道路交通信号灯通行的违法行为，将会被记 6 分。这一规定实施以后，在短时间内，使得众多驾驶人陷入了“路口纠结”，即看见绿灯不敢加速、遇见黄灯又怕不能紧急制动。于是，一些驾驶人看到绿灯亮着但是又担心到了路口就变黄灯，车速压得很低，导致了道路拥堵；也有一些驾驶人在灯前加一脚油后，马上把脚放在制动踏板上，随时等待灯前紧急制动，还得提心吊胆地害怕后车来追尾。这两种行为对于道路的安全顺畅通行来说无疑都是不利的。另外,对于驾驶人一方来说,“闯黄灯”发生在极短的时间内,即便是驾驶人本人也不能完全确认是否存在违规,如果被拍照扣分就无从辩驳。这就催生了行车记录仪,这一能够全程录制视频的工具,受到了众多驾驶人的“热捧”。对于执法者一方来说,“闯黄灯”若是现场处罚,警方至少要录下在黄灯亮起之后,车辆继续加速行驶,或突然提速的情形,然后在前方拦截并处罚,但这势必要投入大量警力,而且取证难度比较大,实际上很难操作。在“闯黄灯记6分”这一规定饱受诟病之下,2013年1月6日,公安部交管局表示,已下发通知,要求各地交管部门对目前违反黄灯信号的,以教育警示为主,暂不予以处罚。

驾考通过率降低了,而培训费却上涨了。《新交规》实施以后,机动车驾驶人考试的内容发生了不小的变化,难度也有了一定的增加。从各地的实际情况来看,驾考的通过率基本上都比以前有所降低;而此时驾校的培训费却“逆势上涨”,这与《新交规》实施后驾校的成本上升有关。《新交规》对驾驶员培训的要求更加严格了,学员不能再像以前那样练车练会了就可以预约考试,而是要打卡记学时、记里程。再加上考试项目有所调整,各驾校都要对培训场地进行更新,并安装了电子计时设备。由于培训学时、培训里程的增加。既要保证计时仪的应用又不能让培训缩水,驾校的培训成本也必然增加,驾校培训成本的增加又直接带动了学员培训费的上涨。

驾驶人开车小心了,而行人和非机动车“中国式过马路”依旧。《新交规》实施以后,不少驾驶人开车时明显小心多了。许多驾驶人在经过路口时不再横冲直撞,而是提前停下来,在右转时也尽量避让行人,“闯红灯”行为在多地几乎杜绝。而与之相对应的,却是行人和非机动车“中国式过马路”现象依然广泛存在。《新交规》的实施加大了对行人和非机动车等所谓弱势群体的保护,但是由于缺乏对于其的制约条款,在一定程度上相当于纵容了行人和非机动车的违法。虽然有些地方采取了开罚单的形式来规范行人和非机动车,但是警力有限、操作困难,警戒力度并不大。事实上,每一类交通主体都有自己的路权,有自己的权利和义务,无论是机动车还是行人和非机动车都要按照交通标识和规则来行驶,这样才能避免各个主体在交通行驶中的时间、空间冲突,才能最大限度地发挥最严交规的作用。

接打手机要记分,蓝牙耳机销量大增。按照《新交规》的规定,驾驶机动车时有拨打、接听手持电话等妨碍安全驾驶的行为的,将会被2分。《新交规》实施后,驾驶人在驾驶途中接打电话的现象明显减少了,但是接打电话的现实需求依然存在。于是,蓝牙耳机就成了不少驾驶人追捧的“神器”,销量大增。开车用蓝牙耳机接听手机,这与《新交规》的初衷是相悖的。《新交规》禁止在驾驶途中接打手机是出于对行驶安全的考虑,避免分散驾驶人的注意力;而开车用蓝牙耳机接听手机虽然不违法,但还是会造成驾驶人的注意力不集中,提高了交通事故风险。

## 三、危险货物道路运输安全引关注

**1. 起因**

2013年2月1日8时57分,一辆由陕西省蒲城县驶往河北省献县的重型特殊结构货车在行至连霍高速河南洛(阳)三(门峡)段义昌大桥处时,由于途中紧急制动,车上违法装载、运输的烟火药剂爆炸物和烟花爆竹发生爆炸,致使义昌大桥南半幅部分桥面坍塌,六辆大货车和两辆小汽车坠落桥下，造成13人死亡，9人受伤，直接经济损失约7 632万元。

连霍高速三门峡义昌大桥“2·1”重大运输烟花爆竹爆炸事故是一起生产安全责任事故，事故原因业已查明。在该起事故中，石某某、李某某等人使用不具有危险货物运输资质的冀A70380号货车，不按照规定进行装载，长途运输违法生产的烟火药剂爆炸物（土地雷）和烟花爆竹（开天雷），在行经连霍高速豫陕界交通安全检查站时因伪装成一般货物运输车辆而逃脱检查，后行至连霍高速三门峡义昌大桥时因紧急制动，导致车厢内爆炸物发生撞击、摩擦从而引发爆炸。

该起事故发生在腊月二十一，距离蛇年春节的到来还有不到10天的时间。不少地方尤其是农村还保留着春节期间放烟花爆竹的习俗，烟花爆竹的需求量很大，因此这段时间烟花爆竹的道路运输量也很大。连霍高速三门峡义昌大桥“2·1”重大运输烟花爆竹爆炸事故引发了公众对于危险货物道路运输安全的极大关注。

**2. 危险货物道路运输安全现状**

危险货物，是指具有爆炸、易燃、毒害、感染、腐蚀等危险特性，在生产、经营、运输、储存、使用和处置中，容易造成人身伤亡、财产损毁或者环境污染而需要特别防护的物质和物品。有关数据表明，在我国，危险货物在生产、经营、运输、应用等不同环节所引发的各类事故中，运输环节占了1/3。危险货物道路运输，是指使用载货汽车通过道路运输危险货物的作业全过程。

近5年来，涉及危险货物道路运输的事故数量忽高忽低，情况并不稳定。而由危险货物道路运输导致的死亡人数却一直保持在200人以上，其中在2010年，危险货物道路运输事故高发的一年里，死亡人数竟高达303人，受伤人数也达到了666人，死伤人数近千人。在2009～2013年的5年间，危险货物道路运输与一般货运相比，虽然在事故起数、死亡人数、受伤人数的绝对数量上都明显偏少，但是考虑到从事危险货物道路运输的营运车辆数远小于从事一般货运的营运车辆数，因此涉及危险货物道路运输的事故率还是较高的。表4-1为近年来涉及危险货物道路运输车辆交通事故情况。

**近年来涉及危险货物道路运输车辆交通事故情况**（2009～2013年） 表4-1

| 年份（年） | 事故起数 | | 死亡人数 | | 受伤人数 | |
|---|---|---|---|---|---|---|
| | 数量（起） | 比例（%） | 数量（起） | 比例（%） | 数量（起） | 比例（%） |
| 2009 | 526 | 0.23 | 271 | 0.42 | 562 | 0.21 |
| 2010 | 565 | 0.27 | 303 | 0.49 | 666 | 0.28 |
| 2011 | 416 | 0.21 | 211 | 0.35 | 432 | 0.19 |
| 2012 | 349 | 0.18 | 202 | 0.35 | 371 | 0.18 |
| 2013 | 411 | 0.23 | 213 | 0.38 | 399 | 0.20 |

随着我国经济的发展，社会对于危险货物的需求也在不断增加。由于危险货物具有爆炸、易燃、毒害、感染、腐蚀等危险特性，受到温度、湿度变化和意外碰撞时容易引发事故，所以通过航空、水路、铁路等方式运输会有一定的局限性。近年来，通过公路运输的危险货物无论是种类还是数量都在不断增加，危险货物道路运输行业也在不断地发展壮大。由于货物道路运输多是异地运输，运距长、运输半径大，所以对运输车辆以及从业人员的要求都很高，而我国从事危险货物道路运输的车辆技术状况和人员专业素质却没有根本的提升。

**3. 主要挑战**

危险货物道路运输面临的挑战主要包括：

(1)企业专业化程度低，安全管理不到位

根据国家明文规定，从事道路危险货物运输的企业需自有专用车辆(挂车除外)5 辆以上，运输剧毒化学品、爆炸品的需自有专用车辆(挂车除外)10 辆以上。尽管相关企业基本上都达到了这一“门槛”的要求，但是有相当一部分企业是用普通车辆抵充危险货物运输专用车辆的，而且挂靠的现象比较严重。在连霍高速三门峡义昌大桥“2·1”重大运输烟花爆竹爆炸事故中，肇事的冀 A70380 号货车本身不具有危险货物运输资质，却挂靠在河北省石家庄开发区凯达运输有限公司名下(同样不具有危险货物运输资质)，从事危险货物的运输。在我国，采用租赁、承包甚至挂靠等经营方式的企业并不鲜见，他们在安全管理中往往存在着“以包代管、以保代管、以罚代教”的现象。部分企业片面追求经济效益，没有严格按照规定对车辆进行维护和检测，导致车辆技术性能得不到保证。

另外，我国的危险货物道路运输企业普遍存在着小、散、弱的特点。真正能提供多品种、大批量危险货物运输的企业还为数尚少。即便是合格的危险货物运输企业内部，基本上也是产运合一的，运输的目的大多是为了满足本单位生产经营的需要，而不是专门为社会提供危险货物运输服务。

(2)从业人员素质参差不齐，专业技术人员匮乏

从理论上来说，由于危险货物具有爆炸、易燃、毒害、感染、腐蚀等危险特性，一旦发生事故，破坏力极大，因此它对从业人员的技术水平和操作能力要求是很高的。无论是驾驶员，还是押运员或是装卸工，都必须具备所运输的危险货物的相关专业知识，这对于保障危险货物道路运输安全来说至关重要。但是，在实际上，由于危险货物道路运输本身也是体力工作的一种，其从业人员包括驾驶员、押运员、装卸工在内的文化程度是普遍较低的，专业的技术人员更是严重匮乏。不少危险货物运输车辆的驾驶员还存在着安全驾龄短、技术素质低、安全意识差的情况。对于有关部门设置的安全检查，也是能躲就躲，想方设法只要能侥幸逃避检查就以为万事大吉，殊不知为道路运输安全埋下了极大的隐患。在连霍高速三门峡义昌大桥“2·1”重大运输烟花爆竹爆炸事故中，本来连霍高速豫陕界已经设置了交通安全检查站，但是肇事车主还是将肇事车辆伪装成一般货物运输车辆从而逃脱检查。另外，肇事车辆还存在超载的情况，超载 6 440 千克，超载 108%。

(3)车辆技术状况较差，安全设施堪忧

与日益增长的运输需求相比，我国从事专业危险货物运输的车辆是相对较少的。有不少使用年限超过 7 年且已被定为二级车的车辆还在继续营运。由于危险货物运输车辆的折旧年限过长，在运输市场上，老旧车辆大量存在。此外，我国专业的危险货物运输车辆维修机构数量较少，有些地方甚至连个专业的维修机构都没有，这就导致了部分车辆带病上路的情况。危险货物运输车辆的装运设备和安全设施的技术水平也普遍较低，人工装卸和设施老化，极易导致危险的发生。部分车辆上干脆就没有现代化的信息装备，有的车辆上即便安装了诸如 GPS 之类的信息装备，但是在跨省运输时此种装备也不能有效地发挥作用。

**4. 已采取的措施**

(1)进一步加强危险货物道路运输安全管理

连霍高速三门峡义昌大桥“2·1”重大运输烟花爆竹爆炸事故发生后，交通运输部于当日迅速发出《关于进一步加强危险货物道路运输安全管理工作的紧急通知》。通知要求，各级交通运输主管部门迅速组织力量深入危险货物道路运输一线，全面开展安全生产检查，加强自查自纠和明察暗访，提升安全生产源头管控能力。通知还要求，各级交通运输主管部门要督促危险货物道路运输企业严格执行安全生产制度、规范和技术标准，落实驾驶员、装卸管理人员、押运员的安全教育和警示制度，把企业安全生产主体责任落实到位；督促指导从事爆炸品、剧毒化学品运输的企业严格按照公安部门批准的运输方案，包括起始地点、运输时间、运输路线、经停地点和货物品种数量，开展运输活动；加强对危险货物道路运输车辆的动态监管，确保车载卫星定位装置监控有效；对不合格的危险货物道路运输车辆，依法责令其停止从事经营活动。

（2）新修订的《道路危险货物运输管理规定》施行

在连霍高速三门峡义昌大桥“2·1”重大运输烟花爆竹爆炸事故发生之前，《道路危险货物运输管理规定》已经修订完成并经交通运输部部务会议通过。自2013年7月1日起，修订后的《道路危险货物运输管理规定》（以下简称《新危规》）正式施行。

《新危规》建立了完善的制度，强化了安全管理工作。首先是建立专职安全管理人员制度。《新危规》第八条明确规定，企业应当配备专职安全管理人员。与之相配套的《危险货物道路运输专职安全管理人员从业资格管理办法》以及从业人员培训大纲、考试大纲和考试题库等规章也在抓紧制定。其次是建立安全评价制度。委托具有资质的中介机构开展安全评价工作，借助社会力量监督道路危险货物运输企业，指导、监督道路危险货物运输企业及时采取措施消除安全隐患，降低事故发生率。再次是建立“剧毒化学品、爆炸品”道路运输从业人员考试制度。针对“剧毒化学品、爆炸品”的危险性较高，一旦发生事故，对人民生命财产的损害以及对自然环境的污染严重，提出建立了“剧毒化学品、爆炸品”道路运输从业人员考试制度，从源头加强对驾驶、押运、装卸管理人员的管理工作。最后是建立“举报制度”和“事故报告制度”。《新危规》第五十八条规定“道路危险货物运输管理机构应当公布举报电话，并在接到举报后及时依法处理”，即建立“举报制度”；《新危规》第五十一条规定“道路危险货物运输管理机构应当公布事故报告电话”，即建立“事故的报告制度”。

《新危规》针对实际问题，细化了管理工作。首先，调整和细化了对停车场的要求。《新危规》明确了停车场面积的最低要求，强调了停车场地的设置应不得妨碍居民生产生活和威胁公共安全，进一步明确了运输剧毒化学品、爆炸品应当在停车区域设立明显“警示标牌”的要求，允许使用租借的停车场地但加以3年的合同年限限制，并要明确停车场地的位置。同时，《新危规》加强对危险货物道路运输站场的管理，通过明确车辆的停车场面积，增加被挂靠企业和异地经营者在停车场等方面的资金投入，减少挂靠现象，并解决异地经营、乱停车等问题，从源头上遏制挂靠、驻外运输等违规行为。其次，从源头上遏制罐车超载。《新危规》规定，罐体载货后总质量与专用车辆核定载质量相匹配，同时在《道路危险货物运输经营申请表》中，对罐车的申报内容提出了更加具体、易操作的要求。如企业申请使用罐车，要说明罐车的核定载质量（吨）、罐体容积、拟运液体危险货物的品名（可是一种货物，也可以是一类货物）和密度等相关情况。这样，可以通过罐体容积、货物密度简单地算出载货重量，确定罐车是否超载，做到“一车一罐一品”，从源头杜绝小车大罐、本质超载等情况。再次，《新危规》根据专用车辆的不同特点，区别对待不同车辆，在第二十五条中作出了“运输剧毒化学品、爆炸品专用车辆及罐式专用车辆(含罐式挂车)应当到具备道路危险货物运输车辆维修资质的企业进行维修。牵引车以及其他专用车辆由企业自行消除危险货物的危害后,可到具备一般车辆维修资质的企业进行维修”的规定。这一规定方便了专业运输车辆的维修并节约了不必要维修成本。

## 四、2013 年的八个“第一”

### 1. 交通运输部组建后的“第一次”全国机动车驾培工作会议召开

2013 年 2 月 27 ~ 28 日,交通运输部在江西南昌召开全国机动车驾驶培训工作会议,提出今后驾培行业发展的核心目标是培养安全驾驶、文明行车的高素质驾驶员。这是交通运输部组建后召开的第一次全国机动车驾驶培训工作会议,也是 2013 年新春伊始、“两会”召开之际的第一个全国性会议。

### 2. 我国“第一部”交通安全教育科教片完成

2013 年 2 月,国内首部交通安全教育系列电影科教片《文明出行,安全驾驶》拍摄完成并将在全国驾驶员当中推广。该系列电影科教片以安全驾驶为主线,以典型案例为警示,集中针对酒后驾驶等严重交通违法行为的危害及复杂路况、恶劣天气、危险品运输、突发情况应对处置技能进行了客观解析,分为《违法驾驶的危害》《恶劣天气条件下的驾驶技巧与禁忌》《女性驾驶注意事项》《汽车驾驶应急处理与自救》等 10 部。

### 3. 我国“第一个”季冻区绿色循环低碳科技示范工程启动

2013 年 8 月 13 日,交通运输部正式启动实施“长白山区鹤大高速公路资源节约循环利用科技示范工程”。这是我国公路交通建设领域首次在季冻地区开展的科技示范项目,是交通运输部《加快推进绿色循环低碳交通运输发展指导意见》印发后首个以“资源节约循环利用”为主题的科技示范工程,对占国土面积 53.5% 的季冻地区具有重要的典型示范意义,标志着我国季冻地区公路交通建设科技创新工作迈出了关键一步。

### 4. 全国“第一个”公交宣传周开展

交通运输部定于每年 9 月 16 ~ 22 日组织开展“公交出行宣传周”活动,广泛动员城市公共交通企业和社会公众积极参与,共同营造“低碳交通、绿色出行”的城市公共交通文化。2013 年的 9 月 16 ~ 22 日为我国第一个公交宣传周。2013 年的活动主题是“公交优先、便民利民”。

### 5. 公路水路交通运输发展报告“第一次”发布

2013 年 9 月,交通运输部首次发布了《中国公路水路交通运输发展报告》(以下简称《发展报告》)。《发展报告》以 1978 ~ 2012 年为时间跨度,全面介绍了我国公路水路交通运输的发展历程、发展成就及在支撑经济贸易发展、改善城乡人民生活、提供安全和社会保障、促进生态文明建设四个方面的突出贡献。

### 6. 国内“第一条”重载高速公路通车

2013 年 11 月 21 日,准格尔至兴和重载高速公路正式通车,这是全国首条也是世界上最长的重载高速公路。准兴重载高速公路全长 265 公里,比原运煤线路缩短了约 100 公里,投资

150 亿元,历经 3 年建设完成。公路西起鄂尔多斯市准格尔旗大路新区,终点为乌兰察布市兴和县团结乡,途经 3 市、7 旗县,全线按照双向 5 车道的重载高速公路标准设计建设,车道采用混凝土高级路面,设计可承载 100 吨货车。

**7. 我国"第一部"交通安全 3D 电影上映**

2013 年 11 月 30 日,国内首部利用 3D 技术的交通安全宣传影片在贵阳首映。该部交通安全 3D 短片,主要针对发生在江苏南京、江西樟吉等 3 起震惊全国的重特大交通事故进行再现。影片由中国公安部交管局按照《国家道路交通安全科技行动计划》的要求,利用国内最新技术制作而成。全片采用 3D 模式,是国内首部利用 3D 技术的交通安全宣传影片。而本次对外公映社会化的操作模式,更是全国首次。

**8. 全国"第一个"交通应急救援训练保障基地建成**

2013 年 12 月 10 日,由武警交通部队建设的全国首个交通应急救援训练保障基地在北京延庆落成并投入使用,这标志着道路交通抢险建设水平正向新的更高阶段发展。该基地占地 330 亩,总建筑面积达 6.78 万平方米,由功能齐全的应急作战指挥中心、训练中心、保障中心等 7 座大楼组成,可同时容纳 1 000 多名官兵。其中,综合训练场建有道路、桥梁、隧道损毁的模拟灾害现场,基本适应信息化条件下的共同、专业训练和营区练兵需求。

# 措施研究篇

# 第五章 2013年道路交通安全行动

## 一、制度建设

### 1. 提升驾驶人素质

(1)修订后的《机动车驾驶证申领和使用规定》正式施行

为进一步严格大中型客货车驾驶人管理,改进驾驶人考试制度,提高社会管理和服务群众水平,修订后的《机动车驾驶证申领和使用规定》(公安部令第123号)自2013年1月1日起正式施行。此前所沿用的公安部令第91号《机动车驾驶证申领和使用规定》(2006年12月20日发布)和公安部令第111号《公安部关于修改<机动车驾驶证申领和使用规定>的决定》(2009年12月7日发布)同时废止。

修订后的《机动车驾驶证申领和使用规定》(公安部令第123号)在涉及机动车驾驶人考试、驾驶证日常管理、交通违法行为记分等方面的规定发生显著变化(此部分已在本书第四章中详细介绍,在此不再赘述)。修订后的《机动车驾驶证申领和使用规定》(公安部令第123号)实施一周年之后,在推动依法从严治理交通乱象,完善交通管理配套制度和执法设施建设,有效预防和减少重特大交通事故,培养汽车社会安全文明出行的新风尚等方面产生了重大的影响,机动车驾驶人的守法意识得到了明显提高,全国的严重交通违法行为也出现了大幅下降。但是其对于"闯黄灯"扣6分的规定,由于取证困难、易造成路口拥堵等原因而被叫停。公安部下发通知,要求各地交管部门对于违反黄灯信号的,以教育警示为主,暂不予以处罚。另外,有媒体报道"公安部允许'1个驾驶本最多为3辆车处理违法行为'",对此公安部交管局指出,该说法系个别媒体误读。公安部强调,禁止任何人出卖或购买交通违法记分,对"买分卖分"行为发现一起查处一起。

(2)《关于办理醉酒驾驶机动车刑事案件适用法律若干问题的意见》出台

《中华人民共和国刑法修正案(八)》施行以来,各地严格执法,查处了一批醉酒驾驶机动车刑事案件,取得了良好的法律效果和社会效果。为保障法律的正确、统一实施,依法惩处醉酒驾驶机动车犯罪,维护公共安全和人民群众生命财产安全,最高人民法院、最高人民检察院、公安部经过深入调查研究,广泛征求意见之后,于2013年12月18日联合印发了《关于办理醉酒驾驶机动车刑事案件适用法律若干问题的意见》(法发[2013]15号,以下简称《意见》)。

《意见》对"醉酒驾驶"进行了明确的界定。在道路上驾驶机动车,血液酒精含量达到80毫克/100毫升以上的,属于醉酒驾驶机动车,依照刑法第一百三十三条之一第一款的规定,以危险驾驶罪定罪处罚。血液酒精含量检验鉴定意见是认定犯罪嫌疑人是否醉酒的依据。犯罪嫌疑人经呼气酒精含量检验达到本意见第一条规定的醉酒标准,在抽取血样之前脱逃的,可以以呼气酒精含量检验结果作为认定其醉酒的依据。犯罪嫌疑人在公安机关依法检查时,为逃避法律追究,在呼气酒精含量检验或者抽取血样前又饮酒,经检验其血液酒精含量达到本意见第一条规定的醉酒标准的,应当认定为醉酒。公安机关在查处醉酒驾驶机动车的犯罪嫌疑人时,对查获经过、呼气酒精含量检验和抽取血样过程应当作记录;有条件的,应当拍照、录音或者录像;有证人的,应当收集证人证言。

《意见》规定了对"醉酒驾驶"从重处理的八种情形。一是造成交通事故且负事故全部或者主要责任,或者造成交通事故后逃逸,尚未构成其他犯罪的;二是血液酒精含量达到200毫克/100毫升以上的;三是在高速公路、城市快速路上驾驶的;四是驾驶载有乘客的营运机动车的;五是有严重超员、超载或者超速驾驶,无驾驶资格驾驶机动车,使用伪造或者变造的机动车牌证等严重违反道路交通安全法的行为的;六是逃避公安机关依法检查,或者拒绝、阻碍公安机关依法检查尚未构成其他犯罪的;七是曾因酒后驾驶机动车受过行政处罚或者刑事追究的;八是其他可以从重处罚的情形。

《意见》规定了对"醉酒驾驶"的处罚。醉酒驾驶机动车,以暴力、威胁方法阻碍公安机关依法检查,又构成妨害公务罪等其他犯罪的,依照数罪并罚的规定处罚。对醉酒驾驶机动车的被告人判处罚金,应当根据被告人的醉酒程度、是否造成实际损害、认罪悔罪态度等情况,确定与主刑相适应的罚金数额。办理醉酒驾驶机动车刑事案件,应当严格执行刑事诉讼法的有关规定,切实保障犯罪嫌疑人、被告人的诉讼权利,在法定诉讼期限内及时侦查、起诉、审判。对醉酒驾驶机动车的犯罪嫌疑人、被告人,根据案件情况,可以拘留或者取保候审。对符合取保候审条件,但犯罪嫌疑人、被告人不能提出保证人,也不交纳保证金的,可以监视居住。对违反取保候审、监视居住规定的犯罪嫌疑人、被告人,情节严重的,可以予以逮捕。

(3)新版机动车驾驶员培训教材出版发行

新版的机动车驾驶员培训教材《安全驾驶从这里开始》于2013年年初正式与广大驾校和学员见面。新版教材根据交通运输部与公安部首次联合发布的《机动车驾驶培训教学与考试大纲》全新改版,由交通运输部组织编写,并由交通运输部部长杨传堂作序。

新版教材更注重安全文明驾驶意识的培养、实际道路驾驶能力的培训以及职业驾驶人素质的养成,严格按照新大纲的顺序重新编排内容,将原来的四个阶段调整成为三个阶段,分别对应科目一、科目二和科目三的考试内容,更符合培训规律。新版教材通过实际场景图片使复杂的知识形象化,学员还可通过教材封底的二维码登录指定网站学习多媒体网络课程。

(4)驾驶员培训行业立足培养安全驾驶文明行车的高素质驾驶员

2013年2月27日至28日,交通运输部在江西南昌召开全国机动车驾驶培训工作会议,提出今后驾驶员培训行业发展的核心目标是培养安全驾驶、文明行车的高素质驾驶员。

机动车驾驶员培训业存在的问题有:在培训内容上重驾驶技能、轻文明素质,在行业发展上重能力增长、轻市场监管,在培训手段上重传统手段、轻现代手段,对培训人员重管理约束、轻跟踪服务。

今后一个时期,机动车驾驶员培训工作要完成七项任务:一是要强化实施学员素质教育工程。尽快调整培训教学计划,改造教学场地及设施设备,加强素质教育和案例教育,落实实际道路驾驶训练内容和学时要求,让学员拿到驾驶证后真正能开车、会开车。二是要强化客货车辆驾驶员培训。加强对大中型客货车辆驾驶员的职业道德教育,引导建立集中的大中型客货车辆驾驶员培训基地,积极推进将大客车驾驶员培养纳入国家职业教育体系。三是要强化培训规模宏观调控。科学制订符合本地实际的行业发展规划,严格市场准入管理,建立市场投资预警机制,防止盲目投资导致培训市场发展失控过热。四是要强化培训市场政府监管。定期开展驾驶培训机构培训能力评估,并按照培训能力核定招生数量。五是要强化提升培训服务水平。完善服务质量信誉考核机制,继续开展创建文明诚信优质服务驾校、星级驾校等评优活动,积极推广"先学后付、计时收费"的培训模式。六是要强化教练员队伍建设。交通运输部将利用三年时间专门组织实施"教练员素质提升工程",对所有教练员进行培训、考试。各地要严格教练员的从业资格管理,提高教练员职业地位和从业准入门槛,逐步推进驾驶培训机构经理人资格制度和考试考核员选拔制度的实施。七是要强化科技创新和节能减排。各地要积极推广"互联网远程教学""情景模拟教学"等方式,引导驾驶培训机构采用科技手段。大力倡导绿色培训,引导驾驶员培训机构注重培养学员节能驾驶技术,树立节能驾驶理念,养成节能驾驶习惯。

**2. 加强道路运输安全**

(1)《道路危险货物运输管理规定》修订

2013 年 1 月 23 日,交通运输部修订并发布了《道路危险货物运输管理规定》(交通运输部令 2013 年第 2 号)。修订后的《道路危险货物运输管理规定》与之前所沿用的《道路危险货物运输管理规定》(交通部令 2005 年第 9 号)相比,在内容上发生了较大的变化。修订后的《道路危险货物运输管理规定》建立了专职安全管理人员制度、安全评价制度、"剧毒化学品、爆炸品"道路运输从业人员考试制度和危险货物道路运输豁免制度、"举报制度"和"事故报告制度",还调整和细化了对停车场的要求,从源头上杜绝罐车超载,解决了专用车辆维修问题、危货车运普通货物问题、"民用爆炸物品、烟花爆竹除外"问题(编者注:相关内容已在本书第四章第三节中详尽介绍,在此不再赘述)。修订后的《道路危险货物运输管理规定》自 2013 年 7 月 1 日起施行。

(2)《关于进一步加强和规范工程运输车交通安全管理工作的通知》印发

为进一步加强和规范工程运输车管理,整治突出交通违法,维护道路通行秩序,预防和减少重特大道路交通事故,2013 年 11 月 14 日,公安部、住房和城乡建设部联合印发了《关于进一步加强和规范工程运输车交通安全管理工作的通知》(公交管[2013]419 号,以下简称《通知》)。

《通知》肯定了工程运输车辆在保障各项建设工程顺利施工方面发挥的积极作用,同时也指出了工程运输车辆管理存在的一些突出问题。主要表现在:一是工程运输市场准入门槛低。目前工程运输市场经营模式比较分散,准入门槛低,多数工程运输企业的车辆属于挂靠经营。二是企业交通安全主体责任不落实。一些建设单位、施工单位和运输企业交通安全主体责任不落实,安全管理制度不健全。一些建设单位、施工单位违法使用达到报废标准的车辆参与工程运输,部分工程运输企业对车辆的定期检测不严格,对驾驶人的日常教育管理不到位。三是工程运输车交通违法突出。受经济利益驱动,工程运输车驾驶人普遍存在守法意识和安全意识较差的问题。工程运输车辆超载运输、无证运输、超速行驶、违反交通信号灯通行等野蛮驾驶行为突出，无牌无证、使用伪造或者变造号牌、不按规定安装号牌、故意遮挡或者污损号牌、使用其他车辆号牌等严重违法行为多发，严重影响正常交通秩序，危害道路交通安全，群众反映强烈。

《通知》要求，要严格准入管理，规范建筑工程运输市场。各地住房和城乡建设（市容环卫）部门要严格渣土运输市场准入条件，建立健全渣土运输市场退出机制。运输企业申请建筑渣土运输的，要按照规定向住房和城乡建设（市容环卫）部门提交书面申请，经审核符合渣土运输许可有关规定的，方可参与渣土运输。各地住房和城乡建设（市容环卫）、公安机关交通管理等部门要加强对建设单位、施工单位及建筑渣土运输企业的日常监管，在政府网站、当地媒体上每月通报工程运输车交通违法、交通事故等情况。在渣土运输招投标中，要严格审核工程运输企业资质，结合住房和城乡建设（市容环卫）、公安机关交通管理部门对工程运输企业的日常监督考核情况，将工程运输车遵守道路交通安全法律法规和交通安全情况纳入准入条件。要严格限制交通违法或者交通事故多的运输企业参与渣土运输招投标，严禁达到报废标准和存在非法改装、未按期申领检验合格标志、未按规定安装安全防护装置和粘贴车身反光标识、交通违法未处理等情形的车辆以及准驾车型不符、未按期参加审验的驾驶人参与运输。对工程运输车发生重大及以上或者6个月内发生两起较大及以上责任事故的运输企业，依法责令停业整顿；停业整顿后符合安全生产条件的，准予恢复运营。

《通知》要求，要强化行业监管，落实企业安全主体责任。各地住房和城乡建设部门要督促施工单位加强建筑工地的源头监管，在工程运输车驶出建筑工地前，对车辆的处置许可、车容车况、密闭措施、装载情况等进行严格检查，杜绝工程运输车超载运输、无证运输、遮挡污损号牌、不按规定装载等违法行为。各地住房和城乡建设（市容环卫）部门要督促工程运输企业严格落实工程运输车密闭措施，统一外观标识，按规定喷涂放大机动车牌号，安装安全防护装置和粘贴车身反光标识。要积极推广在工程运输车上安装转弯、倒车影像观察和安全提示设备，有效减少车辆在转弯、倒车时的安全隐患。要定期组织驾驶人开展交通安全教育培训，提高安全守法意识，杜绝野蛮驾驶行为。要监督运输企业加强工程运输车的动态管理，综合运用监控系统、卫星定位系统等技术手段，加大对工程运输车行驶时间、线路、速度的核查力度，预防和减少工程运输车超速行驶、疲劳驾驶、不按规定时间和线路行驶等违法行为。要鼓励、引导工程运输企业成立行业自治组织，建立健全规范管理制度，加强行业内部自律，严格落实车辆安全隐患排查、驾驶人教育管理等内部管理职责。

《通知》要求，要加强日常管理，严格排查整改安全隐患。各地公安机关交通管理部门要落实工程运输车户籍化管理措施，摸清辖区工程运输车及驾驶人底数，逐车逐人建立台账。要严把工程运输车辆审验关，对存在加长、加宽、加高货厢栏板，非法改装，不按规定安装安全防护装置和粘贴车身反光标识，轮胎不符合要求等违法情形的，一律不予核发检验合格标志，并督促落实整改措施。要定期对工程运输车及驾驶人的交通违法、交通事故以及驾驶证记分等情况进行清理，并将情况通报住房和城乡建设（市容环卫）部门。凡工程运输车发生致人死亡且负同等以上责任的道路交通事故以及存在故意遮挡或者污损号牌、违反交通信号灯通行、超速50%（高速公路、城市快速路超速20%）以上、超载运输、不按规定装载、不按规定时间和路线行驶等同一违法行为被查处两次以上的，由住房和城乡建设（市容环卫）部门收回该车的建筑渣土运输许可。对发生交通事故致人死亡且负同等以上责任，驾驶证在一个记分周期内记满12分,以及有超速50%(高速公路、城市快速路超速20%)以上,或者12个月内有3次以上超速行驶违法记录的驾驶人,要依法处罚并通报运输企业解除聘用。

《通知》要求,要密切部门协作,开展联合执法。各地公安机关交通管理部门、住房和城乡建设部门要明确工作职责,建立健全工程运输车管理联席会议制度,定期召开会议,通报工作情况,协调解决问题,研究加强和规范工程运输车管理的对策和措施。要认真分析工程运输车管理存在的问题,共同研究完善建筑工地管理、运输企业资质管理、工程运输车管理等相关规章制度,从日常监督、部门联动、执法处罚等方面不断健全管理工作机制。公安机关交通管理部门、住房和城乡建设(市容环卫)部门要加强协作配合,定期组织开展联合执法和专项整治行动,形成监管合力。要认真分析工程运输车交通违法的规律特点,采取定点检查与动态巡查相结合的方式,加大重点地区、重点路段、重点时段的检查执法力度,从严查处工程运输车野蛮驾驶行为。对查处的工程运输车违法行为,公安机关交通管理部门、住房和城乡建设(市容环卫)部门要根据有关法律法规,依法做出行政处罚。

《通知》要求,要广泛宣传教育,发动群众积极参与。各地住房和城乡建设(市容环卫)部门、公安机关交通管理部门要加大对工程运输车交通安全管理工作的宣传力度,充分发挥电视、广播、网络、报纸等新闻媒体的作用,主动邀请新闻单位和记者参与联合整治和日常管理,随警报道,及时曝光工程运输车交通违法和交通事故典型案例,以案说法,营造全社会共同关注的良好氛围。要主动深入建设单位、施工单位和建筑工程运输企业,召集企业安全负责人、工程运输车驾驶人通过讲授交通安全课、播放交通安全教育录像等形式,讲授野蛮驾驶行为的危害后果及处罚规定、夜间和恶劣天气条件下的驾驶技能以及守法文明驾驶的基本规定,教育引导驾驶人自觉抵制交通违法和交通陋习。要积极争取广大群众理解和支持,发动广大群众参与治理工程运输车违法行为,设立并公布举报投诉电话,鼓励群众举报工程运输车违法行为,对群众举报的要及时组织查处,并落实奖励措施。

(3)《出租汽车运营服务规范》(GB/T 22485—2013)发布

2013年10月14日,交通运输部发布了包括《出租汽车运营服务规范》(GB/T 22485—2013)在内的三项新国标。这三项新国标由交通运输部组织全国城市客运标准化技术委员会制定,报国家标准化管理委员会批准发布,并于2014年4月1日开始实施。这是交通运输部接手指导城市客运管理职责后,正式发布的第一批城市客运国家标准。

新的《出租汽车运营服务规范》(GB/T 22485—2013)是对2008年颁布的国家标准《出租汽车运营服务规范》(GB/T 22485—2008)进行的修订、更新和替换,针对行业发展形势变化,从全过程服务角度,对出租汽车服务流程、服务标准、服务要求进行了明确规定,新增了诚信服务、车辆要求、电召服务、运输安全等内容。

新的《出租汽车运营服务规范》(GB/T 22485—2013)为出租车驾驶人制订了26条服务用语以及多条服务要求。按照规定,乘客上车前,驾驶人不得询问乘客目的地等挑客行为:除包车服务外,要使用计价器,不得议价,不得绕路;不能吃带异味的食物;乘客对出租车的投诉,出租车公司要在24小时内处理等。

**3. 建立全国校车信息管理系统**

为贯彻落实《校车安全管理条例》,便于各级政府和相关部门及时了解掌握全国校车、校车驾驶人、随车照管人员和校车运营企业的基本情况,满足校车安全管理工作需要,提高校车安全管理水平,2013 年 3 月 18 日,教育部办公厅、公安部办公厅、交通运输部办公厅联合印发了《关于做好校车信息采集工作的通知》(教基一厅函[2013]12 号,以下简称《通知》),决定建立全国校车信息管理系统。

《通知》要求,在全国中小学生学籍信息管理系统中建设校车信息管理子系统,专门管理校车信息、校车驾驶人信息、随车照管人员和校车运营企业信息。校车信息采集和录入的责任主体是设区的市级和县级教育行政部门。信息采集的对象是所有为义务教育学生和幼儿园幼儿服务的校车,包括专用校车和非专用校车、学校及幼儿园自备校车和校车服务提供者提供的校车。

《通知》还要求,地方各级教育行政部门、公安交管部门和交通运输部门应按照《校车安全管理条例》规定建立健全校车安全管理信息共享机制,县级或者设区的市级公安交管部门应每月将校车标牌发放、变更、收回等信息和校车驾驶人审批、交通违法、交通事故等信息通报同级教育行政部门。县级或者设区的市级教育行政部门应每月将校车使用许可申请信息等通报同级公安交管部门。教育行政部门应当在系统中为公安交管部门和交通运输部门设立专门的用户账号,为查询相关信息提供方便,实现校车安全管理信息共享。

**4. 提升机动车安全性能**

(1)《缺陷汽车产品召回管理条例》实施

自 2013 年 1 月 1 日起,《缺陷汽车产品召回管理条例》(国务院令第 626 号,以下简称《召回条例》)正式施行。在中国境内生产、销售的汽车和汽车挂车(以下统称"汽车产品")的召回及其监督管理都适用本条例。"缺陷"是指由于设计、制造、标识等原因导致的在同一批次、型号或者类别的汽车产品中普遍存在的不符合保障人身、财产安全的国家标准、行业标准的情形或者其他危及人身、财产安全的不合理的危险。

与之前所沿用的《缺陷汽车产品召回管理规定》(2004 年实施)相比,《召回条例》进一步加大了对缺陷汽车产品生产者的惩戒力度。按照《召回条例》规定,对缺陷汽车产品,生产者应当全部召回;生产者未实施召回的,国务院产品质量监督部门应当责令其召回。生产者获知汽车产品可能存在缺陷的,应当立即组织调查分析,并如实向国务院产品质量监督部门报告调查分析结果。生产者确认汽车产品存在缺陷的,应当立即停止生产、销售、进口缺陷汽车产品,并实施召回。对实施召回的缺陷汽车产品,生产者应当及时采取修正或者补充标识、修理、更换、退货等措施消除缺陷。生产者应当承担消除缺陷的费用和必要的运送缺陷汽车产品的费用。生产者若存在未按照规定保存有关汽车产品和车主的信息记录、未按照规定备案有关信息和召回计划、未按照规定提交有关召回报告以上任何一种情形的,都将由产品质量监督部门责令改正,拒不改正的将会处 5 万元以上 20 万元以下的罚款。生产者若存在不配合产品质量监督部门缺陷调查、未按照已备案的召回计划实施召回、未将召回计划通报销售者以上任何一种情形的,都将由产品质量监督部门责令改,拒不改正的将会处 50 万元以上 100 万元以下的罚款,有违法所得的并处没收违法所得,情节严重的将由许可机关吊销有关许可。生产者若存在未停止生产销售或者进口缺陷汽车产品、隐瞒缺陷情况、经责令召回拒不召回以上任何一种情形的,将由产品质量监督部门责令改正并处缺陷汽车产品货值金额 1% 以上 10% 以下的罚款,有违法所得的并处没收违法所得,情节严重的将由许可机关吊销有关许可。

《召回条例》还加大了对缺陷汽车产品经营者的管理力度。从事销售、租赁、维修汽车产品的经营者应当按照国务院产品质量监督部门的规定建立并保存汽车产品相关信息记录，保存期不得少于5年。经营者获知汽车产品存在缺陷的，应当立即停止销售、租赁、使用缺陷汽车产品，并协助生产者实施召回。经营者应当向国务院产品质量监督部门报告和向生产者通报所获知的汽车产品可能存在缺陷的相关信息。经营者若存在不配合产品质量监督部门缺陷调查的情形，也将由产品质量监督部门责令改正，拒不改正的处50万元以上100万元以下的罚款，有违法所得的并处没收违法所得，情节严重的由许可机关吊销有关许可。

（2）修订后的《机动车交通事故责任强制保险条例》正式施行

自2013年3月1日起，修订后的《机动车交通事故责任强制保险条例》正式施行。本次修订增加一条，作为第四十三条："挂车不投保机动车交通事故责任强制保险。发生道路交通事故造成人身伤亡、财产损失的，由牵引车投保的保险公司在机动车交通事故责任强制保险责任限额范围内予以赔偿；不足的部分，由牵引车方和挂车方依照法律规定承担赔偿责任。"这意味着挂车从2013年3月1日起将没必要投保机动车交通事故责任强制保险。对于国内甩挂运输企业来说，修订后的《机动车交通事故责任强制保险条例》正式施行后，国内甩挂运输企业的成本负担减轻、后顾之忧减少。

（3）《机动车强制报废标准规定》实施

自2013年5月1日起，《机动车强制报废标准规定》（商务部令2012年第12号，简称《报废标准》）正式施行。

根据《报废标准》的规定，已注册的机动车应当强制报废的情况包括：一是达到规定的使用年限；二是经修理和调整仍不符合机动车安全技术国家标准对在用车有关要求的；三是经修理和调整或者采用控制技术后，向大气排放污染物或者噪声仍不符合国家标准对在用车有关要求的；四是在检验有效期届满后连续3个机动车检验周期内未取得机动车检验合格标志的。

对于各类机动车使用年限，《报废标准》规定：小、微型出租客运汽车使用8年，中型出租客运汽车使用10年，大型出租客运汽车使用12年；租赁载客汽车使用15年；小型教练载客汽车使用10年，中型教练载客汽车使用12年，大型教练载客汽车使用15年；公交客运汽车使用13年；其他小、微型营运载客汽车使用10年，大、中型营运载客汽车使用15年；专用校车使用15年；大、中型非营运载客汽车（大型轿车除外）使用20年；三轮汽车、装用单缸发动机的低速货车使用9年，装用多缸发动机的低速货车以及微型载货汽车使用12年，危险品运输载货汽车使用10年，其他载货汽车（包括半挂牵引车和全挂牵引车）使用15年；有载货功能的专项作业车使用15年，无载货功能的专项作业车使用30年；全挂车、危险品运输半挂车使用10年，集装箱半挂车20年，其他半挂车使用15年；正三轮摩托车使用12年，其他摩托车使用13年。对于小、微型非营运载客汽车、大型非营运轿车、轮式专用机械车无使用年限限制。

《报废标准》同时规定，国家对达到一定行驶里程的机动车引导报废：小、微型出租客运汽车行驶60万公里，中型出租客运汽车行驶50万公里，大型出租客运汽车行驶60万公里；租赁载客汽车行驶60万公里；小型和中型教练载客汽车行驶50万公里，大型教练载客汽车行驶60万公里；公交客运汽车行驶40万公里；其他小、微型营运载客汽车行驶60万公里，中型营运载客汽车行驶50万公里，大型营运载客汽车行驶80万公里；专用校车行驶40万公里；小、微型非营运载客汽车和大型非营运轿车行驶60万公里，中型非营运载客汽车行驶50万公里，大型非营运载客汽车行驶60万公里；微型载货汽车行驶50万公里，中、轻型载货汽车行驶60

万公里，重型载货汽车（包括半挂牵引车和全挂牵引车）行驶 70 万公里，危险品运输载货汽车行驶 40 万公里，装用多缸发动机的低速货车行驶 30 万公里；专项作业车、轮式专用机械车行驶 50 万公里；正三轮摩托车行驶 10 万公里，其他摩托车行驶 12 万公里。

(4)《家用汽车产品修理、更换、退货责任规定》实施

自 2013 年 10 月 1 日起，《家用汽车产品修理、更换、退货责任规定》（国家质量监督检验检疫总局令第 150 号，以下简称《“三包”规定》）正式施行，在中华人民共和国境内生产、销售的家用汽车产品的三包均适用本规定。

《“三包”规定》明确规定了家用汽车产品的“保修期”和“三包有效期”。其中，保修期限为不低于 3 年、6 万公里，三包有效期限为不低于 2 年或者是行驶里程 5 万公里。保修期内出现产品质量问题，可以免费修理；在三包有效期内，如果符合规定的退货条件、换货条件，消费者可以凭三包凭证、购车发票等办理退货或换货手续。《“三包”规定》规定在家用汽车产品三包有效期内满足更换、退货条件时，消费者凭三包凭证、购车发票等由销售者更换、退货。一是家用汽车产品自销售者开具购车发票之日起 60 日内或者行驶里程 3 000 公里之内（以先到者为准），家用汽车产品出现转向系统失效、制动系统失效、车身开裂或燃油泄漏，消费者选择更换家用汽车产品或退货的，销售者应当负责免费更换或退货。二是因严重安全性能故障累计进行了 2 次修理，严重安全性能故障仍未排除或者又出现新的严重安全性能故障的。三是发动机、变速器累计更换 2 次后，或者发动机、变速器的同一主要零件因其质量问题，累计更换 2 次后，仍不能正常使用的，发动机、变速器与其主要零件更换次数不重复计算；四是转向系统、制动系统、悬架系统、前/后桥、车身的同一主要零件因其质量问题，累计更换 2 次后，仍不能正常使用的。同时规定，在家用汽车产品三包有效期内，因产品质量问题修理时间累计超过 35 日的，或者因同一产品质量问题累计修理超过 5 次的，消费者可以凭三包凭证、购车发票，由销售者负责更换。

《“三包”规定》规定了三包责任由销售者依法承担，同时也明确了生产者、销售者、修理者所承担的义务。生产者应当严格执行出厂检验制度，未经检验合格的家用汽车产品不得出厂销售，还应当向国家质检总局备案家用汽车产品三包有关信息，所生产的家用汽车产品应当具有三包凭证等随车文件。销售者应当建立并执行进货检查验收制度，验明家用汽车产品合格证等相关证明和其他标识，销售家用汽车产品时还应交付发票、三包凭证等，还要在三包凭证上填写有关销售信息。修理者应当建立并执行修理记录存档制度，修理时用于家用汽车产品修理的零部件应当是生产者提供或者认可的合格零部件，且其质量不低于家用汽车产品生产装配线上的产品，在电话咨询服务无法解决的情况下应当开展现场修理服务，并承担合理的车辆拖运费。

## 二、重大部署

### 1. 城市优先发展公共交通

2012 年 12 月 29 日，国务院印发了《关于城市优先发展公共交通的指导意见》（国发[2012]64 号），从总体发展目标、城市公共交通可享有的优惠政策、建立城市公共交通发展绩效评价制度、健全安全管理制度等多个方面对实施城市公共交通优先发展战略进行了部署。随后在 2013 年，“城市优先发展公共交通”这一重大战略部署迅速得到了贯彻落实，交通运输

部、财政部、国家税务总局等有关单位对这一重大战略进行了进一步的部署。

对公共交通用地提供财政支持。2013 年 3 月 20 日，财政部、国家税务总局联合印发了《关于对城市公交站场道路客运站场免征城镇土地使用税的通知》(财税[2013]20 号)，要求在 2013 年 1 月 1 日 ~2015 年 12 月 31 日间，对城市公交站场运营用地(包括城市公交首末车站、停车场、保养场、站场办公用地、生产辅助用地)和道路客运站场运营用地(包括站前广场、停车场、发车位、站务用地、站场办公用地、生产辅助用地)免征城镇土地使用税。

对实施方案进行细化。2013 年 6 月 18 日，交通运输部印发了《交通运输部关于贯彻落实 <国务院关于城市优先发展公共交通的指导意见> 的实施意见》(交运发[2013]368 号，以下简称《实施意见》)。《实施意见》提出了城市公共交通发展的总体目标：到 2020 年，基本确立城市公共交通在城市交通中的主体地位，安全可靠、经济适用、便捷高效的公共交通服务系统基本形成，较好满足公众基本出行需求。《实施意见》中还提出了在推进城市公共交通优先发展过程中的九个主要任务：一是要提升规划调控能力，即加强规划编制、强化规划调控、推进规划落实。二是要提升公交基础设施服务能力，即完善公交基础设施服务网络、完善公交基础设施投资政策、加强公交基础设施运营管理。三是要提升公共交通服务品质，即扩大公共交通服务范围、提高换乘便利性、提高出行快捷性、提高乘坐舒适性。四是提升公共交通安全保障能力，即落实企业安全生产主体责任、加强应急管理、加强安全监管、增强公众安全意识。五是要提升公共交通智能化水平，即加快信息技术应用、完善移动支付体系建设。六是要提升公交企业发展活力，即落实财税支持政策、落实公共交通用地综合开发政策、规范公交企业管理。七是要推进公交都市创建活动，即完善工作机制、建立创建工作平台、加大支持力度。八是要推进城市交通综合管理，即合理引导交通需求、落实交通影响评价制度。九是要完善票制票价和补贴补偿制度，即完善公共交通定价和调价机制、完善公共财政补贴补偿制度。

建立了公交都市考核评价指标体系。2013 年 6 月 24 日，交通运输部印发了《交通运输部关于印发 <公交都市考核评价指标体系> 的通知》(交运发[2013]387 号)。《公交都市考核评价指标体系》共设置指标 30 个，分为考核指标和参考指标。其中考核指标 20 个，是考核评价公交都市的约束性指标；参考指标 10 个，是考核评价公交都市的重要参考依据。各创建城市可结合自身公共交通发展特点提出不超过 3 个特色指标，经部同意后，连同考核指标和参考指标，一并纳入创建城市的考核评价指标体系。

对公交都市创建城市给予政策支持。2013 年 7 月 15 日，交通运输部印发了《交通运输部关于推进公交都市创建工作有关事项的通知》(交运发[2013]428 号)，将支持创建城市加快建设城市综合客运枢纽、加快建设城市智能公交系统、加快建设城市快速公交运行监测系统、推广应用清洁能源公交车辆纳入到政策支持的范畴。其中，在支持创建城市加快建设城市综合客运枢纽方面，交通运输部重点支持与城市公共交通相衔接的综合客运枢纽。主要包括：一是城市公共交通与两种及以上对外交通方式相衔接的综合客运枢纽；二是城市公共交通与城际客运站相衔接的综合客运枢纽；三是城市公共交通与城乡公路客运站相衔接的综合客运枢纽；四是适当考虑与城市轨道交通相衔接的综合换乘枢纽。在支持创建城市加快建设城市智能公交系统方面，交通运输部重点支持公共交通信息化应用系统建设、相关支撑系统建设、数据资源与交换系统建设，以及相关标准规范的制定、修订等工作。在支持创建城市加快建设城市快速公交运行监测系统方面，支持创建城市加快建设快速公交监控调度指挥系统、快速公交信息化应用系统和相关支撑系统等，并完善快速公交运行监测相关的技术标准规范。在支持创建城市推广应用清洁能源公交车辆方面，交通运输部将公交都市创建城市推广应用液化石油气、天然气等清洁能源公交车辆纳入交通运输节能减排专项资金支持范围。

组织开展“公交出行宣传周”活动。2013 年 8 月 31 日，交通运输部印发了《交通运输部关于组织开展“公交出行宣传周”活动有关事项的通知》(交运发[2013]515 号)。交通运输部决定每年 9 月 16 ~22 日组织开展“公交出行宣传周”活动。2013 年“公交出行宣传周”活动的主题是“公交优先、便民利民”。

2013 年 9 月 16 日，交通运输部部长杨传堂在接受新华社记者独家专访时，介绍了我国城市公共交通的发展现状。总体上看，目前我国城市公共交通发展仍然比较滞后，城市公共交通普遍服务能力不足、发展方式粗放、服务质量不高的问题还很突出。与小汽车等私人交通方式相比，公共交通的竞争力明显不足。目前，我国大城市公共交通出行分担率平均约 20%，远远低于发达国家水平。杨传堂还提出了“公交优先，就是百姓优先”的理念。城市公共交通是社会公众日常出行所依赖的最基本的交通方式，解决的是社会公众的基本生活需求，与公共医疗、义务教育等社会福利一样，是政府应当提供的、人人应当享有的基本公共服务。把综合交通运输的理念贯穿到各种交通方式建设、管理、运输的全过程中，大力发展公共交通运输，让公众的出行更方便、更快捷、更舒心、更安全，是全国交通运输系统持续努力的目标。

**2. 国务院印发《关于推进物联网有序健康发展的指导意见》**

2013 年 2 月 5 日，国务院印发了《关于推进物联网有序健康发展的指导意见》(国发[2013]7 号，以下简称《意见》)，提出物联网示范应用将在交通领域试点。

《意见》指出，物联网是新一代信息技术的高度集成和综合运用，具有渗透性强、带动作用大、综合效益好的特点，推进物联网的应用和发展，有利于促进生产生活和社会管理方式向智能化、精细化、网络化方向转变，对于提高国民经济和社会生活信息化水平，提升社会管理和公共服务水平，带动相关学科发展和技术创新能力增强，推动产业结构调整和发展方式转变具有重要意义，我国已将物联网作为战略性新兴产业的一项重要组成内容。

《意见》提出，要在交通能源等领域实现物联网试点示范应用，部分领域的规模化应用水平应显著提升，培育一批物联网应用服务优势企业。对全生产等重要领域和交通等重要基础设施，围绕生产制造、商贸流通、物流配送和经营管理流程，推动物联网技术的集成应用，抓好一批效果突出、带动性强、关联度高的典型应用示范工程。积极利用物联网技术改造传统产业，推进精细化管理和科学决策，提升生产和运行效率，推进节能减排，保障安全生产，创新发展模式，促进产业升级。

《意见》提出，到 2015 年，实现物联网在经济社会重要领域的规模示范应用，突破一批核心技术，初步形成物联网产业体系，安全保障能力明显提高。未来要实现物联网在经济社会各领域的广泛应用，掌握物联网关键核心技术，基本形成安全可控、具有国际竞争力总体的物联网产业体系，成为推动经济社会智能化和可持续发展的重要力量。

我国将加快技术研发，形成一批物联网技术研发实验室、工程中心、企业技术中心，对工业、农业、商贸流通、节能环保、安全生产等重要领域和交通、能源、水利等重要基础设施，推动物联网技术的集成应用，抓好一批典型应用示范工程。

**3. 交通运输部印发《关于进一步加强安全生产工作的意见》**

为认真贯彻党的十八大精神，深入落实国务院关于安全发展的要求，切实加强交通运输安全生产工作，为经济社会持续健康发展、人民群众安全便捷出行创造良好环境，交通运输部于2013年1月5日印发了《关于进一步加强安全生产工作的意见》（交安监发［2013］1号，以下简称《意见》）。

《意见》提出了要深入开展“平安交通”创建活动。各级交通运输管理部门和企业要把“平安交通”创建活动作为抓好当前和今后一个时期安全生产工作的载体，以创建平安公路、平安车船、平安港站、平安渡口、平安工地等为重点，结合实际，因地制宜，深入推进，务求实效。通过创建活动，使安全生产体制机制法制进一步健全，各类应急处置预案进一步完善，安全生产保障能力进一步增强，安全生产文化进一步提升，安全生产队伍素质进一步提高，确保交通运输安全生产形势持续稳定好转。

《意见》强调，要坚决遏制安全生产重特大事故。主要从严格安全生产准入条件、开展隐患排查和专项整治、强化道路运输安全管理、强化水路运输安全监管、强化危险化学品运输安全管理、强化工程建设施工安全管理等方面入手，有效遏制安全生产重特大事故。在严格安全生产准入条件方面，要研究提高并严格执行交通运输企业、车船、从业人员安全准入标准，严把车辆、船舶、设施设备关，严禁非法改装车辆和“三无”船舶进入市场。严格工程建设项目管理，达不到安全生产条件的企业不得进入交通运输工程建设市场。严格执行从业人员资格证制度，从事客运、危险化学品运输、特种设备操作等重点岗位的人员必须持证上岗。在强化道路运输安全管理方面，要加强对道路运输企业和营运车辆的安全管理，严格执行“三不进站、六不出站”安全管理规定。推进“安全带—生命带”工程。积极推行长途客运车辆凌晨2～5时停止运行或实行接驳运输，达不到安全通行条件的三级以下山区公路严禁营运客车夜间通行。会同相关部门严厉打击客车超员、超速和货车超载、超限营运等违章行为，加强旅游包车和异地营运车辆的安全管理和整治，加强城市公交安全管理。

《通知》要求，要推进安全生产法规制度和标准化建设，即推进安全生产法规规范和标准建设、加快推进企业安全生产标准化、强化安全生产标准化达标等级应用；要完善和严格落实安全生产责任体系，即严格落实企业的安全生产主体责任和交通运输管理部门的安全生产监管责任、完善安全生产管理体制机制；要强化安全和应急保障能力，即加大安全生产投入、加强安全生产基础设施建设、提高安全监管装备水平、加强应急救援装备设施建设；要加强安全生产考核和监督，即推进安全生产绩效考核、加大安全生产责任追究力度。

2013年2月1日，交通运输部办公厅发文明确了2013年交通运输安全生产工作的14个要点。这14个工作要点分别为：开展“平安交通”创建活动、落实安全生产责任、继续开展“打非治违”和隐患排查治理、强化公路桥梁设施安全管理、强化道路运输安全管理、强化水路交通安全监管、强化工程建设施工安全管理、保障重点时段的安全生产、加强安全生产法规制度建设、积极推进企业安全生产标准化建设、加强安全生产设施和装备建设、加强安全生产科研和信息化建设、加强安全生产培训教育、强化安全生产绩效考核和责任追究。

**4. 五部门确定2013治理公路“三乱”要点**

2013年3月1日，交通运输部、公安部、国务院纠正行业不正之风办公室。农业部、国家林业局联合印发《2013 年治理公路“三乱”工作要点》，对 2013 年公路“三乱”治理工作提出了五个方面的具体要求。

一是认真落实中央惠民利民政策。继续严格执行鲜活农产品运输“绿色通道”政策，确保整车合法装载运输鲜活农产品车辆免缴通行费并优先便捷通行；充分利用科技等手段，加强和规范鲜活农产品运输车辆检测工作，从疫区运出的农产品，凭动植物检疫证放行，提高检测效率，同时有效遏止假冒鲜活农产品运输车辆逃缴通行费的行为。

二是全面做好收费公路专项清理整改落实工作。加快推进收费公路专项清理问题整改落实工作，全面取缔各类违规及不合理收费。制定专项清理成果公示实施办法，及时公布专项清理结果，以及依法保留项目的相关基本情况，全面接受社会监督。加快修订《收费公路管理条例》，完善收费公路监管长效机制。

三是对无上路执法权的部门上路执法问题开展专项清理。坚决撤除违法违规设置的公路检查、计量、验票、治超、收费等站点。交通运输部、公安部、农业部、林业部等部门在公路上设置检查、治超、收费等站点，必须依据法律法规，并经省级人民政府批准。依法设置的各类公路站点，要严格工作纪律和工作程序，依法履行工作职责，严禁超越职责范围执法。不具备工作条件的站点，严禁开展执法和收费工作。

四是从严规范涉路涉车执法行为。采取切实有效的措施，加大对涉路涉车执法行为的监督管理力度，落实属地监管责任。进一步完善治理车辆超限超载运输相关政策措施，强化源头治理和处罚力度，细化执法处罚标准，规范自由裁量权。进一步简化办事程序，提高办事效率，加快大型物件运输审批进度。落实对货运车辆增设限载装置等措施，从源头环节遏制非法超限超载运输。整治非法生产和改装车辆，加强车辆登记和检验管理，严禁非法生产和改装车辆进入运输市场。健全完善源头治理相关政策措施，推进货物运输源头治理，引导物流企业合法装载。建立完善执法资格的长效考评机制。落实执法责任制，对不作为、乱作为的单位和个人严肃追究责任。

五是严肃查处公路“三乱”问题。进一步拓宽监督渠道，重视网络、媒体和对群众信访的办理。严肃查处涉路涉车乱罚款、乱收费行为，重点查处以罚代管、收“黑钱”等行为。加大对公路“三乱”属地监管责任不落实、履职不到位，以及不作为等问题的查处力度。严肃责任追究，将违规执法人员坚决清理出执法队伍，并追究相关领导责任。

**5. 国家发改委印发《促进综合交通枢纽发展的指导意见》**

《国务院关于印发“十二五”综合交通运输体系规划的通知》（国发[2012]18 号）提出，按照零距离换乘和无缝化衔接的要求，全面推进综合交通枢纽建设，基本建成 42 个全国性综合交通枢纽。为转变交通运输发展方式，推进综合交通枢纽建设，实现各种运输方式的一体化发展，2013 年 3 月 7 日，国家发展和改革委员会印发了《关于印发促进综合交通枢纽发展的指导意见的通知》（发改基础[2013]475 号），要求各地以运输需求为导向，新建与改造相结合，推进我国综合交通枢纽的一体化发展。

根据《促进综合交通枢纽发展的指导意见》（以下简称《意见》），“十二五”我国综合交通运输发展的任务包括：加强以客运为主的枢纽一体化衔接，完善以货运为主的枢纽集疏运功能，提升客货运输服务质量，统筹枢纽建设经营共四大方面。《意见》指出，要根据城市空间形态、旅客出行等特征，合理布局不同层次、不同功能的客运枢纽。按照“零距离换乘”的要求，将城市轨道交通、地面公共交通、市郊铁路、私人交通等设施与干线铁路、城际铁路、干线公路、机场等紧密衔接，建立主要单体枢纽之间的快速直接连接，使各种运输方式有机衔接。鼓励采取开放式、立体化方式建设枢纽，尽可能实现同站换乘，优化换乘流程，缩短换乘距离。《意见》要求，要统筹货运枢纽与产业园区、物流园区等的空间布局。按照货运"无缝化衔接"的要求，强化货运枢纽的集疏运功能，提高货物换装的便捷性、兼容性和安全性，降低物流成本。

《意见》提出，将通过制定枢纽规划、创新管理机制、拓宽融资渠道、鼓励综合开发、完善技术标准五项保障措施来促进综合交通枢纽发展。《意见》公布的42个全国性综合交通枢纽城市分别为北京、天津、哈尔滨、长春、沈阳、大连、石家庄、秦皇岛、唐山、青岛、济南、上海、南京、连云港、徐州、合肥、杭州、宁波、福州、厦门、广州、深圳、湛江、海口、太原、大同、郑州、武汉、长沙、南昌、重庆、成都、昆明、贵阳、南宁、西安、兰州、乌鲁木齐、呼和浩特、银川、西宁、拉萨。

**6. 集中开展安全生产大检查**

2013年5~6月间，接连发生的四川省泸州市泸县桃子沟煤矿"5·11"重大瓦斯爆炸事故、保利民爆济南科技有限公司"5·20"特别重大爆炸事故、吉林省长春市宝源丰禽业有限公司"6·3"特别重大火灾事故等多起重特大事故，暴露出一些地方和企业安全意识淡薄，隐患排查治理不认真，安全责任不落实，安全监管不到位，打击非法违法和治理违规违章行为不得力等问题。习近平总书记、李克强总理等中央领导同志高度重视并作出重要批示，指出接连发生的重特大安全生产事故，造成重大人员伤亡和财产损失，必须引起高度重视。

为深刻吸取事故教训，切实加强安全生产工作，经国务院同意，定于2013年6~9月底，在全国集中开展安全生产大检查。2013年6月9日，国务院办公厅印发了《国务院办公厅关于集中开展安全生产大检查的通知》(国办发明电[2013]16号)，就"安全生产大检查"进行整体部署。"安全生产大检查"的检查内容覆盖了全国所有地区，所有行业领域，所有生产经营企事业单位和人员密集场所。重点检查煤矿、金属非金属矿山、尾矿库、石油天然气开采、危险化学品和烟花爆竹、冶金有色、消防、道路交通、水上交通、铁路、民航、建筑施工、水利、电力、农业机械、渔业船舶、特种设备、食品药品加工、民爆器材等行业领域。其中，道路交通方面的重点内容是深入开展"道路客运安全年"活动，强化道路安全隐患排查，治理公路危险路段，查处"三超一疲劳"等严重交通违法违规行为情况；开展货车违法行为"大排查、大教育、大整治"专项行动情况。

2013年6月15日，交通运输部印发了《交通运输部关于集中开展安全生产大检查的通知》(交安监明电[2013]21号)，对全国交通运输系统集中开展安全生产大检查进行了细化。交通运输部系统"安全生产大检查"的检查内容包括：一是贯彻落实党中央、国务院以及交通运输部关于安全生产工作部署情况；二是安全生产两个主体责任落实情况，特别是主要领导、分管领导、管理人员以及全体员工安全责任和"一岗双责"的执行情况；三是安全生产规章制度的建立和基层执行情况；四是企业安全生产费用提取和使用情况；五是"打非治违"、隐患排查治理、消防安保措施等落实情况；六是"平安交通""道路客运安全年""安全生产月""公路治超""渡口渡船安全管理专项整治回头看""防坍塌、防坠落、反三违"等重点安全生产工作的部署落实情况；七是汛期和台风期间安全生产工作部署落实情况；八是安全生产宣传教育培训、应急预案建设以及应急演练情况；九是事故查处、问责以及事故教训吸取的情况。

2013年7月8日，公安部交管局召开视频调度会，要求各地公安交管部门突出重点，落实责任制，深入开展交通安全大检查。会议强调，各地要突出抓好夏季大事故防范工作。坚持严管客车、校车、货车、危险品运输车、农村面包车五类重点车辆，督促客运企业落实 GPS 24 小时动态监控、提醒、处罚记录，抓好旅游包车的源头排查，严格危险化学品运输的全过程监管，加强客运车辆出站检查，抓好审验教育和安全提示。会议还要求，各地要通过文明交通示范公路创建活动提升路面管控力度，科学布警设点，提高勤务针对性，突出重点管控，提高处罚的及时性。

2013 年 9 月 5 日，公安部召开深化交通安全大检查视频会，通报交通安全大检查开展以来的情况和存在的主要问题。全国道路交通安全大检查开展两个多月来，共排查出逾期未检车辆 265 万余辆，查处不合格的驾驶人 17.7 万余人次；排查运输企业 19.9 万余家次，发现存在安全隐患 3.6 万余家；排查出道路安全隐患 6.5 万处，各地共开展“降速”行动 5.6 万余次，查处超速违法行为 498 万余起；开展“警钟”行动 1.3 万次，查处疲劳驾驶 15.3 万起；对安全隐患突出的企业实施黄牌警告 577 家次，停运不安全的客货运车辆 4 863 辆次，挂牌整顿安全责任不落实、发生重特大事故的运输企业 255 家次。但是针对在大检查行动开展以来发生的几起重大事故，会议也指出相关事故暴露出运输企业管理制度不落实、GPS 设备无法正常使用、道路标志标线、安全防护设施缺失等典型问题，各地还应继续贯彻“全覆盖、零容忍、严执法、重实效”的总要求，提高思想认识，突出重点、明确目标、具体详细地部署大检查工作，抓落实，抓行动。

2013 年 11 月 7 日，交通运输部召开了部安全生产专题会议，杨传堂部长在会上总结了交通运输系统百日安全生产大检查、部安全生产综合督查的情况。通过本次“安全生产大检查”检查出不少的问题。一是重大事故仍有发生。百日安全生产大检查期间，发生了 5 起重大事故(7 月 23 日，一辆江西货车非法载客，发生侧翻，导致 16 人死亡，10 人受伤；8 月 8 日，一辆上海旅游客车与一辆安徽货车发生碰撞，造成 10 人死亡，34 人受伤；8 月 12 日，一辆河南客车与一辆货车发生碰撞，造成 11 人死亡，10 人受伤；8 月 26 日，一辆安徽货车与一辆江苏客车发生碰撞，造成 10 人死亡，5 人受伤；9 月 15 日，一辆四川客车被货车追尾，造成 21 人死亡，4 人受伤)。另外，百日安全生产大检查结束后，10 月 12 日，重庆丰都在建的长江二桥桥墩发生坍塌事故，造成 5 人死亡、6 人失踪。二是各地安全生产大检查开展不平衡，部分地区存在力度逐级衰减、走过场、不彻底不扎实等现象。三是责任不落实的问题依然存在。四是检查工作针对性、有效性不强，实用招数不多。五是安全生产的法制体制机制上，还不健全不完善。本次“安全生产大检查”也取得了明显的成效，主要体现在三个方面：一是安全生产形势明显好转。百日安全生产大检查期间，交通运输行业发生事故起数和死亡人数较去年同比分别下降 42%、46%，其中，重大事故起数和死亡人数较去年同比分别下降 25%、23%，未发生特别重大事故。水上交通安全事故死亡人数在国务院明确的控制进度目标内。二是查出的隐患不少。全系统共查出 36.8 万个。三是整改力度大。投入了 8 亿元整改资金，已完成隐患整改 34.3 万个，整改率达到 93.2%，期间还对 1 673 家严重违法违规的企业做出了停产停业停止建设的处理。

**7. 五部门联合部署危爆物品安全大检查大整治**

2013 年 9 月 16 日，公安部、中央综治办、工业和信息化部、交通运输部、国家安监总局召开电视电话会议，部署从即日起至 2013 年年底在全国开展危爆物品安全大检查大整治行动，以遏制当前重大爆炸案事件多发势头，维护社会公共安全和人民群众生命财产安全。

会议指出，自2000年以来，我国爆炸犯罪案件持续大幅下降，由2000年的4 047起下降至2012年的162起，年均下降22.9%；2013年1～7月，全国共发生爆炸案件82起，同比下降26.1%。我国已成为世界上爆炸案件发案率最低的国家之一。但是，近日一些地方接连发生重大爆炸案件、事故，暴露出当前危爆物品安全管理方面仍存在不少突出问题和薄弱环节。危爆物品管理问题，既是一个安全生产的大问题，又是一个涉及公共安全和社会稳定的大问题，必须下大决心彻底整治。

各级公安机关将严格落实各项检查整治措施，堵塞漏洞、消除隐患。严查源头隐患、运输安全隐患、储存使用安全隐患、消防安全隐患和公交工具安全隐患。坚持把专项整治与完善机制结合起来、把面上整治与源头管理结合起来，积极会同相关部门建立健全加强危爆物品安全管理、防范重大爆炸案事件的长效工作机制，健全刑事执法与行政执法相互配合、前端管理与末端管理有机衔接的工作机制，着力形成对危爆物品安全管理各环节全覆盖、无缝隙的管理模式。

中央综治办表示要把此次行动纳入平安建设总体部署，切实履行综治组织职能，加强组织协调，动员社会各方面力量，推动安全大检查大整治的深入开展和相关法律法规、政策措施的贯彻落实。严格落实挂牌整治，限期抓好整改。对领导不重视、工作不力导致相关案事件长期高发、实行挂牌整治仍不能解决问题的地区和单位，依法实行“一票否决权”制。

工业和信息化部将围绕民爆行业安全生产工作，进一步强化安全监管职责，加强安全监管队伍建设，完善民爆生产线视频监控系统，加快推进民爆企业安全生产标准化建设，提升行业安全技术水平。

交通运输部将继续保持“打非治违”的高压态势，加强联合执法，严厉打击非法违法从事危爆品运输的行为。严格执行危爆物品安全运输各项规章制度和操作规程，强化道路运输、水路运输、交通运输建设施工等重点领域和薄弱环节的安全监管，全力构建危爆物品运输安全管理长效机制。

国家安监总局将紧密结合当前危化品安全生产形势和即将到来的烟花爆竹生产经营旺季特点，加强生产经营安全监管，严厉打击非法生产、经营、运输、燃放烟花爆竹行为，严格落实买卖合同和流向信息化管理制度；督促危险化学品企业深入开展专项安全检查，切实强化易制爆危化品和危险作业安全管理。

## 三、主要行动

### 1. 开展长途客运接驳运输试点工作

按照《交通运输部关于开展长途客运接驳运输试点工作的通知》（交运发[2012]784号，2012年12月31日印发）的部署，自2013年1月20日起，交通运输部在北京、上海、江苏、浙江、安徽、福建、山东、河南、广东、广西、四川、重庆、贵州13省（自治区、直辖市）开展长途客运接驳运输试点工作。

长途客运接驳运输，是指通过在客车运行途中选择合适的地点，实施驾驶员停车换人、落地休息或换车换人，由在接驳点上休息等待的驾驶员上车驾驶，继续执行客运任务的运输组织方式。开展长途客运接驳运输，既可以使驾驶员得到良好的休息，防止疲劳驾驶，又可以避免客车夜间停驶产生的诸多问题，有效提高长途客运夜间运行的安全保障水平和服务质量。本次试点工作对于接驳运输试点企业的选择、接驳运输试点线路的限定、接驳运输驾驶员的管理、接驳流程的规范都有明确的规定。

在选择接驳运输试点企业方面，每个试点省份可选择不超过3家骨干客运企业作为本省接驳运输试点企业。接驳运输试点企业应当坚持公司化、集约化、规模化经营方向，对于已经在全国多个省份设立分支机构的集团化、网络化运营企业，优先安排。试点企业应当具有健全的安全生产管理体系和严格的安全生产管理制度，2年内未发生负同等以上责任的重特大道路交通事故，2012年内未发生较大责任事故，企业所属的长途客运车辆全部安装了符合标准的车辆卫星定位装置，并建有完善的动态监控机制和应急预案。企业应选用装有车载视频监控装置的客车参加接驳运输试点，参加试点的卧铺客车应具有安全门或外推式安全车窗。严禁挂靠或融资经营的客车从事接驳运输。

在限定接驳运输试点线路和设置接驳点方面，申请接驳运输试点的客运班线原则上应为主要在高速公路上运行的800公里以上的长途客运线路。试点线路的起讫点限于参与试点的省份，但线路可以途经其他省份。试点期间，客运企业应充分考虑客运班线长度、驾驶时间、食宿条件等因素，按照晚23时至凌晨2时完成接驳来编排运输计划和设置合适的接驳点。接驳点应当设置在高速公路服务区或高速公路出口附近，应有固定场所，满足驾驶员食宿、车辆临时停靠等基本要求。客运企业应加强对接驳点的管理，建立必要的管理制度，对于驾驶员休息比较集中的接驳点应派驻专人监督管理，确保驾驶员得到充分的睡眠和休息。除与经批准的客运站点重合的接驳点外，接驳点不允许增加新的旅客。试点省份道路运输管理机构要对拟参与试点的企业和线路逐个逐条验收，严格审核运营客车状况及接驳点设置情况，防止一哄而起。

在规范接驳运输驾驶员管理方面，接驳点应为每个接驳运输的班次配备至少一名接驳驾驶员，并视同随车驾驶员。接驳驾驶员应符合驾驶接驳车辆的规定资格条件，熟悉接驳车辆状况和沿途道路交通情况。运输企业应保证接驳驾驶员在接车前有充足的休息时间。接驳运输车辆的当班驾驶员和接驳驾驶员应严格遵守国家关于客车驾驶时间和行驶速度的规定，每名驾驶员24小时内驾驶时间不得超过8小时，白天连续驾驶4小时应当停车休息20分钟，夜间（晚10时至凌晨5时）连续驾驶时间不得超过2小时，行车限速为白天的80%。

在规范接驳流程方面，接驳运输车辆须按规定填写，并随车携带《长途客运接驳运输行车单》。车辆到达接驳点后，接驳驾驶员应与当班驾驶员进行交接，由接驳点管理人员在《长途客运接驳运输行车单》上签字确认，其中一份留存接驳点登记备查。

自2013年1月20日试点工作开展以来，在防止驾驶员疲劳驾驶、提高车辆利用效率、避免车辆夜间停驶带来的诸多问题等方面发挥了积极作用，取得了初步成效。但也存在一些问题，主要表现在接驳运输车辆夜间通行难、接驳点选择难、试点企业运营成本增加、接驳点管理不到位等方面，制约了长途客运接驳运输试点工作的深入开展。为进一步做好长途客运接驳运输试点工作，交通运输部于2013年6月17日印发了《关于进一步做好长途客运接驳运输试点工作的通知》（交运发[2013]374号，以下简称《通知》）。

《通知》要求，要进一步落实长途客运车辆夜间通行政策。对于实施接驳运输的车辆，确保其夜间通行顺畅，不得阻碍接驳运输车辆夜间正常运营或予以处罚。对没有开展接驳运输的长途客运车辆，应严格执行凌晨 2～5 时停车休息制度，对擅自在凌晨 2～5 时运行的，道路运输管理机构应加强监管，依法处罚，并将有关情况纳入道路客运企业质量信誉考核档案。要充分利用道路运输重点营运车辆动态监控平台，加强对客车夜间通行情况的监控，并定期进行通报和处理。要严格《长途客运接驳运输车辆》标识管理，严禁未开展或已停止接驳运输的车辆使用该标识。高速公路收费站不得阻拦正常运营的接驳运输车辆驶入高速公路。

《通知》要求，要进一步规范接驳点设置和管理。接驳运输试点企业应充分考虑客运线路长度、驾驶员工作时间、接驳点的服务保障能力等因素设置接驳点。接驳时间尽可能安排在晚 23 时至凌晨 2 时，确有困难的，时间范围可放宽到晚 22 时至凌晨 3 时。同时，支持试点企业按照高速公路不超过 600 公里、普通公路不超过 400 公里的间隔，沿长途客运线路设置接驳点，实行全天定点接驳。接驳运输试点企业应当优先选择在高速公路服务区设置接驳点，无法在高速公路服务区设置的，也可以在高速公路出入口附近设置接驳点。高速公路服务区应积极为接驳运输车辆和驾乘人员提供休息、餐饮等服务，如现有条件难以满足接驳运输需求，应通过建设、改造等措施增强对长途客运接驳运输的服务能力。鼓励客运企业或社会力量建设、经营公用型接驳点，实现接驳点集约化利用，降低企业接驳运输成本。鼓励客运企业将节点运输与接驳运输相结合，经省级道路运输管理机构批准，接驳运输试点企业可以在接驳点组织客源，上、下旅客，进一步提升乘客乘车便捷性。

《通知》还要求，要进一步加强接驳运输监督管理。各试点省份交通运输主管部门和道路运输管理机构应联合有关部门，采取明察暗访等方式，进一步加强对接驳运输试点工作的监督管理力度，保障接驳运输试点工作规范运行。应保持接驳运输试点工作的连续性，禁止试点企业随意取消、停止或增加接驳运输线路、车辆。确需调整的，要及时报省级交通运输主管部门和道路运输管理机构同意并报部备案后，方可执行。要督促试点企业充分利用道路运输重点营运车辆动态监控平台，加强对接驳运输车辆的监控，定期通报相关情况。试点企业应配备专人对接驳运输车辆进行动态实时监控，追踪接驳运输车辆运行轨迹，保障接驳运输过程清晰明了、可追溯。要支持试点企业加强信息技术推广应用，选用视频监控系统、指纹考勤系统等信息化手段，严格实施接驳运输过程管理，坚决防止出现只停车不换驾驶员等违规行为。

**2. 加强报废汽车回收拆解行业监督管理**

2013 年 1 月 30 日，中央电视台“焦点访谈”栏目曝光了西安市两家报废汽车回收拆解企业出售报废汽车及其“五大总成”等违法行为。为进一步加强报废汽车回收拆解行业监督管理，深化专项整治工作，防止和杜绝类似事件再次发生，商务部于 2013 年 2 月 2 日印发了《关于进一步加强报废汽车回收拆解行业监督管理工作的通知》（商办建函[2013]59 号，以下简称《通知》）。

《通知》明确要求，各地商务主管部门要配合商务部、工业和信息化部、公安部、交通运输部、工商总局和质检总局六部门组成的督察组，做好专项整治督查，切实维护报废汽车回收拆解的正常秩序。要重点对报废汽车回收拆解企业出售报废汽车及其“五大总成”、拼装车，倒卖报废汽车回收证明等违法行为加大打击力度，始终保持高压态势。对有倒卖报废汽车、拼装车违法行为的，一律提请工商部门吊销营业执照；对不具备有关要求、不按规定作业的，责令整改，暂停发放《报废汽车回收证明》；对允许其他企业或个人以本企业名义从事报废汽车回收拆解活动的，要予以清理整顿。同时，认真抓好已取缔、已处罚、责令整改企业的复查工作，防止死灰复燃。

《通知》还要求,各地商务主管部门要进一步加强报废汽车回收拆解行业管理,统筹规划,合理布局,完善回收服务网络,推动车辆收购合理定价。研究建立企业进入和退出工作机制,做好相关衔接,避免因本行政区域内企业停业整顿影响车主交车。引导企业加快建立诚实守信、合法经营的自律机制。积极推广联网视频监控系统,督促企业规范回收拆解行为。要设立举报电话和电子邮箱,鼓励社会公众举报倒卖报废汽车、拼装车等违法行为。加大违法行为的曝光力度,对报废汽车回收拆解企业违法行为的查处结果,要及时向社会公布。

**3. 深入开展“平安交通”创建活动**

为贯彻落实党的十八大精神和国务院关于安全生产工作部署,按照《交通运输部关于进一步加强安全生产工作的意见》(交安监发[2013]1 号)的要求,交通运输部决定在 2013 年重点开展“平安交通”创建活动。2013 年 2 月 7 日,《交通运输系统“平安交通”创建活动实施方案》(以下简称《实施方案》)印发。

根据《实施方案》,“平安交通”创建活动的总体目标是安全生产体制机制法制进一步健全,安全生产应急预案进一步完善,安全生产保障能力进一步增强,安全生产文化进一步提升,安全生产队伍素质进一步提高,构建完善的交通运输安全生产长效机制。更加提升保障现代交通运输业全面可持续发展的硬实力,更加适应经济社会发展和人民群众安全便捷出行的新需求,更加满足全面建成小康社会的总要求。“平安交通”创建活动期间,实现事故总起数和死亡人数以及重特大事故的起数和死亡人数下降。

“平安交通”创建活动包括五方面活动内容,其中涉及道路交通的有两方面。

一方面,要大力开展“平安公路”创建活动。以 G108 和 G205 国道改造示范工程为重点,深入开展“养护管理示范公路”创建活动。不断完善安保工程实施内容,进一步加强公路安保工程建设,对于临水临崖、长大下坡、急弯陡坡等事故易发路段严格按照标准设置安全设施。组织对重点路段进行灾害风险评估,合理确定灾害风险处置方案,切实提高抗灾能力。加大危桥监控、改造力度,确保桥梁使用安全。进一步强化多部门协调联动,加大公路治超力度。加强路网保畅和路域综治管理,强化预防预警,提供出行信息服务,让人民群众走平安路、过平安桥。

另一方面,要大力开展“平安车船”创建活动。以“两客一危”车辆和“四客一危”船舶为重点,严把准入关和技术关,强化车船检验检查和维护保养,严格执行车船行驶安全管理规定和安全告知制度,保持良好的车容船貌,规范驾驶人安全文明驾驶行为,严格消防、应急设施装备的配置使用,严禁超员超载超速和疲劳驾驶,做好突发事件应急抢险救援,让人民群众坐平安车、乘平安船。

根据《实施方案》,“平安交通”创建活动从 2013 年起到 2017 年止,分三个阶段进行。2013 年是宣传发动组织实施阶段,在这一年要拟定创建活动实施方案,建立组织领导机构,周密部署、层层动员,广泛开展宣传教育活动,营造良好氛围,在全行业启动并实施“平安交通”创建活动。2014 ~ 2016 年是重点突破全面推进阶段,在此期间要有计划、分步骤、有重点地推进平安公路、平安车船、平安港站、平安渡口、平安工地等创建活动,着力取得活动实效。组织开展相互交流学习、检查和评比、竞赛等活动,发挥典型示范作用,推广好的做法,有效推动创建活动的开展,全面实现创建活动目标任务。2017 年是总结经验、巩固提升阶段,届时要对对

“平安交通”创建活动进行认真梳理，总结经验、查找不足，提出改进和完善安全生产工作的措施，巩固提升创建活动实效，为交通运输科学发展安全发展奠定坚实基础。同时，对“平安交通”创建活动提出具体意见和建议。

**4. 深化“道路客运安全年”活动**

为进一步贯彻落实《国务院关于加强道路交通安全工作的意见》(国发[2012]30号)精神，深入扎实开展“安全生产年”“平安交通”活动，夯实道路客运安全基础，坚决遏制重特大道路交通事故的发生，交通运输部、公安部、国家安全监管总局决定在2013年继续联合开展“道路客运安全年”活动。2013年4月3日，《2013年“道路客运安全年”活动方案》(交运发[2013]230号，以下简称《活动方案》)印发。

根据《活动方案》，2013年“道路客运安全年”活动的目标任务是通过扎实开展“道路客运安全年”活动，客运车辆事故同比减少，客运驾驶员素质整体提升，客运企业安全生产主体责任进一步落实，动态监控制度进一步完善，科技支撑作用明显增强，包车客运管理进一步规范，客运车辆交通违法行为明显减少。

2013年“道路客运安全年”包括九方面的活动内容：

(1)进一步深化驾驶员素质教育工程。一是严格驾驶人培训、考试。二是开展客运驾驶人大培训活动。三是加强针对性交通安全宣传教育。

(2)进一步推进客运企业安全管理标准化建设。一是制定监督检查细则。二是开展企业达标活动。三是研究建立安全评估制度。四是做好道路客运重特大事故预防及应急预案。

(3)进一步加强道路运输车辆动态监管。一是科学调整系统平台监控参数设置。二是完成平台标准符合性审查。三是提高车辆在线率。四是落实企业监控主体责任。

(4)积极推进长途客运接驳运输试点。一是加强接驳运输试点工作的组织实施。二是努力为接驳运输创造良好的环境条件。三是加强接驳运输试点工作的监督管理。

(5)进一步深化“安全带—生命带”活动。一是加大宣传教育活动的力度。二是普及安全带的安装和使用。三是严格执法检查。

(6)强化包车客运管理。一是完善道路包车客运市场准入退出机制。二是规范省际包车客运标志牌管理。三是加强道路包车客运市场监督管理。

(7)进一步规范客运站安全管理。一是严格营运客车安全例检和出站检查。二是进一步落实安全告知制度。三是组织专项检查。

(8)严管客运车辆严重交通违法行为。一是严查客运车辆超速交通违法。二是严肃整治客车超员违法行为。三是严肃整治长途客车疲劳驾驶违法行为。

(9)建立客运车辆较大道路交通事故调查处理和挂牌督办机制。一是对于一次死亡3~9人的客运车辆道路交通事故，各地要严格按照《生产安全事故报告与调查处理条例》(国务院令第493号)等有关规定，成立事故调查组认真开展事故调查工作。二是各省(自治区、直辖市)安全生产委员会要建立客运车辆较大道路交通事故挂牌督办机制，督促各地严格按照事故调查“四不放过”和“科学严谨、依法依规、实事求是、注重实效”的原则开展事故调查工作，严肃事故责任追究。三是要充分吸取事故教训，用事故教训推进道路交通安全工作。

2013年“道路客运安全年”活动紧紧抓住驾驶员、企业、车辆这三个关键环节，与2012年相比，新增了推进长途客运接驳运输试点、建立客运车辆较大道路交通事故调查处理和挂牌督办机制等内容，力求解决道路客运安全工作中的薄弱环节和突出问题，提高道路客运安全生产水平。

**5. 加强旅游交通安全管理**

2013 年 3 月 18 日，云南省国旅一旅游团所乘坐的云南楚雄交通运输公司车辆，在保山至大理途中发生交通事故，造成 15 人死亡、14 人受伤；4 月 3 日，河南省中旅一旅游团所乘大巴在京港澳高速鹤壁段发生追尾事故，造成 5 人死亡、20 人受伤。此外，福建、广西等地也发生了多起旅游交通事故、溺水等突发事故，给广大游客的生命财产安全造成重大损失。为吸取事故教训，有效防范和坚决遏制旅游重特大事故的发生，2013 年 4 月 11 日，国家旅游局印发了《关于进一步加强旅游安全工作的通知》（旅办发[2013]70 号，以下简称《通知》）。

《通知》提出，要严格落实旅游安全责任，加强督促引导，强化应急值守和信息报告制度。要强化企业出资人、法定代表人、实际控制人和主要负责人第一责任人责任，确保安全责任和措施落实到每个环节、每个岗位和每个职工。各级旅游部门要加强旅游安全监督检查，上下联动，在组织企业认真开展安全自查的同时，组织专门检查组，深入一线、靠前督导，及时研究解决发现的新问题。同时要积极引导企业结合自身业务特点，主动研究、提前预防各类新型风险，积极做好相关应急预案并适时开展应急演练，长效提升自身的风险防范能力。各级旅游部门要进一步强化应急值守，坚持 24 小时应急值守和领导干部带班制度，确保信息畅通、应急响应及时。

《通知》强调，要开展旅游安全风险排查和专项整治。各级旅游部门要进一步加强旅游重点时段、重点环节、重点领域的安全监管和指导工作。针对即将来临的旅游高峰以及“五一”假期等重要时间节点，早筹划、早预防、早行动，积极组织开展旅游安全风险评估及隐患排查。针对近期旅游交通事故多发频发趋势，积极开展专项整治行动，督促旅行社强化用车环节的“人、车、路、天”等风险点的管控，加强源头治理，推动联合执法，多层次、多手段全面排除旅游交通安全隐患。要切实执行旅游突发事件信息报送制度，不得迟报、漏报、谎报、瞒报，特别是对发生一次死亡 10 人以上的特重大旅游突发事件，要在 2 小时内报告国家旅游局。

**6. 开展“机动车驾驶培训教练员素质提升工程”**

为进一步贯彻落实《国务院关于加强道路交通安全工作的意见》（国发[2012]30 号），以及全国机动车驾驶培训工作会议精神，加强教练员队伍建设，全面提升教练员的整体素质，交通运输部于 2013 年 5 月 29 日印发了《关于印发“机动车驾驶培训教练员素质提升工程”实施方案的通知》（交运发[2013]330 号），决定在全国开展“机动车驾驶培训教练员素质提升工程”活动。

按照《“机动车驾驶培训教练员素质提升工程”实施方案》（以下简称《方案》）的要求，本次活动的主要任务有：一是要严格教练员资格管理；二是强化教练员监管与责任追究；三是开展教练员全员培训活动；四是开展教练员技能竞赛及考核评比。

为了将“素质提升工程”做细做实，《方案》从教练员素质提升的机制建设、提升办法以及鼓励手段等方面，均提出了详细要求。《方案》明确提出要推进教练员职业化教育，将教练员培养纳入职业教育体系。实践证明，相对于目前的教练员培训方式，经过 2 ~ 3 年职业化教育培养出来的教练员，其综合素质要明显高于前者。因此，下一步，对这类教练员将在驾驶年限上予以适度放宽，以鼓励教练员职业教育的深入推进，使其成为未来培养教练员的主要方向。《方案》还提出要开展教练员职业技能鉴定工作，引导教练员不断提升职业技能和水平。《方案》要求强化教练员日常监管，对发生缩短培训学时、减少培训项目、参与考试舞弊等情况的教练员，要督促驾驶培训机构暂停其培训，情节严重的，依法撤销其从业资格。除了行政手段以外，《方案》特别强调要用市场手段约束教练员行为，广泛发动学员参与教学过程监督，建立以学员满意度为主要指标的评判机制，形成“学员选教练，学员评教练”的良性机制，并建立教练员黑名单制度，定期公布教练员的教学质量排行情况。《方案》还要求加强事故责任追究。对导致一次死亡3人以上的机动车驾驶员，且负同等以上责任的，各地要协助公安、安全监管等部门，依法依规做好培训过程责任倒查。“素质提升工程”中，在职教练员的全员培训将作为最重要的工作予以开展。《方案》要求，各地要以培养教练员安全驾驶理念、职业道德修养、规范教学行为、现代教学技术应用等为主要内容，对所有教练员进行一次提升教育。对参加培训的教练员，要进行统一考试，未通过考试的教练员，要重新进行培训。

根据《方案》要求，在2013年7月1日前，各地要将本地区的工作方案或计划报交通运输部。在2013年9月30日前，交通运输部组织完成教练员培训教材的编写，以及考核员考试和发证工作方案的制订。在2013年年底前，完成对各省、自治区、直辖市师资的培训。

**7. 推广道路交通安全重庆经验**

2013年6月5日，国家安全监管总局、公安部、交通运输部联合印发了《关于印发重庆道路交通安全工作做法的通知》（安监总管二[2013]66号），要求全国各地结合实际学习借鉴，进一步加强道路交通安全工作。

1998～2002年，重庆共发生一次死亡10人以上的重特大交通事故30起，其中仅1998年就发生10起，一度成为全国道路交通事故的“重灾区”。重庆市创新监管机制，完善管理体系，实施道路交通安全发展战略，强化基层基础建设，强力推进道路“生命工程”，道路通行条件得到明显改善，重特大道路交通事故数逐年减少，道路交通安全形势持续稳定好转。在全市机动车和驾驶人年均增长超过30%的情况下，客运车辆事故率持续下降，连续58个月未发生客运车辆重特大事故，农村道路连续8年未发生重特大事故。

国家安全监管总局、公安部、交通运输部通过调研，对重庆道路交通安全工作做法进行了总结，形成了《完善道路交通安全管理体系 实施道路交通安全发展战略》的经验材料，要求各地认真学习把握重庆市道路交通安全工作做法的实质，深入分析本地区道路交通安全工作的特点，找准薄弱环节，研究方案并加以落实。要借鉴重庆市“生命工程”先进经验，对本地区事故易发路段进行全面摸排，对存在的安全隐患开展有针对性的整治，落实整改资金，完善危险路段基础防护设施，并加大农村道路交通安全的投入。

“重庆经验”包括：一是坚持党政主导、部门配合，构建道路交通安全责任体系。抓机制建设，自2002年起，重庆市政府在全市相继建立了由政府分管领导任组长，公安、交通运输、安全监管等29个部门为成员的市、区县二级道路交通安全联席会议领导小组，坚持每季度召开一次领导小组联席会议。重庆市委专门成立了道路交通安全领导小组，建立了党政领导联席会议制度。抓制度建设，相继出台了《关于进一步加强道路交通安全工作的意见》和《关于进一步加强农村道路交通安全工作的通知》。抓协调配合，每年均在全市开展一系列大型道路交通安全整治行动。抓考核体系，对党政负责人不履行安全生产职责的，依法进行责任追究。二是坚持强化“双基”、统筹城乡，构建道路交通安全监管体系。始终把源头监管作为事故预防工作的首要环节，始终把路面监管作为事故预防工作的主要战场，始终把农村道路安全监管作为事故预防的重中之重。三是坚持加大投入，实施“生命工程”，构建道路交通安全防护体系。针对道路特点完善安全防护设施，推进力度大，建设标准高，“生命工程”效果显著。四是坚持防治并举、预防为主，构建道路交通安全科技体系。

**8. 深入开展交通安全大检查**

2013 年 6 月 13 日，公安部召开视频会议，部署在全国深入开展道路交通安全大检查。公安部要求，全国公安机关及交通管理部门要坚决贯彻落实习近平总书记等中央领导同志的重要批示和国务院常务会议、全国安全生产电视电话会议精神，以对党和人民高度负责的精神，深入开展道路交通安全大检查，全面排查整改隐患，依法严厉整治严重交通违法行为，有效预防道路交通事故，全力维护全国道路交通安全形势的持续平稳。

会议要求，要从最易导致重特大事故的问题入手。全面排查客车、校车、货车、危险品运输车、农村面包车等重点车型，营运车辆、危险品运输车和校车等车辆驾驶人，高速公路（包括城市快速路）、农村道路、山区道路等重点道路，客运企业和客运场站、危险品运输企业等方面存在的安全隐患，对排查出的重点隐患实行挂牌督办，做到隐患不整改、不消除，绝不放过。

会议要求，要严格源头监管和路面执法管理。严厉整治严重交通违法行为，对逾期未检审的车辆和驾驶人，一律不得驾驶上路；对不符合安全技术标准、非法拼装、达到国家报废标准的车辆，一律注销牌证；对发现的超速违法，一律及时查纠；对发现疲劳驾驶违法，客运车辆违反凌晨 2 ~5 时停运或者接驳运输规定的，一律停车强制驾驶人落地休息；对发现客车超员特别是农村面包车、运载学生的车辆超员的，一律停车卸客、严肃查处；对于监管制度和责任不落实、发生重特大道路交通事故的，一律彻查责任。

此外，公安部还要求，对危险路段未有效整改前必须竖牌警示，落实防控措施；安全隐患突出的企业必须黄牌警告，限期整改到位；不安全的客货车辆必须坚决停运，不准上路；安全主体责任不落实、事故多发的运输企业必须挂牌整顿，坚决追究责任；构成犯罪的必须依法从严追究刑事责任，涉及跨省区的，由公安部挂牌督办，涉及省内跨地区的，由省级公安机关挂牌督办；发生较大以上事故的，不仅外部要追责，内部也要倒查责任。

**9. 开展机动车安全隐患大检查**

为深入贯彻落实《国务院办公厅关于集中开展安全生产大检查的通知》（国办发明电[2013]16 号）精神，彻查管理漏洞，落实整改责任，健全监管机制，切实提高机动车安全性能，保障道路交通安全，公安部、工业和信息化部、交通运输部、商务部、国家工商总局、国家质检总局决定，自 2013 年 10 月 18 日起至 2014 年 2 月底在全国组织开展机动车安全隐患大检查。

要对机动车生产情况进行检查。各地工业和信息化部门要会同质检等有关部门，深入机动车生产企业、销售企业和销售市场，对已经生产尚未出厂，或者已经出厂但未销售的大中型载客、载货汽车进行全面排查。重点检查新生产、销售的车辆是否符合新修订的国家标准《机动车运行安全技术条件》（GB 7258—2012），主要包括公路、旅游客车是否按规定装备行驶记录仪（或具有行驶记录功能的卫星定位装置）、限速装置、安全带、子午线轮胎、缓速器、前轮盘式制动器等装备；危险货物运输车、货车是否按规定设置车身反光标识、尾部标志板、侧面和后部防护装置,配备缓速器、行驶记录仪(或具有行驶记录功能的卫星定位装置)、限速装置、前轮盘式制动器等装备;货车和挂车是否有超长、超宽、超高,车厢为可伸缩结构等问题;是否存在未经国家机动车产品主管部门许可或者未经强制性产品认证生产机动车等问题。对检查发现机动车生产企业经国家机动车产品主管部门许可生产的机动车型,不执行机动车国家安全技术标准或者不严格进行机动车产品质量检验,致使质量不合格的机动车出厂销售的,由质量技术监督部门按照《中华人民共和国产品质量法》的有关规定予以处罚;对不能保证产品生产一致性的车辆生产企业,由工业和信息化部按照《汽车产业发展政策》等相关制度规定,依法依规采取通报、限期整改、暂停或撤销"免予安全技术检测"备案、暂停或撤销其相关产品《公告》等措施和处罚;对未经强制性认证或不按照认证条件生产机动车的,由质检部门按照《认证认可条例》《强制性产品认证管理规定》等规定从严查处。对擅自生产、销售未经国家机动车产品主管部门许可生产的机动车型的,由相关主管部门按照《中华人民共和国道路交通安全法》等有关规定没收非法生产、销售的机动车成品及配件,可以并处非法产品价值三倍以上五倍以下罚款;没有营业执照的予以查封,有营业执照的通知工商行政管理部门吊销营业执照。

要对机动车改装情况进行检查。各地工业和信息化、交通运输、工商、质检等部门,要按照各自职责,深入机动车改装企业、维修企业、销售市场、交易市场等场所,重点检查有无机动车非法改装活动、非法改装市场等问题。主要包括:是否存在非法改装机动车的市场或厂家,是否有加长、加宽、加高车辆的改装行为;是否有购买汽车底盘后加装车厢的行为,汽车生产厂家是否有出售汽车二类底盘给用户的问题等。对机动车生产企业(含改装企业)从事车辆非法改装、违反规定擅自销售车辆二类底盘的,由省级工业和信息化部门依法进行查处,并上报工业和信息化部,按照《公路安全保护条例》和《公告》管理制度等相关规定,对违规企业予以撤销或暂停产品《公告》。对机动车维修经营者从事车辆非法改装的,由交通运输部门依照《道路运输条例》责令改正,没收违法所得,情节严重的,吊销经营许可。生产、销售拼装的机动车或者擅自改装的机动车的,由相关主管部门按照《中华人民共和国道路交通安全法》等有关规定没收非法改装、拼装、销售的机动车成品及配件,可以并处非法产品价值三倍以上五倍以下罚款;没有营业执照的予以查封,有营业执照的通知工商行政管理部门吊销营业执照。

要对机动车登记和检验情况进行检查。各地公安、质检部门会同有关部门,深入车辆管理所、机动车安全技术检验机构等场所,重点检查机动车检验、登记是否按规定进行。主要包括:车辆管理所是否严格执行《机动车运行安全技术条件》(GB 7258—2012)等规定,有无为不符合国家标准的车辆办理注册登记的问题;机动车安全技术检验机构是否严格按照《机动车安全技术检验项目和方法》(GB 21861—2008)等标准检验车辆,通过检验的货车外廓尺寸、侧后部防护装置、车身反光标识、轮胎磨损状况等主要安全装置是否合格,通过检验的客车座位数、安全带、应急出口、轮胎磨损状况等主要装置是否合格。对车辆管理所不按规定查验车辆、为不符合标准和《公告》车辆办理登记检验的,由公安交通管理部门按照《公安机关人民警察纪律条令》严肃查处,对违规办理车辆登记检验牟利的,一律从严查处,涉嫌违法犯罪的依法追究刑事责任。对机动车安全技术检验机构降低检验标准、减少检验项目,篡改检验数据,伪造检验结果,或者不检验、检验不合格即出具检验合格报告的,由公安交通管理部门按照《中华人民共和国道路交通安全法》等规定处以所收检验费用五倍以上十倍以下罚款,并依法撤销检验资格。对未取得资质开展机动车安全技术检验、超出批准的检验范围开展检验、不能持续保持许可条件的检验机构，由质量技术监督部门按照《机动车安全技术检验机构监督管理办法》等有关规定查处，情节严重的，撤销检验资格，并向社会公布。

要对机动车维修情况进行检查。各地交通运输部门会同有关部门，深入机动车维修企业，重点检查进入汽车维修市场的机动车零配件质量是否符合相关标准规定。主要包括：汽车维修过程中是否存在使用废旧零部件、以次充好、以假冒真等侵犯消费者权益的问题；销售的用于车辆维修的发动机、制动蹄片、钢板弹簧、轮胎、灯具等零部件是否符合相关标准，是否存在假冒伪劣问题；维修企业是否存在承修报废机动车，非法改装机动车，或者利用废旧零部件拼装机动车的问题。对维修经营者使用假冒伪劣配件维修机动车，承修已报废的机动车的，由交通运输部门责令改正，没收违法所得，没收假冒伪劣配件及报废车辆，情节严重的，吊销其经营许可。对其他企业或个人非法生产、销售假冒伪劣汽车配件的，由质检、工商部门依法查处，没收假冒伪劣配件，情节严重的吊销营业执照。

要对机动车报废回收拆解情况进行检查。各地商务主管部门会同有关部门，深入报废汽车回收拆解企业及其回收网点、二手车交易市场等场所，重点检查《机动车强制报废标准规定》执行情况及报废汽车回收拆解工作情况。主要包括：是否存在利用报废汽车“五大总成”及其他零部件拼装汽车的行为，是否存在出售报废汽车整车、“五大总成”、拼装车的行为，是否存在买卖或伪造、变造《报废汽车回收证明》的行为等。对报废汽车回收企业买卖或者伪造、变造《报废汽车回收证明》的，由商务主管部门暂停发放《报废汽车回收证明》，公安部门依法予以处罚，并通知工商行政管理部门，工商行政管理部门对情节严重的，依法吊销营业执照。对利用报废车“五大总成”及其他零部件拼装汽车，或者出售报废汽车整车或“五大总成”、拼装车的，由工商行政管理部门按照《报废汽车回收管理办法》等规定予以查处，没收报废汽车整车、“五大总成”以及其他零配件、拼装车，没收违法所得，吊销营业执照，没有营业执照的予以查封取缔；属于报废回收拆解企业的，商务主管部门停止发放《报废汽车回收证明》。对驾驶拼装的机动车或者已达到报废标准的机动车上道路行驶的，由公安交通管理部门按照《中华人民共和国道路交通安全法》予以收缴，强制报废，并吊销驾驶人的机动车驾驶证。

**10. 改进提升道路运输服务**

2013 年 11 月 21 日，交通运输部召开改进提升道路运输服务工作电视电话会议。交通运输部部长杨传堂在会上作出重要指示，改进提升道路运输服务是全面提升交通运输服务水平的重中之重，今后两年，改进提升道路运输服务工作，重点要在“六个加快、六个提升”上狠下功夫，力争取得突破性进展。

“六个加快、六个提升”分别为：一是加快实施优先发展战略，提升城市公交服务水平；二是加快完善运营网络结构，提升城乡客运服务水平；三是加快推进行业转型升级，提升货运物流服务水平；四是加快智能交通技术应用，提升公共信息服务水平；五是加快建立质量管控体系，提升汽车维修服务水平；六是加快创新管理方式，提升市场监管服务水平。

会议要求，各级交通运输主管部门要在当地党委、政府的统一领导下，加快制定《交通运输部关于改进提升交通运输服务的若干指导意见》的实施方案，将政府支持的重点集中到保基本、补短板、兜底线上来，建立动态跟踪和定期评估制度，研究建立企业激励机制，大力宣传道路运输行业提升服务水平的好经验好做法，努力确保改进提升道路运输服务工作取得实效。

**11. 开展“全国交通安全日”主题活动**

2013 年 12 月 2 日是第二个“全国交通安全日”。为深入贯彻《国务院关于加强道路交通安全工作的意见》(国发[2012]30 号),大力推动“文明交通行动计划”的实施,进一步增强交通参与者的法治意识、安全意识、文明意识,积极营造“政府主导、部门联动、行业尽责、社会协同、全民参与”的浓厚氛围,公安部、中央文明办、教育部、司法部、交通运输部、国家安全监管总局于 2013 年 10 月 30 日联合印发了《关于开展 2013 年“全国交通安全日”主题活动的通知》(公交[2013]407 号,以下简称《通知》),决定以“摒弃交通陋习,安全文明出行”为主题,组织开展 2013 年的“全国交通安全日”主题活动。

《通知》要求,各地公安、文明办、教育行政、司法行政、交通运输、安全监管部门要紧扣“摒弃交通陋习,安全文明出行”主题,结合本地实际,在城市重点开展“倡导三不”(即“不随意变更车道,不乱停车,不闯红灯”)的主题活动;在农村重点开展“拒绝三无”(即拒绝“驾驶无牌车辆,无证驾驶车辆,驾乘摩托车无头盔”)的主题活动;在运输行业重点开展“抵制三超一疲劳”(即抵制“超速、超员、超载和疲劳驾驶”)的主题活动。通过深入开展“五进”交通安全宣传,广泛发放 122 主题宣传资料和宣传品,策划组织大型媒体宣传和公益行动,集中整治突出交通违法行为,大力改进完善交通安全设施,使 122“全国交通安全日”的公众认知度进一步提升,交通安全部门协作机制进一步健全,相关行业社会责任意识进一步增强,交通参与者摒弃陋习、文明出行的自觉性进一步增强,城乡道路交通秩序进一步改善,群众交通出行安全感进一步增强。

《通知》也对各有关部门明确了责任。公安机关要发挥牵头作用,会同相关部门组织开展形式多样的主题宣传和媒体宣传活动,并结合今冬明春事故预防工作,开展“三超一疲劳”等交通违法行为集中整治。文明办要加强统筹协调,做好“全国交通安全日”新闻宣传工作,并制作、刊播一批文明交通公益广告,将其纳入“讲文明、树新风”公益广告宣传总体框架。教育部门要组织中小学校召开主题班会,针对学生多发的在道路上嬉戏、骑非机动车不按道行驶、骑车戴耳机听音乐等行为,开展“知危险、会避险”交通安全知识普及等活动,部署大学社团组织开展交通志愿者服务活动。司法行政部门要广泛发动和组织法制宣传教育工作者、普法讲师团成员、普法志愿者,结合 12 月 4 日“全国法制宣传日”,组织开展遵守交通安全法律法规系列宣传活动。交通运输部门要指导运输企业结合企业安全文化建设及驾驶人素质教育工程,对企业负责人、安全管理人员和驾乘人员集中开展交通安全法规学习和宣誓承诺活动,并对运输企业交通安全主体责任落实,交通安全专职人员配备、企业安全管理制度建设、驾驶人聘用管理等开展集中督查。安全监管部门要结合事故调查工作,集中曝光一批重大道路交通事故案例及相关责任人员处理情况,加强警示教育。

**12. 遏制重特大道路交通事故**

2013 年 1 月 5 日,交通运输部印发了《关于进一步加强安全生产工作的意见》(交安监发[2013]1 号,以下简称《意见》),要求严密防范和坚决遏制重特大事故。

作为 2013 年交通运输部行政一号文件,《意见》明确要求,各级交通运输管理部门和企业要牢固树立以人为本、安全发展的理念,坚持“安全第一、预防为主、综合治理”的方针,以“平安交通”创建活动为载体,以事故预防为重点,以责任落实为保障,以科技创新和教育培训为支撑,以能力建设为基础,严密防范和坚决遏制重特大事故。

《意见》提出,严格安全生产准入条件,严禁非法改装车辆进入市场。严格工程建设项目管理,达不到安全生产条件的企业不得进入交通运输工程建设市场。严格执行从业人员资格证制度,从事客运、危险化学品运输、特种设备操作等重点岗位的人员必须持证上岗。

《意见》要求,严格执行"三不进站、六不出站"安全管理规定;推进"安全带—生命带"工程;积极推行长途客运车辆凌晨2~5时停止运行或实行接驳运输,达不到安全通行条件的三级以下山区公路严禁营运客车夜间通行。

《意见》提出,加快推进《城市公共交通条例》等法律法规的制定或修订。建立健全交通运输安全生产激励与责任追究、重大隐患挂牌督办、安全生产"黑名单"等制度。在交通运输行业普遍开展岗位达标、专业达标和企业达标建设,客运和危险化学品运输企业应在2013年年底前达标,其他交通运输企业在2015年年底前达标。

《意见》还对加强安全生产科技创新和教育培训、完善和严格落实安全生产责任体系、强化安全和应急保障能力、加强安全生产考核和监督等方面作出了明确规定。

2013年2月1~2日,全国接连发生4起重大事故,造成重大人员伤亡。

2013年2月1日9时许,陕西省蒲城县宏盛花炮制造有限公司委托河北省石家庄市凯达运输有限公司一辆号牌为冀A70380的厢式货车装运烟花爆竹,在途经河南省境内连霍高速K741+900m处义昌大桥时发生爆炸,致使约80米长的桥面垮塌,多辆车自桥上坠落,造成10人死亡、11人受伤。

2013年2月1日16时49分,四川省泸州市古蔺县畅通运业有限公司一辆号牌为川E44303的大客车,自古蔺县城驶往庙林村,行至古蔺县境内省道309线K29+300m一上坡转弯路段时,翻至路右侧斜坡下,造成11人死亡、18人受伤。

2013年2月1日21时30分许,河北省衡水运输集团有限公司一辆号牌为冀T23171的大客车,自河北省廊坊市霸州市驶往甘肃省庆阳市宁县,行至宁县境内宁五县乡公路K2+200m处一下坡转弯路段时,撞断护栏后翻至路边斜坡下,车辆起火燃烧,造成18人死亡、32人受伤。

2013年2月2日7时30分许,贵州省黔东南州运发汽车运输有限公司一辆号牌为贵HA2008的中型客车,从黔东南州黎平县驶往从江县,行至从江县四银公路K5+800m处一长下坡转弯路段时,翻至路边斜坡下,造成12人死亡、22人受伤。

这四起事故发生之后,国务院领导同志高度关注,作出重要批示,指出最近一个时期重大交通事故频发,春运高峰已到,加之气候等原因,更增加了道路交通安全风险,有关部门要针对近期事故暴露出的安全隐患和薄弱环节,督促各地区进一步采取措施,排查隐患,严格监管,保障春运安全。2013年2月4日,国家安全监管总局、公安部、交通运输部发出了《关于近期四起重大事故情况的通报》(安监总明电[2013]2号,以下简称《通报》)。

《通报》中提到,国务院安委会已对这四起事故的查处实行挂牌督办,要求有关地方政府在查清事故原因、认定事故性质的基础上,严肃处理相关责任单位和人员,确保按期结案,及时公布查处结果,并跟踪督促事故责任和整改措施的落实。

《通报》指出,事故的发生,充分暴露出部分企业安全责任制不落实、车辆超载超速严重、驾驶人安全意识淡薄,也暴露出部分地区及相关部门道路交通安全监管存在薄弱环节、"打非治违”工作存在漏洞。特别是其中有两起事故涉及农村客运班线,一起事故涉及山区公路,暴露出农村客运安全问题突出,亟待加强。

国家安全监管总局、公安部、交通运输部要求各省(区、市)安全监管、公安、交通运输部门,一要坚决落实春运安全工作各项措施,将安全责任制落实到每个企业、每个班组、每个岗位,对存在春运安全隐患的,要立即整改,因整改不到位引发事故的,要严肃追究有关责任单位和责任人的责任。二要切实加大运输企业安全管理和监督力度,严格客运班线和包车客运源头管理,利用定点检查、动态监控等手段,严查客运班线车辆不按规定路线行驶、营运车辆严重超员超载等违法经营行为。三要切实加大春运期间农村道路交通安全管控力度,迅速提请当地党委、政府增加春运期间农村地区中短途运力,增设临时停靠站点,并依靠县乡政府和农村基层组织等多方力量,加强对农村客运安全的检查评估。要对农村地区临水临崖、急弯陡坡等危险路段开展拉网式隐患排查,因地制宜地采取防范措施,坚决遏制和减少客车翻坠事故的发生。四要切实强化烟花爆竹“打非治违”工作,严厉打击烟花爆竹生产、经营、运输、燃放等各环节非法违法行为。五要切实加强督促检查,狠抓措施落实,加强区域协作,强化部门联动,建立完善信息互通共享机制。

自 2013 年 3 月中旬以来,交通运输事故出现明显反弹,连续发生多起重大事故,交通运输安全生产形势十分严峻。

2013 年 3 月 12 日 19 时 10 分许,由湖北省武汉市前往恩施州鹤峰县的双层卧铺客车(车牌号为鄂 Q69888),行驶至荆州长江大桥南端时,失控冲断大桥护栏并坠入桥下江滩,造成大客车上 14 人死亡,8 人重伤。

2013 年 3 月 18 日 16 时 18 分许,云南省楚雄州汽车运输公司所属大客车(车牌号为云 E10598),由云南省德宏州瑞丽市前往楚雄州南华县,行驶至大保高速 K113 + 200m 处保山市境内时,车辆失控撞断道路防撞护栏并翻下路外山沟,造成大客车上 14 人死亡、15 人受伤(其中 8 人重伤)。

2013 年 3 月 21 日,交通运输部发出了《关于近期几起重大事故情况的通报》(交安委明电[2013]2 号),对此进行通报。交通运输部要求,各部门、各单位要认真组织开展交通运输领域安全生产隐患排查治理,对查出的安全隐患立即整改,不能及时整改的挂牌督办,特别要加强对重点领域、重点企业、重点车船的安全检查和隐患排查。强化客运站场、长大桥隧和大型建设施工项目的建设安全监管,重点加大“两客一危”车辆、农村客运等的安全监管力度。严厉打击客运车辆非法违规行为,严厉打击滚装运输车辆、集装箱非法夹带危险品行为。针对近期恶劣天气,通报要求各部门、各单位加强预报、预警、预防,提前发布道路水路通行情况和预警信息。

## 四、专项整治

### 1. 打击“黑车”专项治理

针对一些地方“黑车”等非法从事出租汽车经营活动行为有所反弹的情况,为切实维护好出租汽车市场秩序,保护出租汽车经营者和人民群众合法权益,交通运输部于 2013 年 1 月 17 日印发了《交通运输部办公厅关于进一步开展打击“黑车”等非法从事出租汽车经营活动的通知》(厅运字[2013]21 号,以下简称《通知》),要求各级交通运输部主管部门继续深入开展打击“黑车”专项治理活动。

《通知》要求严厉打击非法经营的牵头者和组织者，特别是要打击欺行霸市、垄断市场强迫交易、带有黑社会性质的非法运营和扰乱出租汽车市场经营秩序的团伙；严厉查处非法经营的“黑车”、伪造运营证照的小客车、驻点运营的异地出租汽车，以及摩托车、客货两用车和其他车辆等非法从事出租汽车经营的行为；严厉查处在机场、车站、码头、宾馆、医院、商品集贸市场、旅游风景区、城乡接合部等地区非法运营车辆和倒卖客源、扰乱出租汽车市场经营秩序的行为；严厉查处节假日、春运及高峰期和恶劣天气情况下非法从事出租汽车经营的行为。

**2. 货车违法行为专项整治**

为减少货车安全隐患，整治野蛮驾驶行为，遏制货车交通事故多发势头，维护道路正常通行秩序，确保群众出行安全，公安部决定在继续强化客车安全管理的同时，自 2013 年 4 月 1 日 ~ 9 月 30 日在全国开展“大排查、大教育、大整治”货车违法行为专项治理。

2013 年 3 月底，公安部发出《致全国货车驾驶人的一封信》，号召广大货车驾驶人积极参与到此次整治行动中去。信中提到，货车虽然只占机动车保有量的 8%，但导致的交通事故死亡却占到了 28%。2012 年，全国货车交通事故造成 18 621 人死亡，其中货车驾驶人死亡 2 666 人。信中还指出，本次“大排查、大教育、大整治”货车违法行为专项治理行动将集中整治强行超车、强行会车、逆向行驶、闯红灯、超速行驶、超载行驶、疲劳驾驶、抢占道路霸道行驶、驾驶无牌无证、驾驶报废或非法改装拼装车辆十大野蛮危险驾驶行为。

公安部总结了货车十大野蛮行为的典型肇事案例。一是不按规定车道行驶导致的包茂高速陕西延安段“2012.8.26”36 人死亡、3 人受伤的特别重大事故；二是疲劳驾驶导致的沪昆高速湖南省怀新段“2012.1.3”13 人死亡、41 人受伤的重大事故；三是超速导致的宁夏固原市隆德县“2012.9.15”11 人死亡、6 人受伤的重大事故；四是超载导致的宁合高速江苏南京段“2010.10.9”17 人死亡、22 人受伤的重大事故；五是逆向行驶导致的长深高速阜新段“2010.5.23”33人死亡、24 人受伤特别重大事故；六是强行超车导致的湖南永州市宁远县“2013.2.23”8 人死亡的较大事故；七是违法会车导致的安徽阜阳“2009.8.16”11 人死亡、3 人受伤的重大事故；八是闯红灯导致的福建泉州“2012.6.2”3 人死亡较大事故；九是无牌无证导致的云南丽江“2012.4.20”14 人死亡、4 人受伤重大事故；十是非法拼（改）装导致的山东省淄博市“2012.12.31”8 人死亡、4 人受伤较大事故。

我国存在着货运车辆安全性能较差，货运市场不规范，道路货运个体挂靠多、集约化程度低，安全生产责任不落实、安全监管不到位等深层次问题。公安交通管理部门要通过此次“大排查、大教育、大整治”专项治理，在大力整治货车野蛮驾驶行为的同时，积极会同交通运输、安全监管、质监、住建等部门，从源头上排查治理货运车辆和驾驶人存在的安全隐患，强化对货运企业、货运车辆维修行业的安全监管，督促货运企业履行安全生产主体责任，努力提高货运驾驶人的安全文明意识，努力创造安全有序的道路交通安全环境。

为了推进“大排查、大教育、大整治”货车违法行为专项行动，规范货车通行秩序，预防货车交通事故，公安部还部署在 2013 年 4 月中下旬开展两次高速公路货车通行秩序整治和城市道路工程运输车违法整治统一行动。此次行动整治的重点道路是京哈、京沪、京台、京港澳、京昆、京藏、沈海、大广、连霍、沪昆等主要高速公路，整治的重点城市是 36 个大城市及施工较多的地级市。高速公路将重点查处重型货车、挂车、危险化学品运输车不按规定车道行驶、疲劳驾驶、违法停车,城市道路将重点整治渣土车、建材运料车、预拌混凝土车等工程运输车无牌套牌遮挡污损号牌、闯红灯、闯禁行、超速行驶、违法掉头等严重交通违法行为。整治期间,公安交通管理部门集中优势警力,每天组织足够的警力上路执勤,并组织执法小分队,不定期在货车通行的重点道路、重点时段流动巡逻,机动灵活查处货车交通违法行为。

2013 年 11 月 21 日,公安部在太原市召开加强公路交通安全防控体系建设现场会。会上透露,为期 6 个月的"大排查、大教育、大整治"货车违法行为专项行动取得明显成效。

货车违法行为专项整治行动排查整改了一批货车源头隐患,进一步夯实了货车管理的基础。专项行动期间,全国 63.7 万辆逾期未检货车完成了检验,货车检验率达82.1%,比专项行动前提高了 6.2%;20.7 万辆逾期未报废货车办理了报废,逾期未报废数量相比专项行动前下降了 19.8%;货车所有人手机号码准确率达到 85.4%,地址准确率达到 95.3%,分别比专项行动前提高了 9.9% 和 7.3%。通过排查整改,2014 年4 ~9 月,因货车制动不良导致的事故死亡人数同比下降 27.1%。

货车违法行为专项整治行动集中查处了一批货车严重交通违法行为,进一步改善了道路通行秩序。专项行动期间,各地共查处货车交通违法 3 824 万起,同比增加 789.8 万起,上升 26%。其中,36 个大城市查处货车交通违法 961.9 万起,同比增加 55.7 万起,上升 8.7%。通过集中整治,2014 年 4 ~9 月,货车超速、违法占道行驶、违反交通信号灯导致的事故同比分别下降 64.3%、53.4% 和 34.5%,超速、违法占道行驶导致的较大以上事故同比分别下降 76.5%、75%。

货车违法行为专项整治行动有效遏制了货车肇事事故上升的势头,进一步带动了全国道路交通安全形势的好转。专项行动期间,全国货车肇事交通事故起数、死亡人数同比分别下降 18.3% 和 19.8%,其中货车肇事导致一次死亡 3 人以上较大事故同比下降 16.7%。同时,整治货车违法行为专项行动也促进和带动了整体事故预防工作。2014 年 4 ~9 月,全国发生一次死亡 10 人以上重大事故 8 起,同比减少 7 起,并创造了连续 88 天未发生重大事故的记录。

**3. 盗版教材及驾培等相关非法出版物专项整治**

为配合世界知识产权日活动,全国要开展集中销毁侵权盗版及非法出版物的统一行动。2013 年 4 月 23 日,交通运输部办公厅印发了《关于开展 <安全驾驶从这里开始> 盗版教材及驾培等相关非法出版物专项整治活动的通知》(厅公安明电[2013]8 号,以下简称《通知》)。

《通知》要求,各省级交通运输主管部门要会同相关部门对所辖地区销售和使用《安全驾驶从这里开始》等相关教材的情况开展检查和督导工作,各级道路运输管理部门要会同相关部门对辖区内驾校销售《安全驾驶从这里开始》等相关教材进行专项检查,严禁《安全驾驶从这里开始》盗版教材和驾培等相关非法出版物的销售和使用。

**4. 重点营运车辆卫星定位系统监管使用情况专项检查**

2013 年 10 月 25 日,交通运输部、公安部、国家安全监管总局联合发出了《关于开展重点营运车辆卫星定位系统监管使用情况专项检查的通知》(厅运字[2013]285 号)。三部局决定自 2013 年 11 月 11 日起至 12 月 31 日,在全国重点对旅游包车、三类以上班线客车、危险品运输车安装使用具有行驶记录功能的卫星定位装置情况开展专项检查,并同时对旅游包车安全隐患开展全面排查和整治。

本次专项检查的主要内容有:卫星定位装置、监控平台安装及建设情况,企业监控制度的建立和落实情况,卫星定位监控平台应用情况,旅游包车安全隐患排查和安全管理制度落实情况。

本次专项检查要求各地结合实际,联合制定具体工作方案,督促道路运输企业落实车辆动态监控主体责任,加强动态监控系统应用与维护管理,提高应用水平;全面排查、摸清本地区旅游包车及其驾驶人员的底数,逐车建立管理档案,健全安全监管制度;对本地区非营运的大中型客车特别是车辆使用性质为“营转非”的大中型客车保有和使用情况开展联合调查,对存在非法包车运营的,要严肃取缔,并列入监管重点,强化日常安全管控;深入分析研究重点营运车辆卫星定位系统监管和使用、旅游包车运营安全管理中存在的突出问题,提出解决意见和对策,健全完善长效管理制度。

**5. 酒后驾驶和工程运输车交通违法集中整治**

为进一步加大对酒后驾驶和城市工程运输车交通违法的查处力度,有效预防并减少道路交通事故,公安部部署各地公安交管部门自 2013 年 11 月 25 日至 2013 年 12 月 31 日在全国开展酒后驾驶和工程运输车交通违法集中整治行动。

自醉酒驾驶入刑以来,全国因酒后驾驶导致的交通事故起数、伤亡人数呈现下降趋势,酒后驾驶违法犯罪行为得到明显遏制,但因酒后驾驶问题的反复性,酒驾导致的交通事故仍时有发生,整治工作要长期坚持、常抓不懈。此次集中整治行动中,公安部要求各地公安交管部门采取定点检查与流动巡逻相结合的方式,针对本地酒后驾驶高发的时段、路段,组织查处行动,加大对饮酒后驾驶、醉酒驾驶违法犯罪行为的打击力度。同时,加强城郊接合部、农村地区的检查,严查严管酒后驾驶摩托车、三轮汽车、低速载货汽车等行为。

此次整治还首次将城市工程运输车交通违法作为查处的重点,大力整治工程运输车超载、超限、不按规定装载、遮挡污损号牌、闯红灯、超速行驶等违法行为,公安交管部门会同建设、城管部门深入排查使用报废车、拼装车、无牌车、套牌车以及加高货厢栏板等非法改装问题。公安部、住房和城乡建设部联合下发了《关于进一步加强和规范工程运输车交通安全管理工作的通知》,从规范建筑工程运输市场、落实运输企业安全主体责任、严格车辆和驾驶人日常管理、联合开展执法等方面提出了工作要求。

**6. 全国交通运输公路执法专项整改**

针对央视曝光的河南省永城市等地公路“三乱”问题,交通运输部于 2013 年 12 月 10 日召开全国交通运输公路执法专项整改工作电视电话会议,决定即日起在全国集中开展为期 3 个月的公路执法专项整改工作。其中,2013 年 12 月 10 日 ~2014 年 1 月 10 日为全面检查和整治执法行为阶段,对发现的违法违规问题立即整改;2014 年 1 月 11 日 ~3 月 10 日为修改完善政策制度阶段,之后转入常态化。

全国交通运输公路执法专项整改工作主要整改的是群众反映最强烈、最关注、最敏感的十个突出问题。一是有关交通运输管理机构违规上路检查执法。二是无执法资格人员上路执法。三是对非法超限运输车辆只罚款(收费)、不卸载。四是为非法超限运输车辆办理罚款“年票”、“月票”。五是伙同社会闲散人员通过收费带车、放车或以其他约定形式,擅自放行非法超限运输车辆。六是违规收取检测费和车辆保管费。七是利用职权参与或者让亲友参与对非法超限运输车辆实施卸载的经济活动。八是随意提高或降低治超执法标准。九是向治超工作机构及执法人员下达或者变相下达罚款、收费指标。十是使用无检定合格证或超过检定周期的地磅。

交通运输部要求整改后的公路执法工作要切实做到"五个严禁"。一是严禁违规上路执法,二是严禁无执法资格的人员执法,三是严禁趋利执法,四是严禁擅自提高或降低执法标准,五是严禁乱罚款和乱收费。

2013 年 12 月 23 日,交通运输部公路局、道路运输司联合向社会集中公布全国交通运输行业公路执法行风投诉举报电话、通信地址和电子邮箱地址。交通运输部和全国 31 个省(市、区)、新疆生产建设兵团的交通运输部门都公布了相应的投诉举报方式。此后,在接到群众反映有关公路执法的投诉举报后,交通运输部门将及时受理,并会同有关部门认真调查核实,对查实的违法违规行为将依法严肃处理。

## 五、其他行动

### 1. 提升交通安全服务

(1)推广《道路客运安全告知》和《道路客运驾驶员安全告知培训示范片》

为进一步贯彻落实部《关于积极推行道路客运安全告知制度有关事项的通知》(交运发[2011]396 号),充分发挥社会监督作用,落实企业安全责任,保障道路客运安全,交通运输部组织拍摄了《道路客运安全告知视频》(以下简称《安全告知视频》)和《道路客运驾驶员安全告知培训示范片》(以下简称《培训示范片》)。交通运输部把推广使用《安全告知视频》和《培训示范片》作为落实道路客运安全告知制度的一项重要措施。

交通运输部要求各级交通运输主管部门和道路运输管理机构要采取有力措施尽快普及《安全告知视频》和使用《培训示范片》对驾驶员进行培训,确保 2013 年春运前在长途班线客车和旅游客车上落实到位。一是要尽快发放并宣贯《安全告知视频》和《培训示范片》。要将《安全告知视频》和《培训示范片》制作到光盘、U 盘、闪盘等多媒体设备上,免费发放给长途班线客车和旅游客车所属的客运企业,并督促客运站和客运企业严格落实安全告知制度。二是严格落实驾驶员安全告知制度。要督促客运企业以《培训示范片》内容为范本,为各长途班线客车和旅游客车编写具体到每班驾驶员的安全告知材料,并对客运驾驶员进行培训,使驾驶员达到在车上实施标准、规范的安全告知的要求。凡在发车前未实施驾驶员安全告知的,不得发车。三是督促播放《安全告知视频》。要督促客运企业为长途班线客车和旅游客车配备符合要求的音像设备,驾驶员除在发车前实施驾驶员安全告知外,还要在车上向旅客播放《安全告知视频》。少数民族地区的客运企业可安排乘务员采用当地民族语言,国际客运班车还应使用外语,进行驾驶员口头安全告知,以及对《安全告知视频》的文字内容进行宣读。

(2)开展中国高速公路交通广播示范工程建设

中国高速公路交通广播是交通运输部和中央人民广播电台共同主办的广播节目,是全国应急广播体系建设的重要组成部分,日常状态下主要为高速公路出行人群提供路况、气象、新闻、旅游等专题资讯,出现突发事件时,根据应急需要和相关宣传要求,及时播发权威信息,部署应急措施,起到预警疏导、联络沟通和信息通报作用。2012 年 6 月,中国高速公路交通广播在京沪高速北京至天津段试点开播,一年来,相关部门在节目内容策划、服务百姓出行、路况连线播报、合作方式模式等方面进行了有益尝试，社会反响良好。

为了进一步探索和实践，给人民群众提供更高效率、更高水平、更优品质的公路出行信息服务，2013 年 7 月 31 日，交通运输部印发了《关于开展中国高速公路交通广播示范工程建设的通知》（交公路发［2013］449 号，以下简称《通知》），开展中国高速公路交通广播示范工程建设。

根据《通知》要求，在 2014 年 8 月之前，要建设京、津、冀、湘、渝不少于 5 000 公里高速公路及其相邻干线公路的应急服务交通广播覆盖系统；要建设中央人民广播电台、交通运输部路网监测与应急处置中心和北京、天津、河北、湖南、重庆高速公路交通应急服务信息发布管理系统，建立国家级播控平台具有直播功能、省级路网中心具有分控功能和插播功能的信息服务体系；要完善公路交通信息的采编播体系，丰富适合公众出行的节目内容，逐步提升广播节目品牌影响力；要建立公路交通专用广播的相关标准规范体系，为全面推广中国高速公路交通广播奠定基础。

（3）重要干线公路力争 6 小时内预警雾霾

2013 年 3 月 29 日，公路交通气象观测站网建设和信息服务电视电话会议在交通运输部召开。交通运输部副部长冯正霖和中国气象局副局长矫梅燕出席了会议。在会上，交通运输部副部长冯正霖指出，力争在 2015 年年底基本形成覆盖全国重要干线公路的气象监测预报预警系统，实现雾霾、强降雨等恶劣天气 6 小时内预警的“十二五”规划目标。

自 2005 年起，交通运输部和中国气象局签署合作备忘录，建立并逐步完善长期合作与定期会商工作机制，共同开展公路交通气象服务工作。经过几年努力，公路交通气象信息逐渐成为公众出行服务的重要内容和应急管理决策的重要因素。截至 2013 年 3 月，各地气象部门与交通运输部门联合新建了高速公路交通气象观测站 1 086 个，并利用气象部门现有的观测网络，组建了由 1.1 万个气象观测站构成的沿高速公路的交通气象灾害实时观测网，开发建设了高速公路交通气象预警信息服务系统，形成了上下联动、国家和省两级一体化的公路交通气象服务体系。

（4）交通运输部陆续开通 12328 全国交通运输服务监督电话

为深入贯彻落实党的十八大精神，改进提升交通运输服务水平，交通运输部将“开通全国交通运输服务监督电话”列为便民利民的重要抓手和党的群众路线教育实践活动中“建设群众满意交通方面”要办的十件实事之一。2013 年 12 月 26 日，工业和信息化部同意核配“12328”作为全国统一交通运输服务监督电话专用特服号码。

12328 电话作为交通运输行业统一的社会公益性服务监督电话，主要功能包括交通运输行业的服务监督、投诉举报、咨询服务等，业务领域主要覆盖道路运输、公路、水路等行业。12328 电话系统建设坚持地方为主、联网运行，充分发挥地方主体作用，主要在地级以上城市依托各地现有服务监督电话系统建设呼叫中心；坚持资源整合、信息共享，充分利用各地现有电话系统，依托交通运输行业信息化资源，构建全国统一、运行规范的 12328 电话系统；坚持集中受理、各司其职，显著提升处理投诉举报、提供咨询服务等服务能力，实现部、省、市三级联网运行，更好地服务人民群众安全便捷出行。

12328 电话按照分步实施的原则分批开通。2014 年春节前将先期选取部分基础较好的城市开通 12328 电话，2014 年年底前将在全国地级以上城市全面开通。

### 2. 加强交通应急救援保障

（1）武警交通第三总队和应急救援技术研究所正式挂牌

2013 年 3 月 16 日，武警交通第三总队正式挂牌。它是在原武警交通直属工程部的基础上调整升格，其编制由原来的副师级单位升格为正师级单位，下辖七、八、九三个支队。武警交通直属工程部自 2002 年组建以来，共参与修筑各等级公路 4 000 余公里，并圆满完成了南方雨雪冰冻、汶川特大地震、甘肃舟曲山洪泥石流等重大抢险救灾任务，主要任务逐步由施工生产向应急救援转变。

武警交通第三总队的组建，是交通部队体制编制调整改革的重要内容，有利于部队进一步理顺关系、优化结构、提高效能，大大提升部队的快速反应能力、垂直指挥能力、高效处置能力，对完成以首都为重点的华北、东北、江淮等地区的应急救援任务具有重大意义。

武警交通部队应急救援技术研究所也于 2013 年 3 月 16 日挂牌。随着武警交通第三总队和应急救援技术研究所正式挂牌运行，交通部队部署在北京、新疆、西藏、福建、内蒙古等全国 30 多个省（区、市）的应急救援部队结构更科学、指挥更顺畅、处置更高效，并全部形成战斗力，配套应急救援设施建设有序展开。刘占琪司令员告诉记者，这是部队职能任务实现顺利转变迈出的关键一步，也是部队加强应急力量建设的可喜成果。

（2）全国首个交通应急救援训练保障基地建成

2013 年 4 月 12 日，由武警交通部队建设的首个交通应急救援保障基地在北京延庆破土动工。历经近 8 个月的建设之后，该基地于 2013 年 12 月 10 日落成并投入使用。

交通应急救援保障基地的建成彻底改变了武警交通九支队分散化管理模式。以往武警交通部队基层流动性大，武警交通九支队当前主要兵力分散在江西、内蒙古、山西等多个区域，难以实现大规模救援快速集中用兵。交通应急救援保障基地建成后，将集指挥、训练、保障等功能于一体，可加快实现兵力集中训练、重点区域集中布防，促进装备集成化、信息化水平进一步提升，满足首都交通枢纽、战略要地、自然灾害的应急救援需要，确保武警交通部队关键时刻能够当尖兵、打头阵，高效完成应急救援任务。

交通应急救援保障基地占地 330 亩，总建筑面积达 6.78 万平方米，由功能齐全的应急作战指挥中心、训练中心、保障中心等 7 座大楼组成，可同时容纳 1 000 多名官兵。基地的建设严格按照“布局合理、功能完备、勤俭节约”的思路，坚持厉行节约、科学环保。其中，综合训练场建有道路、桥梁、隧道损毁的模拟灾害现场，基本适应信息化条件下共同、专业训练和营区练兵需求。

（3）举行公路交通联合应急演练

2013 年度公路交通联合应急演练于 2013 年 11 月 28 日在陕西秦岭终南山公路隧道举行。演练首次采用视频互动形式，将现场画面传送至交通运输部全国路网调度中心及各省区交通指挥中心，实现联网实时观摩。

隧道作为公路的咽喉路段，一旦发生事故和火灾，救援、维修以及选择可替代公路都极为困难，其后果远较一般路段的同类事故严重。截至 2012 年年底，我国公路隧道已超过 1 万道、800 余万延米，其中大于 3 公里的特长隧道 441 道、198 万延米，双洞均超过 10 公里的特长隧道 6 道。本次演练选择在隧道内举行，并模拟了在特长公路隧道内发生交通事故车辆起火的场景。

演练模拟了秦岭终南山公路隧道内发生4车追尾事故，一辆轻型卡车紧急靠右停车，造成后面行驶的小车连续追尾，引起两车起火燃烧。事故发生后，各相关部门紧急驰援，隧道内，消防轻骑摩托车在最短时间赶到现场，抢救"重伤员"，对起火车辆进行初期灭火；隧道外，交警、消防、武警、医护、救援、路政、清障人员迅速赶到，根据各自职责展开救援工作；隧道外两端，相关路段公安交警、路政、武警交通五支队人员，迅速进行交通管制、车辆分流、路况信息发布等相关工作。本次演练检验了交警、武警交通部队、医护、路政等部门联合进行应急救援和应急处置的能力。

此次演练流程清晰、示范性强，手段先进、方法科学，联勤联动、反应迅速，演练取得了圆满成功，达到了预期目的，对于增强长大公路隧道安全运营管理意识、提高隧道突发事件应急处置能力、示范交流隧道安全运营管理经验具有重要意义。

**3. 关注儿童交通安全**

为深入推进实施"文明交通行动计划"，切实加强中小学生交通安全宣传教育，在全社会营造关注未成年人交通安全的良好氛围，2013年8月28日，公安部交通管理局、教育部基础教育一司联合下发《关于开展全国中小学生交通安全宣传月活动的通知》（公交管[2013]332号），部署9月份在全国开展以"美好梦想，安全起步"为主题的中小学生交通安全宣传月活动。

通知要求，针对不同学龄段未成年人认知特点，设计、使用适合的交通安全课件、教具，通过主题班会、海报创作、召开家长会、印发《致家长的一封信》等方式开展宣传活动。要求利用交通安全宣传教育基地等对新入学的小学生开展宣传教育，熟悉汽车盲区、车辆制动距离、安全过马路等交通安全知识，倡导家长、监护人为小学生购置带有反光材料的书包、衣物。通知强调，各地公安交管部门、教育行政部门要在开学前对所有在用校车和接送学生车辆安全隐患开展集中排查，坚决清查不具备资质的驾驶人和车辆，同时组织校车驾驶人、随车照管人员参加不少于2天的交通安全法律法规、应急救援知识学习并结合本地区案例宣传超员驾驶、超速行驶等严重交通违法的危害，公布"黑校车"、超员运载学生违法行为的举报途径。通知还要求发动社会力量开展"安全小黄帽""让我看见你"等儿童交通安全公益活动，提高未成年人"知危险、会避险"的自我保护技能，利用电视、报刊、广播、微博、微信等途径宣传安全走路、安全乘车、交通避险等知识。

**4. 交通运输部与中国地震局签署会谈纪要**

2013年1月11日，交通运输部与中国地震局签署了会谈纪要。会谈纪要提出，交通运输部和中国地震局在交通工程设施防御地震灾害、信息共享与发布、应急处置联动、建立常态化协调机制等领域展开进一步合作。

一是双方将加强科技创新，强化交通工程设施防御地震灾害的能力。两部局将联合开展交通工程抗震设防技术研究，并在工程健康监测与诊断、减（隔）震和结构强震动观测等方面，互派专家参与研究。中国地震局将为制定交通工程抗震设防相关技术标准和工作制度等提供技术支持。

二是双方将积极开展灾害监测预警合作，建立长期、稳定、可靠的地震灾害信息交换与共享机制，建立震情、路况、应急处置信息共享和发布机制，实现资源共享、信息互通。

三是双方将在应急体系和能力建设、应急预案与法律法规制定、应急救援队伍培训与训练、装备技术与应急联动演练、应急保障与经验交流等方面开展进一步合作。

四是双方将建立常态化协调机制，进一步完善定期会晤与热线联系制度，并联合推进各省（区、市）交通运输、防震减灾发展合作。

**5. 交通运输部与环境保护部签署合作备忘录**

交通运输行业环境保护管理工作是国家环境保护工作的重要组成部分，同时也是交通运输建设和运营的重要组成内容。为深入贯彻党的十八大精神、全面落实国务院《关于加强环境保护重点工作的意见》和《关于加快长江等内河水运发展的意见》等要求，促进交通运输绿色发展、共同推进生态文明建设，交通运输部与环境保护部于 2013 年 12 月签署了《关于促进交通运输绿色发展共同加强环境保护合作备忘录》（以下简称《合作备忘录》）和《关于建立应急联动工作机制的协议》（以下简称《协议》）。

根据《合作备忘录》，交通运输部与环境保护部将本着“相互尊重、相互支持、密切配合、共同发展”的精神，努力探索建立有效的合作机制，逐步在法规标准、规划编制、前期工作、环境保护监督管理、环境监测、科技创新、应急联动等领域实现全面、深入、长期的战略合作，更好地为经济社会可持续发展和生态文明建设服务。

根据《协议》，交通运输部与环境保护部将建立应急联动工作机制，重点加强六个方面的合作。一是预警监控，加强重大海上溢油事件方面合作，积极推进危险化学品车辆联网联控系统与环境应急管理系统的互联互通；二是信息互通，互相通报可能影响交通运输安全的突发环境事件信息和可能影响环境安全的交通运输事故信息；三是应急协同，加强有关应急力量的协调配合；四是应急保障，在处置突发事件中互相支持、互通有无；五是科技创新，联合推动危险化学品、危险废物、放射性物品等的运输安全性与应急处置技术科研工作，开展海上和水上溢油清除技术与环境修复技术研究；六是宣教及培训，联合开展环境保护科普宣传教育工作，进一步加强突发事件应急处置培训及演练合作。

**6. 加强农村公路建设与管理**

2013 年 1 月 24 日，交通运输部召开部务会议，会上研究部署了农村公路等工作。会议指出，过去一段时间，农村公路发展对农村和农业发展产生了长远而深刻的影响，当前支撑农村公路发展的三个有利条件没有变，将促使农村公路继续保持平稳较快发展态势。

会议审议通过《关于农村公路 2012 年工作情况及 2013 年工作计划的报告》。

会议指出，作为农村地区生产生活的基础性、先导性、服务性设施，当前和今后一个时期，农村公路发展面临着有利形势。一是全社会和广大农民群众修建农村公路的积极氛围和环境条件没有变，环境更加优越。二是农村公路在解决三农问题、推动农村经济社会发展中的基础性地位没有变，位置更加稳固。三是中央和地方各级政府对农村公路发展的支持没有变，力度持续加大。

会议认为，农村公路建设任务和工程管理压力依然较重，管理养护压力增大，交通安全形势不容乐观，这些问题将影响农村公路可持续发展，必须高度重视并加以解决。会议要求，今年要继续加大农村公路建设投入，加强农村公路建设管理，强化农村公路管理养护，推进农村客运发展，加强农村公路宣传、技术推广等，不断提高农村公路服务水平和保障能力，为全面建成小康社会做出新贡献。

2013 年 5 月 28 日,全国农村公路现场会在河北保定召开。现场会总结了农村公路建管养运工作取得的成绩和经验,分析当前交通运输发展形势和农村公路工作面临的新任务、新要求,推广河北省农村公路建设“七公开”经验,做好廉政建设工作,研究部署加快推进农村公路发展的措施,提升农村公路发展质量和效益,为全面建成小康社会筑牢交通运输基础。

现场会指出,我国开展大规模农村公路建设已历时十年,所面临的主要矛盾发生了重大转变。站在新的起点上,农村公路发展要加快实现工作方向、工作重心、工作内容、工作机制四个转型,切实推动农村公路科学发展,为全面建成小康社会做出新的更大贡献。

一要把发展的工作方向从以大规模建设为主转到更加注重质量、安全、效益上来。切实提高工程质量的耐久性和可靠度,确保使用寿命;加强安保工程建设实施,强化农村客运安全监管,提升安全保障水平;认真审视农村路网布局,打通“断头路”,加大连通度,发挥路网综合效益。

二要把发展的工作重心从全面推进转到突出重点、集中攻坚上来。东中部地区农村公路改造升级、完善网络、优化结构的任务是工作重点。西部地区和集中连片特困地区建设任务主要集中在自然条件复杂、建设难度大、技术管理能力相对不足的地区,特别是建制村通沥青(水泥)路任务异常艰巨,要以时不我待的紧迫感加快推进。

三要把发展的工作内容从以建为主转到建管养运协调发展上来。顺应农村公路管理养护压力越来越大的形势以及社会和公众运输需求多层次、个性化的趋向,切实从以建为主转到建管养运同步推进、协调发展上来,努力消灭制约农村公路发展的短板,消除影响全面实现小康目标的制约因素。

四要把发展的工作机制从行业内部监管转到内外监督并重上来。各地要学习借鉴河北农村公路建设“七公开”的成功经验,切实改进监督方法,充分发挥农民群众社会监督的主体作用,使公开成为最基本的社会监督手段。

**7. 公共假期交通安全**

(1)“春节”长假

2013 年春节假期自 2 月 9 日开始至 2 月 15 日结束,长假期间实行小型客车免收通行费措施。2013 年 1 月 11 日,交通运输部、国家发改委、公安部、监察部、财政部、国务院纠风办、中国人民银行联合印发了《关于做好 2013 年春节假期免收小型客车通行费有关工作的通知》(交公路发[2013]36 号)。2013 年春节期间全国收费公路免收小型客车通行费的时间统一确定为:自 2013 年 2 月 9 日 00:00 起,至 2013 年 2 月 15 日24:00结束。免费期间,普通公路以车辆通过收费站收费车道的时间为准,高速公路以车辆驶离出口收费车道的时间为准。免费车辆的范围为七座以下(含七座)载客车辆以及允许在普通收费公路行驶的摩托车。

2013 年春节是继 2012 年国庆节之后,国家实施重大节假日免收小型客车通行费的“第二次大考”。本次“考试”在各有关部门的积极努力之下,交出了合格的答卷。

交通运输部在防止道路拥堵方面采取了以下措施:一是收费站免费道口实行不发卡抬杆放行,进一步合理设置和规范专用的免费通道,设置临时的交通标志牌,使免费车和缴费车分道通行,有序通行;二是通过多种形式和多种途径及时发布路况信息,引导社会公众合理选择出行的时间和出行的线路,尽量避开拥堵的路段和时段;三是加强省际协调和部门协同,若遇到拥堵等突发情况，省与省之间和部门之间实行信息互通互享，采取协同措施；四是在交通流量大的重点路段和地区配备必要的救援和清障设备，出现突发事故或故障车辆的时候，做到及时和快速处置、快速恢复交通。

公安部坚持每日部、省两级公安交通管理部门视频调度，加强工作指导和督办。针对2月初发生的4起重大交通事故暴露出农村山区道路安全性差，短途客车、微型面包车超员普遍，失控漏管严重等问题，各地公安交通管理部门迅速采取措施，紧紧依靠县乡两级党委政府，由领导带队，狠抓各项措施的检查落实，走村入户开展宣传教育。加强巡逻管控，严查超速、超员、疲劳驾驶、酒后驾驶等严重交通违法行为。据公安部不完全统计，春节期间共查处各类交通违法行为369万起，其中超速86万起、超员9 700起、疲劳驾驶2.3万起、酒后驾驶6 800起。8 300多个春运交通安全服务站严格落实24小时勤务，严把出站、出城、上高速路、过境“四关”，严格落实重点车辆逢车必查措施，共检查登记七座以上客车348万辆次。

据公安部统计，2月9～15日，全国道路交通事故造成的死亡人数、受伤人数同比分别下降48.6%和55%，一次死亡5人以上事故同比下降57.1%，未发生一次死亡10人以上的重大事故。全国高速公路、国省干道畅通，未发生长时间、大范围交通拥堵。

(2)“清明节”小长假

2013年4月1日，公安部召开视频会议部署清明节交通管理工作。会议分析研判了清明节交通安全形势，即清明节期间，祭扫流、踏青流叠加出行，加上实行小型客车免费通行政策，高速公路以及城市周边、景区周边、墓地周边交通流量会大幅增加。

会议要求，根据城市、农村、山区等不同地区群众出行特点，排出重点路段、节点、关口，有针对性地进行部署安排，大城市要以疏堵保畅为主，城郊接合部要保畅通、保安全并重，农村山区重点是防事故、保安全；各地公安交管部门要在景区、墓地、农村山区道路入口进口处及沿线设立执勤点，加强指挥疏导，加强重点车辆检查，消除超员等安全隐患；加强巡查，及时发现、查处“三超一疲劳”、酒后驾驶、不按规定车道行驶等严重交通违法行为；把警力、装备、车辆摆上路面，提高见警率、管事率。农村和山区要继续坚持依靠乡镇党委政府，发动基层组织、乡村干部，会同农机监理部门，加强县乡公路和山区道路的巡查管控，突出查处、纠正微型面包车超员、非客运车辆载人等严重危害交通安全的行为；各地公安交管部门要提前制订完善应急预案和疏导分流方案；要加强恶劣天气交通影响研判，提前做好交通应急管理准备。

同时，会议还强调，各地公安交管部门要坚持严格公正文明规范执法，坚决杜绝野蛮执法和公路“三乱”。要主动提供路况信息服务，及时发布节日期间主要道路通行信息、景区交通信息和停车场信息，引导群众合理出行、错峰出行。

(3)“五一”小长假

2013年4月26日，公安部召开“五一”假期道路交通管理工作视频会，会议要求各地科学研判节日交通特点，明确防范重点，狠抓工作难点，确保“五一”期间道路交通安全、畅通。

会议要求，要对容易发生拥堵的主干道路和旅游景区道路、容易发生道路交通事故的危险路段，逐一制订工作方案，落实责任单位和责任人。要加强节日期间的指挥调度，各总队、各支队要每天分析、每天调度，指导重点地区有针对性地安排勤务、采取措施。会议还要求，要科学调整勤务安排部署，推行管段承包责任制，做到每个“堵点”“乱点”“黑点”都有具体的责任单位，都有具体的责任民警负责。要因情施策，科学用警，根据节日期间人流、车流的变化，以变应变,加强临检夜查,严厉查处酒驾、醉驾、毒驾等严重影响交通安全的行为。要统筹兼顾,加强重点防控,始终突出客运车辆、货运车辆、农村面包车这三类重点车型,加强源头管控,强化路检路查,严查"三超一疲劳"和野蛮驾驶行为,形成严密的事故防控体系。

受小型客车免费通行政策、天气转暖群众出行旅游增多等多种因素影响,2013 年"五一"期间道路交通流量较往年有较大幅度增长。但是节日期间,全国高速公路、干线国省道基本畅通,未发生长时间、大范围的交通拥堵,未发生重特大道路交通事故。据公安部统计,与 2012 年同期相比,全国发生涉及人员伤亡的道路交通事故起数下降43.2%,死亡人数下降 45.2%。

(4)"端午节"小长假

2013 年 6 月中旬,公安部部署端午小长假期间道路交通管理工作。会议要求,节日期间各地公安交管部门将加强天气、流量、路况等交通安全状况的预判,有针对性地部署勤务,对人、车流量大的重点地段、繁华地区加大管理力度,加强责任段巡逻检查,保障群众的平安出行。同时,将重点加强通行速度管理,通过区间测速、警车动态摄录等措施严查超速行驶交通违法行为。为确保群众出行安全,针对节假日群众乘坐客车车辆出游明显增加的特点,依托省、市际交通安全服务站对长途客车、旅游包车逐车检查登记,坚决查处超员载客、疲劳驾驶、驾驶资格与准驾车型不符等严重交通违法行为。

(5)"中秋节"小长假

2013 年 9 月中旬,公安部召开电视电话会议,对中秋节道路交通安全管理工作进行部署。会议分析了中秋节道路交通情况主要有以下几个特征:一是受季节天气影响的因素增多,如秋季降雨和雾天。二是城市交界处易发生车辆排队。如京港澳高速公路京冀界、广深高速公路入口,京沪高速公路苏沪界等容易出现交通拥堵。三是农村地区交通安全风险较高。北方地区正在秋收,农用车、货车违法载人情况多。公安部要求各地公安交管部门针对中秋节交通出行特点,加强服务管理及交通事故预防工作,为人民群众欢度中秋佳节创造良好交通环境。

(6)"国庆节"长假

2013 年 9 月底,公安部召开视频调度会,分析预判国庆节期间全国交通安全形势,部署公安交管部门全警动员,全力保障节日期间交通畅通安全,有效防范群死群伤交通事故,确保人民群众度过一个平安祥和的假期。

会议要求,各地公安交管部门要加强对本地形势的预判,准确把握车流、人流变化情况,预判可能发生事故的形态、时间、地点、节点,不断完善方案预案,落实"两公布一提示",提前公布节日期间交通流的预判,提前公布道路危险路段和事故多发点段,提示节日期间交通安全事项。要全国联动,充分利用各级各地各种宣传媒介,广泛开展提示引导。节日期间要加强动态的宣传提示,及时告知群众路况、事故及其原因、教训,引导群众合理出行、安全出行。农村要依靠乡镇党委政府,组织乡村干部进村入户宣传提示,力争所有面包车驾驶人都教育提示一遍。会议还要求,各地公安交管部门要抓住客运班车、旅游包车、货车、农村面包车、危化品运输车等重点车辆,严格落实事故多发路段、时段的防控措施,严管道路通行秩序,严把出站、出城、上高速路、过境"四关",严查客运班车、旅游包车超员、疲劳驾驶,货车不按规定车道行驶、疲劳驾驶,农村面包车超员载客,危化品运输车不按规定时间、路线行驶和无证运输违法行为,严防农村山区景区道路翻坠事故,高速公路和国(省)道发生追尾、碰撞事故。

2013 年 10 月 5 日，公安部再次召开视频调度会议，针对国庆长假后期的安保形势和任务进行再动员、再部署。27 万交警和 24 万协管员全员上路，着力强化对高速公路、干线国省道、农村公路、山区公路和景区道路的疏导管控，着力强化对长途客车、旅游包车、农村面包车、危险品运输车辆的安全检查，着力强化对夜间、凌晨等事故多发时段的路面巡查，进一步加大对“三超一疲劳”、酒驾等突出违法行为的查处力度。同时，充分利用媒体、网络及电子显示屏、手机短信等各种渠道，高密度、全覆盖地加强道路安全宣传和引导提示服务。国庆假日后期，道路交通面临返程高峰和强台风、雾霾等恶劣天气双重压力，公安部及时指导各地摸排问题隐患，有针对性地强化各项交通管理措施，全力保障返程高峰安全顺畅。

据公安部统计，2013 年“国庆节”长假期间，全国高速公路和国、省干线公路以及旅游景区道路交通总体正常，涉及人员伤亡的道路交通事故起数、死亡人数同比分别下降 32%、37%。

**8. 春运交通安全**

2013 年春运自 1 月 26 日开始至 3 月 6 日结束，共计 40 天。2013 年 1 月 22 日，国家发展和改革委员会、公安部、人力资源和社会保障部、交通运输部、铁道部、国家安全监管总局、中国民用航空局、全国总工会、总后勤部九部门在北京联合召开 2013 年全国春运电视电话会议，对春运工作作进一步部署。会议要求，要进一步规范和加强包车客运管理，认真组织开展长途客运接驳运输试点，加大“三品”查处力度；要优化运输组织，统筹安排运力，提高车船、航班密度，努力满足旅客出行需要，交通运输部门要积极组织公路包车直达运输；要有针对性地制定和完善各类应急预案，提前准备好应急运力和物资，有效应对恶劣天气影响，努力保障运输畅通；要加强协调配合，建立协作机制，不同运输部门要在运力安排上互为补充，公安、交通部门要相互配合保证道路畅通，相邻地区之间要建立交通管理的联动机制；要创新售票方式，方便旅客购票，提高车、船、航班准点率，并做好延误后的旅客服务工作。

为做好 2013 年春运工作，交通运输部及早安排、周密部署，早在 2012 年 12 月 25 日就印发文件专门对 2013 年春运安全问题进行了专题部署。随后在 2013 年 1 月 6 日印发文件专门就公路水路春运工作总体情况进行系统部署，接着在 2013 年 1 月 11 日还与其他六个部委联合印发了春节假期小型客车免收通行费具体实施办法。这些安排对做好春运工作的组织领导、运力保障、安全监管、服务要求等方面都提出了具体要求。2013 年春运期间，全国道路运输方面投入 84 万辆大中型客车，高峰期投入运力达 86 万辆，平均每天发送班次在 260 多万个班次左右。

交通运输部采取了五项措施来确保春运期间道路客运安全。一是加强包车客运的管理，从源头上把好关；二是抓好长途客运的接驳运输的试点，切实防止驾驶人疲劳驾驶；三是认真落实客运站真正做到“三不进站”、“六不出站”的源头监管的要求；四是督促客运企业认真落实安全告知的制度，要求长途客运车上定时播放安全告知的视频；五是加大隐患排查的力度，真正做到不合格的车辆和企业禁止参加春运工作。

2013 年春运较往年相比，面临着交通流量大幅增加和恶劣天气多发等诸多新情况。据公安部统计，2013 年春运道路旅客发送量达到 31.4 亿人次，同比增长 9%；首次实行小型客车免收通行费政策，全国高速公路出口流量同比增长 84.4%；恶劣天气多发，40 天出现 5 次大范围雨雪、雾霾等恶劣天气。

针对新情况，公安部提前 10 天启动 8 300 余个交通安全服务站，严把出站、出城、过境、上高速路“四关”，对七座以上车辆逢车必查，严查严管“三超一疲劳”、酒后驾驶等严重交通违法行为，并统一公布了举报电话，动员和发挥社会力量、群众力量，监督、举报严重交通违法行为。根据农村地区交通安全基础薄弱的情况，各地及时调整勤务部署，将警力向农村地区、向乡村道路倾斜，加强巡逻管控，增加临时执勤点、流动哨，加强执法检查，及时查处、纠正微型面包车超员、货车违法载人等行为。春运期间，各地共出动警力 802 万人次，增设临时执勤点 1.2 万个，检查客运车辆 2 300 多万辆次，清理营运车辆驾驶人违法记录 97 万人次，排查整治营运车辆交通安全隐患 52 万多处，查处各类违法行为 1 700 多万起。

据公安部统计，2013 年春运期间，全国道路交通事故死亡人数与去年同比下降13.3%，其中一次死亡 3 人以上较大事故同比下降 36.4%。

**9. 特殊天气交通安全应急管理**

(1)加强恶劣天气公路交通应急管理

雨、雪、冰冻、雾霾等恶劣天气严重影响道路通行，极易引发交通事故，危害人民群众生命财产安全。公安部、交通运输部、中国气象局于 2013 年 1 月 22 日联合印发了《关于加强恶劣天气公路交通应急管理工作的通知》(公通字[2013]1 号，以下简称《通知》)。

《通知》要求，公安、交通运输、气象部门要建立恶劣天气信息共享机制，共享公路监控资源，加强预警应急联动。交通运输、气象部门将积极推进公路灾害性天气预报预警系统和公路交通气象观测站网建设，特别是在团雾和雨雪多发路段、易结冰路段及周边区域内科学布设气象监测设备、道路监控设备和预警信息发布装置。

《通知》要求，公安、交通运输、气象部门要建立应急联动机制，做好相应人员、物资、装备的准备。公安、交通运输部门和公路经营管理单位将根据辖区恶劣天气历史数据、交通事故等情况，排查辖区恶劣天气多发、交通事故易发路段的道路安全隐患，制订整改计划，限期进行整改；重要路段和团雾多发路段两端将增设警示提示标志和爆闪警示灯、照明设施，增设电子显示屏。

《通知》要求，气象部门发布恶劣天气预警后，公安、交通运输部门要研判公路通行影响情况，发布恶劣天气交通影响预警，并启动相应级别的应急机制。在出现冰冻、雨、雪恶劣天气后，公安、交通运输部门要通过公路沿线电子显示屏和车载电子显示等设备，显示限速值，并通过间断放行、分车型放行、警车带道、分流绕行等措施，科学组织交通，引导车辆有序通过，尽量不封路。同时，公安、交通运输部门要协调广电、通信等部门建立公路恶劣天气监测预警和应急信息发布机制，及时发布恶劣天气和道路通行信息，引导驾驶人合理选择出行方式、时间和路线。

(2)团雾天气交通应急管理

针对冬季团雾高发的情况，为防范因团雾导致的高速公路多车相撞事故，公安部在 2013 年年初部署各地公安交通管理部门对辖区高速公路团雾多发路段进行排查，积极配合交通运输部门和高速公路经营管理单位增设警示提示标志和设施，并通过媒体公布本地团雾多发路段，广泛开展宣传提示。据公安部统计，全国公安交通管理部门共排查年均发生 3 次以上团雾的高速公路路段 1 468 处，其中年均发生 20 次以上团雾的路段 340 处，年均发生 30 次以上的 140 处，年均发生 40 次以上的 40 处，年均发生 50 次以上的 19 处，年均发生 60 次以上的 12 处。团雾多发路段最多的十条高速公路为沪昆、京港澳、沪渝、杭瑞、沈海、京昆、厦蓉、京台、福银和包茂。从发生的时段看,团雾普遍发生在夜间至清晨,由此导致的多车相撞事故主要集中在6~9时。

(3)汛期公路和桥梁安全工作

2013年7月8日以来,四川等地出现大到暴雨,暴雨引发洪涝灾害造成四川绵阳江油市县道盘江大桥、德阳绵竹市101县道牛鼻子大桥和110县道兴隆绵远河大桥垮塌,造成重大人员财产损失。对此,7月9日晚,国务院副总理马凯做出重要指示,要求交通运输部门进一步强化防范措施,把工作做在事故的前面,确保人民群众生命安全。2013年7月10日中午,交通运输部发出特急明传电报《关于加强汛期公路和桥梁安全工作的通知》(交公路明电[2013]26号),对汛期加强公路和桥梁安全工作进行了专门部署。

交通运输部要求地方各级交通运输主管部门和公路管理机构高度重视汛期公路和桥梁安全工作,提高防范意识,做好各项准备工作。进一步完善各部门、各层级协同工作机制,层层落实防汛保通工作责任。切实提高防范意识,按照"预防为主,防治结合"的原则,提前做好各项防灾准备工作。认真执行汛期值班制度和信息报送制度,确保汛情、灾情传送及时准确。密切关注气象和汛情动态,提前研判灾害天气和次生灾害对公路和桥梁等基础设施可能产生的危害,及时发布公路和桥梁预警信息,尽早采取有效应对措施。切实做好防汛保通工作,按照汛期公路和桥梁安全应急预案要求,落实应急抢险队伍,储备足够的防汛物资和抢险机具,随时做好公路抢险准备,确保灾情发生时,能够拉得出、顶得上、抢得通。

各地交通运输主管部门和公路管理机构要加大汛前和汛期巡查力度,做好公路和桥梁的监测防范工作。在灾害性天气来临之前,对可能受到影响地区的公路和所有桥梁进行全面检查,一旦发现问题或者隐患,立即采取有效处置措施,及时排险除患;一时难以整治的,要采取必要的防范措施,设立醒目的警示标志,防患于未然;对存在重大安全隐患的,要立即封闭交通并安排专人值守,尽快制定处置方案和绕行方案,配合公安交通部门疏导交通。公路养护和路政管理人员在巡查排险过程中,对发现的中小学生下水游泳等行为,要及时予以制止,并采取教育、规劝等措施,保护中小学生假期安全。

各地交通运输主管部门和公路管理机构要夯实管理基础,按照《公路桥梁养护管理工作制度》和《交通运输部关于进一步加强公路桥梁养护管理的若干意见》等规章制度和文件的要求,严格落实桥梁安全"十项制度",切实夯实桥梁养护的基础,做到各方责任清晰,规章制度健全,投入满足需求,分类处置及时,监督检查到位,建立健全桥梁安全运行的长效机制。

发生公路和桥梁损毁、垮塌事故后,各地交通运输主管部门和公路管理机构要立即启动应急预案,向当地政府和上级交通运输主管部门报告,并合理调配应急抢险队伍,全力开展公路和桥梁抢险工作,当地公路管理机构和养护单位要按照"先抢通、后修复"的原则,统筹安排,科学调度,集中力量抢修保通,确保公路畅通。

**10.地震灾区交通安全应急管理**

(1)四川雅安7.0级地震

2013年4月20日8时2分,在汶川特大地震发生五年之后,距汶川仅85公里的四川省雅安市芦山县发生7.0级地震,震源深度13公里。地震发生后,通往震中的国道318线、省道210线等多处路段交通中断,给震后的生命救援造成了极大的困难。

交通运输部迅速贯彻落实习近平总书记、李克强总理、汪洋副总理、马凯副总理等中央领导同志重要指示批示精神，第一时间紧急启动抗震救灾一级应急响应，调动一切力量抢通保通救灾“生命线”。交通运输部在最短的时间内成立了抗震救灾工作领导小组，下设综合协调、抢通保通、技术、信息、宣传报道五个工作小组，并及时成立由桥梁、路面、路基、地质、遥感等专业领域知名专家参加的技术专家组，做好随时赶赴灾区的准备工作。交通运输部还协调武警交通部队第一时间赶赴灾区现场实施救援，协调财政部紧急下拨公路抢通保通资金 2 000 万元。针对灾区部分地区通信中断的情况，根据交通运输部要求，中国交通通信信息中心就近调集 3 辆应急通信指挥车紧急赶赴现场，为灾区抗震救灾提供应急通信保障。部救捞局制订了救援方案，准备好生命探测仪、破拆工具、应急救援车、潜水装备等应急救援设备，120 余名救援人员，4 架专业救助直升机随时待命。交科院联合中科院第一时间制作了震区交通遥感损毁监测快报图。部规划院组织相关人员对灾区公路基本状况进行了梳理，为下一步灾后重建规划编制工作做好准备。

交通运输部采取措施为抢险救灾物资的运输提供便利。4 月 21 日晚，交通运输部紧急印发《关于免收雅安地震供水应急抢险车辆通行费用》的函，北京、河北、辽宁、河南、山西、四川、天津辖区内收费公路经营管理单位对住房和城乡建设部向四川雅安庐山、宝兴县等灾区派遣的城镇供水应急抢险分队的车辆免收通行费，并提供必要的通行便利。交通运输部还协调周边省份，采取发放“通行证”等措施，开辟抢险救灾物资运输“绿色通道”，确保救援物资运输的畅通有序。

四川省芦山“4·20”7.0 级强烈地震发生后，很多地方交通运输部门向交通运输部和四川省交通运输厅表达了派应急救援队伍赴地震灾区抗震救灾的强烈愿望。但是地震灾区地处河谷地带，公路抢通作业面狭窄，交通不畅，大量人员前往灾区将给抗震救灾带来新的困难。4 月 22 日晚，交通运输部印发通知，要求四川省外的各级交通运输主管部门和有关单位，未经批准暂不组织抢险救灾力量前往灾区救援。对于灾区确有需要的，交通运输部将根据四川省交通运输厅提出的需求统一安排。

经过交通部门和武警交通部队的不懈努力，地震灾区的公路抢通工作取得了可喜的进展。震后当天，通往震中芦山县的 3 条救援通道抢通；震后次日，通往地震重灾区宝兴县的南北 2 条救援通道打通，重灾区所有乡镇道路全部抢通；震后第三天，除芦山县太平镇、大川镇外，地震重灾区所有乡镇形成环线通道，每个乡镇均有 2 条以上救援通道；震后第四天，地震重灾区芦山、宝兴两县 96 个村庄，93 个打通对外通道。至此，芦山“4·20”7.0 级强烈地震公路抢通工作首战全胜，交通救援工作全面转入保通阶段。

(2)甘肃定西 6.6 级地震

2013 年 7 月 22 日 7 时 45 分，甘肃省定西市岷县、漳县交界发生 6.6 级地震，震源深度 20 公里。地震造成岷县农村公路损毁严重，090 县道岷县至堡子公路川都村古城电站水库段公路路基整体垮塌 120 米淹入水库，另有 100 余米公路路基出现裂缝塌陷。受 21 日降雨及 22 日地震影响，天水境内 316 国道（天陇路、天巉路、天北路）两处发生山体塌方，半幅通行，446 县道发生多处塌方，牛头河大桥桥面下沉 30 厘米。

地震发生后，交通运输部领导高度重视，要求全力做好震区公路抢通保通与应急处置工作。部路网中心立即启动 24 小时应急机制，并及时与青海、四川、陕西、宁夏等相邻省份交通运输部门保持联系，第一时间了解通往甘肃定西震区的道路通行情况。

甘肃省交通运输厅迅速成立应急指挥部，安排就近施工的甘肃路桥建设集团、武警交通部队，以及陇南、定西、甘南公路总段等8支公路应急抢险队伍530余人，机械设备130余台，赶赴现场实施抗震救灾及保通保运工作。同时，应急通信车“天鹰7211”前往震区，待车辆到达目的地茶埠乡后，向部路网中心会商室传输现场情况视频画面。灾区沿线的路政人员全面上路进行巡查，协助交警部门对通往灾区的道路实施临时交通管制。甘肃省运管部门组织救援车辆集结待命，随时准备赶赴灾区开展救援工作。应甘肃省交通运输厅请求，驻扎在陇南市西和县的武警交通八支队十天项目部60多名官兵，携带10台（套）大型专业救援设备，从西和县向岷县开进。经过连夜抢修，甘肃省定西市岷县重灾区的受灾村路于7月23日6时30分全部抢通。

地震发生后，各地救援队伍、救灾物资源源不断驶入灾区，道路交通保障压力陡增，为了保障通往灾区生命线畅通，甘肃公安机关按照公安部部署，立即启动抗震抢险救灾应急工作机制，对进入灾区的主要道路实行科学的管控措施，分流与抗震救灾无关的车辆进入灾区，重点确保抢险救灾车辆畅通。从灾区周边公安交管部门抽调1 325警力，设置38个执勤点，全面加强兰海高速公路、212国道、306省道等进出灾区主要道路疏导管控，特别是加强对通往永星、永光等震中村道的管理，确保救灾人员及帐篷、药品、食物等救灾物资顺利送抵灾区。目前，通往灾区的主要国省道、乡村道路畅通。同时，当地公安机关在每个村庄的灾民安置点设置了帐篷派出所，在免费为受灾群众办理相关证件，开展救助和便民服务的同时，全力协助保障道路交通畅通。

## 六、地方行动

### 1.加强道路交通安全管理

（1）河北省出台关于进一步加强道路交通安全工作的实施意见

2013年1月15日，河北省政府出台《关于进一步加强道路交通安全工作的实施意见》（冀政［2013］4号，以下简称《意见》），对落实运输企业交通安全主体责任、严格驾驶人培训和管理、强化道路交通安全执法、加大交通安全宣传教育力度、健全道路交通安全保障机制等做出了详细规定。

《意见》要求，各设区市、县（市、区）政府要建立文明交通社会信用体系，将公民交通安全违法记录与个人信用、保险、职业准入等挂钩。推进道路运输企业诚信评价体系建设，将诚信考核结果与客运线路招投标、运力投放、保险费率、银行信贷等挂钩，完善企业安全评估和激励约束制度。

《意见》要求强化道路运输企业安全主体责任。严禁客运车辆、危险品运输车辆挂靠经营，各设区市、县（市、区）政府要立即组织清理整顿本地运输市场，坚决取缔挂靠经营车辆。运输企业录用驾驶人应经企业安全生产管理部门审核，录入动态监控平台，并及时向公安交通管理、交通运输部门备案。定期查询驾驶人交通违法信息，及时进行教育和处理，每季度对驾驶人进行从业行为考核。严格落实长途客运驾驶人停车换人、落地休息制度，确保客运驾驶人24小时内累计驾驶时间不超过8小时，日间连续驾驶时间不超过4小时，夜间连续驾驶时间不超过2小时，每次停车休息时间不少于20分钟。夜间遇有暴雨、浓雾、大雪等恶劣天气严重影响道路通行安全时,客运企业要暂停客运车辆运行。

《意见》要求严格交通事故责任追究。严格执行重大事故挂牌督办制度,健全完善重大道路交通事故"现场联合督导、统筹协调调查、挂牌通报警示、重点约谈检查、跟踪整改落实"的联合督办工作机制。对发生重大道路交通事故或6个月内连续发生3起及以上较大道路交通事故或发生性质严重、造成较大社会影响的道路交通事故的,设区市政府要向省政府做出书面检查,并对设区市、县(市、区)政府和部门负责同志进行约谈。对发生重大及以上或者6个月内发生2起较大及以上责任事故的道路运输企业,依法责令停业整顿;停业整顿后符合安全生产条件的,准予恢复运营,但客运企业3年内不得新增客运班线,旅游企业3年内不得新增旅游车辆。

《意见》要求加强重点车辆运行管理。旅游包车、三类以上班线客车、危险品运输车和校车要严格按规定安装具有行驶记录功能的卫星定位装置,卧铺客车应同时安装车载视频装置,鼓励农村客运车辆安装卫星定位装置。重型载货汽车和半挂牵引车应在出厂前安装卫星定位装置,并接入道路货运车辆公共监管与服务平台,对已出厂或在用的,运输企业和个人要积极安装,交通运输部门负责督导安装使用。加强校车安全管理,抓紧完善管理政策措施,2013年6月底前,省教育厅要会同有关部门制定出台校车管理实施办法。

《意见》还要求加强机动车安全性能监管和电动自行车安全监管。

(2)山西省出台道路交通安全管理"十二五"规划

2013年1月22日,山西省政府安委办出台了《山西省道路交通安全管理"十二五"规划》(以下简称《规划》),制订了全面的推进山西省道路交通安全管理规划实施策略,为山西省"十二五"社会经济发展构建安全、有序、畅通、高效、绿色、环保的和谐交通环境指明了方向。

《规划》制定的主要任务为:一是建立省市县三级城市交通综合协调和交通安全管理机制,形成城市政府牵头、职能部门配合的综合管理机制。二是加大交通基础设施尤其是交通安全基础设施投入,以缓解道路交通供求矛盾,改善道路交通通行条件。三是从交通安全教育、严格执法、科技手段应用等方面入手,加强交通管理,提高交通安全管理的科学化、现代化水平。四是强化全省运输企业交通安全主体责任和安全监管,建立完善安全生产责任制,强化对运输企业的安全监管。五是建立全省范围内公路交通安全隐患排查(交通安全评估)制度,及时发现交通安全隐患,制订交通安全改善方案并实施。六是重点针对全省范围内交通安全隐患多发点段,有针对性地制定交通安全改善对策。七是制定运煤通道规划、通道交通组织与交通安全对策方案。八是提高城市交通系统的安全性。九是加强和鼓励对交通安全管理的研究,提高道路交通安全科学研究和科技应用水平。十是全面提高全省交通参与者的文明交通意识和安全驾驶能力。十一是在全省完善交通事故应急保障与救助体系,提升全省公路和城市道路交通事故应急保障能力,同时推进建立山西各城市道路交通事故社会救助基金。十二是提升山西省客货运车辆运行安全性,提升机动车安全技术性能,优化全省各城市交通工具类型组成结构,制定严格的全省机动车生产准入和销售管理制度,制定完善严格的机动车行驶准入制度与相关措施。

《规划》总体对策包括:一是建立交通安全责任制和交通安全隐患动态排查机制。二是加大资金投入保障力度,完善交通安全设施。三是加强交通通道建设与安全管理。四是健全法规政策与相关制度。五是加强道路交通安全宣传,提高交通参与者安全素质。六是严格培训、考试和管理,提高驾驶人安全素质。七是强化车辆管理,改善车辆的安全性。八是加强对山西全省运输企业的安全监管,提高运输安全水平。九是科学引导、规范、监督道路交通行为,加强执法力度。十是建立完善山西省市县三级交通事故应急保障与救助体系,降低交通事故死亡率。十一是完善智能交通系统,提高交通安全管理水平。十二是全面交通安全评估并制订交通安全行动计划。十三是全面展开交通安全管理相关理论研究,并促进成果转化,提高道路交通安全科学研究和科技应用水平。

(3)福建省出台道路交通安全综合整治“三年行动”2013 年工作意见

2013 年 3 月 20 日,福建省人民政府印发了《福建省道路交通安全综合整治“三年行动”2013 年工作意见》(闽政办[2013]36 号,以下简称《意见》)。《意见》明确了 2013 年的工作目标,提出了制定一批规范性文件、提升道路交通安全监管能力、落实整治措施等工作任务。

《意见》明确了道路安全综合整治“三年行动”在 2013 年的工作目标,即要着力破解制约道路交通安全管理工作的机制性、源头性、基础性难题,建立长效工作机制,加快健全完善道路交通安全管理体制机制。

《意见》提出,要在 2013 年加强政策研究,制定一批规范性文件,解决当前人、车、路的突出矛盾;突出机制建设,促进管理创新,提升道路交通安全监管能力。按照《意见》要求,2013 年福建省在制定规范性文件方面,需要出台加强摩托车安全管理办法,出台全省性的非机动车管理办法,制定外挂货车管理指导意见,出台加强渣土运输企业和车辆日常监管的指导意见,出台拖拉机报废管理办法,出台改进和加强农村交通客运工作措施及办法,出台福建省道路交通安全设施与道路建设主体工程“三同时”(同时设计、同时施工、同时投入使用)制度,制定道路交通安全综合整治效果评价体系,出台道路交通安全宣传教育长效机制的工作意见,制定强化基层乡镇交通安全综合整治工作意见。2013 年,福建省在机制建设方面,需要制定严重交通违法行为和亡人道路交通事故抄告制度、制订严重道路交通违法行为和亡人交通事故发生率与“文明单位”评选及绩效考评挂钩的具体办法和措施、制订机动车驾驶人遵守交规情况与保险费率挂钩的措施和办法、建立农村基层道安工作新机制、细化完善道路交通突发事件应急处置预案和措施、研究提高道路交通违法监控和非现场查处能力、建立健全路面联合执法工作机制。

《意见》要求,要抓住重点难点,落实整治措施,全面推进“三年行动”深入开展。在 2013 年,要全面抓好驾驶人的源头管理,全面抓好重点车辆的监管,全面抓好道路隐患的排查整治,全面抓好路面管控工作,全面强化交通安全常识宣传教育工作,强化各级道安组织机构工作高效运转。对年内发生 1 起较大以上事故负有责任或 3 起(含)以上死亡事故负同等(含)以上责任的,且驾驶人驾龄在 3 年内的,要对其驾驶培训机构给予暂停考试预约。建立客货运驾驶人“黑名单”信息库,实现客货运驾驶人从业信息、交通违法信息及交通事故信息的跨部门共享。全面实施中小学幼儿园校车安全工程,严厉打击违法使用校车标牌及使用违规车辆接送学生行为。加强车辆报废监管,强化回收企业规范管理,提高便民服务,杜绝车辆擅自改型改装和违法交易拆解。建立辖区内废墟场、庙会、民间集会、学生周末返家等重要场所和时段的交通管控措施,有效打击拖拉机、三轮汽车、低速载货汽车非法载客、摩托车不戴头盔等违法行为。

(4)广东省出台关于进一步加强道路交通安全工作的实施意见

2013 年 4 月 18 日,广东省人民政府出台了《关于进一步加强道路交通安全工作的实施意见》(粤府[2013]36 号,以下简称《实施意见》),明确了要强化道路交通安全组织保障、运输企业主体责任、车辆安全监管、道路交通安全设施建设、强化农村道路交通安全综合治理、道路交通秩序整治、交通安全宣传教育七方面的工作。

在强化道路交通安全组织保障工作方面,要落实道路交通安全"一岗双责"责任制,加强道路交通事故预防工作机制建设,建立健全道路交通安全保障机制,严格事故责任追究,完善交通安全工作考核机制。《实施意见》明确要求,较大以上道路交通事故的调查工作原则上由安全监管部门牵头。发生重大以上道路交通事故或 1 年内发生 5 起较大以上道路交通事故的地级以上市,市政府要向省政府做出书面检查。对较大以上事故多发频发的地区,省政府或省安委会将按规定对其负责人进行诫勉约谈。

在强化运输企业主体责任方面,要推动运输企业标准化建设,加强运输企业责任追究。《实施意见》明确要求,对运输企业所属车辆发生重大以上道路交通事故或 6 个月内发生 2 起较大以上道路交通事故,且车辆在事故中负有同等以上责任的,要依法责令该企业停业整顿,同时客运企业 3 年内不得新增客运班线,旅游企业 3 年内不得新增旅游车辆。停业整顿期满后仍不具备安全生产条件的,依法取消其相应资质许可。

在强化车辆安全监管方面,要提高机动车安全性能,加强机动车安全管理,强化电动自行车安全监管,加强重点车辆管理,加强重点车辆驾驶人安全管理。《实施意见》明确要求,要建立客运驾驶人"黑名单"信息库,对发生致人死亡的道路交通事故且应负同等以上责任的,或交通违法扣分满 12 分的,或有酒后驾驶、超员 20% 以上、超速 50%(高速公路超速 20%)以上记录的,或 12 个月内有 3 次以上超速违法记录的客运驾驶人,属省内企业的,由交通运输部门通报运输企业并督促其解除聘用协议;属省外企业的,由安全监管部门通报该企业所在省(区、市)安全监管部门依法处理。

在强化道路交通安全设施建设方面,要完善道路交通安全设施标准和制度,深入开展道路交通安全隐患排查治理。在强化农村道路交通安全综合治理方面,要加强农村道路交通安全基础设施建设,加强农村道路交通安全组织体系建设,大力发展农村公共交通。在强化道路交通秩序整治方面,要严厉整治道路交通违法行为,提升道路交通安全执法效能。在强化交通安全宣传教育方面,要全面实施文明交通素质教育工程。

(5)河南省印发关于进一步明确责任加强道路交通安全工作的通知

2013 年 4 月 24 日,河南省人民政府印发了《关于进一步明确责任加强道路交通安全工作的通知》(豫政办[2013]31 号,以下简称《通知》)。《通知》对交通运输部门、公安部门、教育部门、安全监管部门、工业和信息化部门、商务部门、质监部门、气象部门等相关部门在道路交通安全工作中的责任进行了明确。

在强化道路运输企业安全管理方面,交通运输部门要规范道路运输企业生产经营行为、加强企业安全生产标准化建设、严格长途客运和旅游客运安全管理、加强运输车辆动态监管。

在加强校车安全管理方面,省辖市政府要对本行政区域的校车安全管理工作负总责。教育部门要依法受理校车使用许可申请,并对校车的行驶线路、开行时间和停靠站点的设置等进行审核。公安部门要依法对校车安全技术状况和校车驾驶人资格进行严格审核。交通运输部门要对取得道路运输经营许可的校车服务提供者的运输资质和校车的行驶线路、停靠站点的道路、交通设施和标志标牌等进行审核。

在严格驾驶人培训考试和管理方面,交通运输部门和公安部门要共同加强和改进驾驶人培训考试工作、加强客货运驾驶人安全管理。交通运输部门要严格驾驶人培训机构监管,教育部门要将大客车驾驶人培养纳入职业教育体系,安全监管部门要会同交通运输、公安部门在道路交通事故调查处理过程中,组织开展交通事故驾驶人培训质量、考试发证责任倒查。

在加强车辆安全监管方面,工业和信息化部门要推动机动车生产企业兼并重组,督促机动车生产企业改进车辆安全技术和进一步提高大中型客车和公共汽车的车身结构强度、座椅安装强度、内部装饰材料阻燃性能等,要加强机动车生产管理,积极推动机动车生产企业诚信体系建设。工业和信息化、质监部门要严禁无资质企业生产电动汽车。质监部门要落实缺陷汽车产品召回制度,着力加强对电动自行车生产、销售和使用的监督管理,做好电动自行车生产许可证管理工作。商务部门要严格报废汽车回收企业资格认定和监督管理。交通运输部门要严格执行营运车辆综合性能检测制度。安全监管部门要会同公安、工商、工业和信息化、质监等部门对道路交通事故中涉及车辆非法生产、改装、拼装以及机动车产品严重质量安全问题的,严查责任,依法从重处理。

在提高道路安全保障水平方面,交通运输部门完善道路交通安全设施标准和制度、加强道路交通安全设施建设、深入开展隐患排查治理。气象部门要会同交通运输、公安部门积极推进公路灾害性天气预报和预警系统建设。住房城乡建设部门要加强城市综合交通体系规划、城市公共交通专项规划、城市道路专项规划、城市停车设施专项规划的编制和实施,加强城市道路、桥梁及其附属设施建设和管理。

在加大农村道路交通安全管理力度方面,县级政府对农村公路建设养护管理负主体责任,乡镇政府负农村道路交通安全监督管理责任。

在强化道路交通安全执法方面,交通运输部门和公安部门要严厉整治道路交通违法行为、切实提升道路交通安全执法效能。各级政府要进一步加强道路交通事故应急救援体系建设,依法加快道路交通事故社会救助基金制度建设。

在深入开展道路交通安全宣传教育方面,各级政府、公安部门、司法行政部门、城管及市政等部门要建立交通安全宣传教育长效机制,广电、公安、教育等部门要全面实施文明交通素质教育工程,公安部门要加强道路交通安全文化建设。

在严格道路交通事故责任追究方面,安全监管部门和监察部门要加强重大道路交通事故联合督办、加大事故责任追究力度。

在强化道路交通安全组织保障方面,各级政府要加强道路交通安全组织领导,各有关部门要落实部门管理和监督职责,财政部门要研究建立政府、企业和社会共同承担的道路交通安全投入长效机制,公安部门要根据道路里程、机动车增长等情况,相应加强道路交通安全管理力量建设,完善道路交通警务保障机制。

(6)天津市出台关于加强道路交通安全工作的实施意见

2013年6月4日,天津市人民政府出台了《关于加强道路交通安全工作的意见》(津政发[2013]17号,以下简称《意见》),对强化道路运输企业安全管理、严格驾驶人培训考试和管理、加强车辆安全监管、提高道路安全保障水平等作出了明确规定。

在严格长途客运安全管理方面,《意见》确定,天津市将积极推动长途客运车辆落实凌晨

2~5时停止运行或接驳运输等做法。严格落实客运车辆夜间限速和严禁夜间通行危险路段等要求,恶劣天气时,可以采取临时管理措施,暂停客运车辆运行。在运输车辆动态监管方面,研究制定道路运输车辆动态监督管理办法,落实"两客一危"(长途客运、包车客运、危险化学品运输)车辆和校车按标准安装使用卫星定位装置的要求。

在严格驾驶人培训考试和管理方面,天津市将落实机动车驾驶人培训大纲和考试标准,增加客货车辆驾驶人安全驾驶培训考试内容。将大客车驾驶人培养纳入本市职业教育体系。实行交通事故驾驶人培训质量、考试发证责任倒查制度。定期向社会公开驾驶人培训机构的培训质量、考试合格率以及毕业学员的交通违法率和肇事率等。督促企业每月对驾驶人进行交通违法"清零",对准驾车型或营运资质不符、发生交通死亡事故负同等以上责任、交通违法记满12分、发生严重交通违法行为以及毒瘾未戒除的客运驾驶人,严格处罚并解除聘用合同。

在车辆安全监管方面,推广厢式货车取代栏板式货车,尽快淘汰高安全风险车型。进一步增强大中型客车和公共汽车的车辆行驶稳定性和抗侧倾能力,客运车辆座椅要全部配置安全带。严厉打击天津市制造和销售拼装车行为,严禁拼装车和报废汽车上路行驶。制定电动自行车登记管理办法,加强对电动自行车生产、销售的监督管理,做好电动自行车生产许可证管理和企业监督检查工作。

《意见》提出,要推动交通安全违法记录与个人信用挂钩。天津市还将制订客货车辆和驾驶人严重交通违法行为有奖举报办法,制订智能交通管理系统建设规划以及新建、改建高速公路、城市道路智能交通管理系统设置标准,逐项推进高等级公路信号控制、视频监控等智能交通管理系统的建立。实现智能交通管理系统与高速公路同步建设、同步验收、同步使用。加快建成中心城区道路智能交通管理系统和滨海新区、武清区、宝坻区、蓟县、静海县、宁河县建成区以及各功能区的智能交通管理系统,实现全市范围内的智能交通管理。研究推动将公民交通安全违法记录与个人信用、保险、职业准入等挂钩。

在责任追究方面,对发生重大及以上或6个月内发生2起较大及以上责任事故的道路运输企业,要依法采取停业整顿、不得新增客运班线、不得新增旅游车辆、取消相应许可、吊销道路运输经营许可证、吊销营业执照等措施。《意见》还提出,发生重大道路交通事故的,或者1年内发生3起死亡3人以上(含)道路交通事故的,区县政府要向市政府作出书面检查。

**2. 甘肃省建立重大道路交通事故联合督办制度**

根据甘肃省政府《关于加强道路交通安全工作的实施意见》(甘政发[2012]148号,2012年12月27日印发)的要求,要严格道路交通事故责任追究。在2013年,甘肃省严格执行重大事故挂牌督办制度,健全完善重大道路交通事故"现场联合督导、统筹协调调查、挂牌通报警示、重点约谈检查、跟踪整改落实"的联合督办工作机制。

甘肃省政府要求,要进一步建立完善道路交通安全奖惩制度,对于成效显著的地方、部门和单位予以表扬和奖励;对发生重大道路交通事故的,或者6个月内连续发生2起(含)以上较大道路交通事故的,市州政府要向省政府做出书面检查;对县市区辖区发生一次死亡5人(含)以上较大道路交通事故或在1个月内连续发生2起一次死亡3人(含)以上5人以下较大道路交通事故的,由省道路交通安全委员会办公室、省安全生产委员会办公室联合对事故发生地县市区政府分管领导、职能部门负责人、企业(业主)负责人等进行约谈。

同时要加大事故责任追究力度,建立健全重大道路交通事故处置规范和信息公开制度,完善跨区域责任追究机制。各地政府及其所属部门、单位及其工作人员因不履行道路交通安全工作职责,不依照法律法规和规章制度实施审批、监督检查,或者对重大道路交通安全隐患整改不力,失职、渎职,导致重特大道路交通事故发生的,要依据有关规定严肃追究有关部门和负责人及责任人员的责任;构成犯罪的,依法追究刑事责任。

**3. 江苏省出台《关于实施农村公路提档升级工程的意见》**

2013 年 2 月 25 日,江苏省人民政府出台了《关于实施农村公路提档升级工程的意见》(苏政发[2013]27 号,以下简称《意见》)。《意见》明确,从 2013 年起,全省将用 6 年时间完成新改建农村公路 3.4 万公里,改造四、五类桥梁(危桥)1 万座。预计到 2015 年,全省 50% 的乡镇开通镇村公交,其中苏南地区 100% 的乡镇开通镇村公交。

《意见》明确,对农村公路提档升级以单车道通村公路(乡道)拓宽改造为双车道四级路为主,因地制宜采取路面拓宽、路肩硬化、增设错车道等方式,直接服务于镇村公交的道路 2.9 万公里,与镇村公交配套的桥梁 4 600 座。预计到 2018 年年底,乡村道四级公路双车道比重由 2010 年的 12% 提升至 38%,全省营运镇村公交配套道路全面改造为双车道四级公路及以上技术等级,桥梁安全状况显著提升,基本消灭四、五类桥梁(危桥),交通标志、标线等设施完好率进一步提升。行政村、规划布点村庄之间的联通度将进一步提升,农村物流点、现代农业园、规模化农村旅游点等新型结点的对外出行条件得到有效改善。在改造过程中,路域环境将进一步改善,农村公路沿线的绿化美化水平将得到显著提升,沿线自然风貌在保护的基础上更具田园风光、水乡风韵。

农村公路提档升级工程分两阶段实施:2013 ~ 2015 年,完成 70% 以上的镇村公交配套道路 2 万公里,以及 80% 的镇村公交配套桥梁建设 3 700 座,苏南等有条件的地区率先实现农村公路提档升级目标;2016 ~ 2018 年,完成剩余的镇村公交配套道路以及其他道路 1.4 万公里建设任务,并完成其他 6 300 座桥梁的建设改造。此轮农村公路提档升级将与江苏省发展镇村公交紧密结合,到 2015 年,全省 50% 的乡镇开通镇村公交,其中,苏锡常地区 100% 的乡镇、宁镇扬泰通地区 60% 的乡镇、苏北地区 35% 的乡镇开通镇村公交;到 2020 年,全省实现镇村公交 100% 全覆盖。

江苏省人民政府明确要求各地严格按照省确定的建设技术标准组织建设,切实加强建设质量管理,确保工程质量,同步实施路肩和绿化工程,完善标志、标线等交通安全防护设施,提升农村公路整体水平。江苏省交通运输厅正在抓紧制定农村公路提档升级工程的技术标准和建设管理细则。

此轮农村公路提档升级工程将与农田基本建设、水利改造、村庄环境整治等工作结合,统筹安排,协同实施。农村公路提档升级工程建设资金按照“市县自筹,省级补助”的原则,由省、市、县人民政府共同筹集。省对列入年度建设计划、建设标准和质量符合要求的道路和桥梁项目,予以定额补助。《意见》要求,深入宣传发动,形成全社会关心、支持和参加工程建设的良好氛围;严格督查考核,市县要纳入政府工作目标责任考核体系;不得乱摊派、乱集资、乱收费,不得强行要求农民出工出物出钱和增加农民负担。

# 第六章 科技改善道路交通安全

## 一、科技政策

### 1. 交通运输部率先建立科技成果公开制度

为让全社会最大限度共享交通运输科技成果，促进学术交流和成果转化，交通运输部在全国率先推行科技成果公开，对科技成果公开的范围、方式、内容以及相关监督管理等提出了明确要求。

科技成果公开在我国尚处于探索阶段，由于体制机制障碍和思想观念束缚等原因，“科技成果公开难”成为困扰各级科技管理部门和科研单位的突出问题。科技成果得不到最大化扩散推广，也带来了重复研究、科研经费使用效益不高的现象，造成了科技资源浪费。为破解上述难题，交通运输部率先推行科技成果公开，在公开范围上，要求建设科技、应用基础、信息化、标准计量、推广和企业创新六类交通运输部科技计划项目成果全部公开；在公开方式上，由项目第一承担单位通过部科技信息资源共享平台向社会公布，强化知识产权保护；在公开内容上，对拟公开成果的技术特点、性能指标等作了明确要求，利于成果扩散和避免重复研究。同时，已验收项目也要在限期内全面公开，不留死角。

交通运输部还规定，凡承担部科技项目的单位均有公开相应科技成果的义务，并明确了项目第一承担单位应根据国家保密以及知识产权管理相关规定，对公开内容进行相关审查、作出科技成果公开承诺并承担相应责任。同时，强调科技成果公开不及时或公开内容不满足要求的项目第一承担单位，部科技主管部门将纳入科研信用记录。

### 2. 引导社会优势力量参与交通科研

2013 年 8 月 5 日，交通运输部印发了《交通运输部科技项目招标投标管理（暂行）办法》（以下简称《办法》）。制订《办法》，一方面是为了进一步强化竞争机制，打破“玻璃门”，引导全社会优势科研力量广泛参与行业的科技活动；另一方面是为了规范招标投标活动，保护招标投标当事人的合法权益，保证项目研究质量，提高科研经费的使用效益。

实行招标确定项目承担单位的科技项目，首先应列入交通运输部科技计划，并获得部研发经费支持。这里所说的交通运输部科技计划，是指《关于“十二五”交通运输科技计划有关问题的通知》中明确的七类科技计划，即应用基础研究计划，交通运输建设科技计划，软科学研究计划，信息化技术研究计划，标准、计量及质量研究计划，科技成果推广计划，企业技术创新计划。同时，根据国家有关规定，涉及国家安全、国家机密以及法律法规规定的其他情况，可以不实行招标投标。

《办法》对选取评标委员会成员和评标行为作出了明确规范。首先,评标委员会由招标人和邀请的技术、经济等方面具有高级技术职称的专家组成,总数为 7 人以上的单数,专家不得少于成员总人数的 2/3,其中经济专家占专家人数的比例不少于 1/3。投标人或与投标人有利益关系的人员不得进入评标委员会,评标委员会成员名单在中标结果确定前必须保密。其次,对评标专家资格条件提出了明确要求,专家应当熟悉政府采购、招标投标的相关政策法规,有良好的职业道德,遵守招标纪律,从事相关领域工作满 8 年并具有高级职称或者具有同等专业水平。

**3. 加快推进科技创新 支撑“四个交通”建设**

2013 年 10 月 12 日,交通运输部召开全国交通运输科技创新电视电话会议。会议充分肯定了近年来特别是党的十六大以来交通运输科技创新取得的重大进展和突出成绩。会议要求,要深入贯彻落实党的十八大精神,实施交通运输创新驱动发展战略,深化行业科技体制改革,加快推进科技创新,不断提升交通运输信息化智能化水平,为加快综合交通、智慧交通、绿色交通和平安交通建设提供坚实支撑。

杨传堂部长出席会议并强调,当前交通运输正处于转型升级、加快发展的新阶段,推进科技创新的任务很重、头绪很多。全行业要深入贯彻落实中央的决策部署,紧密结合“四个交通”建设的任务要求,把科技创新摆在更加突出的位置,进一步明确思路、聚焦重点、实化抓手、狠抓落实,不断增强科技创新的支撑引领作用,加快形成开放协调、充满活力的交通运输科技创新发展体制机制。

一要坚持“三个面向”,准确把握交通运输行业科技创新的主攻方向。坚持面向需求,促进产学研相结合,开展重大科技研发和创新,争取在一系列关键技术上取得重大突破。坚持面向世界,瞄准世界交通运输新发展,及时引进并消化吸收先进适用的科技成果,推广我国的成熟技术和标准规范。坚持面向未来,紧紧抓住和用好新一轮科技革命和产业变革机遇,寻求突破、形成优势,加快研究提出交通运输科技发展战略规划。

二要强化“四个引领”,准确把握行业科技创新的实施路径。以重大科技突破引领交通运输行业转型发展,大力发展综合交通、智慧交通、绿色交通、平安交通。以信息化智能化引领交通运输现代化发展,促进现代信息技术在行业监管、运行管理和运输服务领域的深度应用。以标准化引领交通运输行业服务升级,完善标准与科技创新紧密结合的机制和政策。以创新人才引领交通运输能力建设,注重创新型领军人才培养,强化创新型优秀团队建设,进一步加强职业教育与技术培训。

三要坚持深化改革,不断增强行业科技创新的内在动力。充分发挥政府部门的引导和协调作用,着力强化企业技术创新主体地位,不断增强科研院所与高等院校的创新服务能力和核心竞争力,持续提升科技创新的开放性和协同性,加快建立以企业为主体、市场为导向、产学研相结合的技术创新体系,引导和支持创新要素向企业集聚,促进科技成果向现实生产力转化。

四要继续优化环境,积极营造行业科技创新的良好氛围。加大对基础前沿研究和社会公益类科研机构的稳定支持力度,探索建立优秀科技人才和团队持续承担政府科技计划项目的机制。推进科技资源的市场化配置,支持部属科研机构和企业完善竞争与合作机制。进一步完善科技成果评价办法,突出成果的创新性、成熟性、实用性及对行业发展的实际贡献,加大对创新成果的奖励力度。

会议要求，各部门、各单位要围绕大局、着眼长远、科学谋划、扎实推进，切实做好科技创新发展各项工作。要认真落实“一把手抓第一生产力”的责任制，增强创新动力；积极促进形成条块之间、部门之间的协调合作机制，凝聚创新合力；逐步建立以政府投入为引导、企业投入为主体、社会投入为支撑的科技创新投入体系，强化创新推力；大力宣传创新成果和创新人才，广泛宣传先进典型的创新精神和创新历程，激发创新活力。

## 二、相关会议

### 1. 运输安全

(1)国际运输论坛2013年峰会

当地时间2013年5月22～24日，国际运输论坛2013年峰会在德国莱比锡举行。本次峰会的主题为“为运输投融资”，交通运输部副部长翁孟勇率中国代表团出席。

论坛成员国部长会议上，翁孟勇在发言中对论坛过去一年的各项工作进展表示满意。他呼吁各成员国以更加开放的态度和创新的思路参与论坛改革，并表示中方愿意为支持论坛的健康发展做出更多贡献。在主题为“面向长远：为交通基础设施投融资”的专题会议上，翁孟勇作为主要发言人，阐述了中国未来交通运输业投融资政策走向，提出了采取有效措施鼓励和吸引民间资本参与交通基础设施建设，通过技术创新和突破提高交通基础设施的运行效率，建立相对稳定的政府投资渠道等观点。

来自76个国家的交通运输主管部门、学术研究机构和相关企业代表参加了峰会。中国代表与各国代表进行了深入交流，分享了交通发展的有益经验。

(2)第四届中国智能运输大会

2013年5月26日，第四届中国智能运输大会暨第二届国际智能交通与卫星导航位置服务展览会在深圳开幕。本次大会的主题是“智能交通助力智慧城市、位置服务引领社会需求”，百余名来自国内外的智能交通运输领域的专家、学者开坛论道，为智能交通的发展献计献策。

交通运输部科技司司长赵冲久在大会上发言表示，发展智能交通产业，首先要坚持统筹规划，明确产业化方向，建立部省之间、部门之间、区域之间的统筹协调机制，形成优势互补、分工合作、资源共享、协同推进的格局。此外，需进一步明晰政府职能定位，在信息化规划、标准建设、安全管理、应急处置、行政审批、业务办理以及信息公开等方面，政府应发挥监管及主导作用。

(3)军车使用ETC(电子不停车收费)技术电视电话会议

2013年6月21日，军车使用ETC技术电视电话会议召开。会议决定，自2013年7月1日起，天津、河北、山东、山西、江苏、江西、上海、安徽、浙江、福建驻军车辆将全面开展军车使用ETC技术试运行，2013年年底前实现全国联网运行。

交通运输部副部长冯正霖在会上介绍了军车使用ETC技术的益处。军车使用ETC技术，可极大提高现有ETC车道使用率，收费站将不再需要设置供军车免费通行的专用通道，减少对人工收费车道的资源占用，更大限度满足社会公众出行需要。一些社会车辆之所以假冒军车，就是为了省去高速公路通行费，而使用ETC技术可以有效防范假冒军车。冯正霖还在会上强调,各地交通运输主管部门要会同对口军区单位建立军车使用ETC工作协调机制,做好省与省之间的沟通联络和协调推进;要落实好试运行前准备工作,试运行期间发现问题及时上报,及时把握进展情况;要加大ETC建设力度,争取年内实现军车使用ETC全国联网通行;要投入精干力量,在加快相关标准规范制定的同时做好技术服务和支持工作,做好技术支撑保障;要抓紧制度建设,建立长效运行机制。

总后勤部军事交通运输部副部长姜锐刚在会上介绍了军车使用ETC技术的实施步骤。军车使用ETC技术要结合"2012式"军车号牌,更换分三个步骤实施。第一步是自2013年5月1日起,北京地区部队开通试用ETC技术,目前运行效果良好;第二步是自2013年7月1日起,天津等十省(市)开通试用ETC技术;第三步是2013年年底前,全国各省(市)驻军全面开通试用ETC。

**2. 城市交通**

(1)城市公共交通发展研讨会

2013年5月21~22日,由交通运输部综合规划司和世界银行共同举办的城市公共交通发展研讨会在北京举行。专家们分析了中国城市交通的发展背景、现状和问题,并就发展战略、公交都市、低碳出行、财政补贴、站场建设等行业热点议题展开研讨。与会专家建议,将城市公交优先提升为国家城市发展战略,推动城市公交优先发展的立法,从城市全盘规划的高度来保障公交优先的落实。世界银行交通专家关注公共交通的具体运营模式,建议在公共交通领域引入多种经营主体和竞争机制,在缓解政府财政压力的同时提高公交运营效率和服务品质。

(2)第十届中国国际城市智能交通论坛

2013年5月27日,第十届中国国际城市智能交通论坛在深圳举行。本届论坛由深圳市交通运输委员会主办,中国智能交通杂志社、深圳市智能交通行业协会承办,主题为"大数据环境下城市交通运行与管理"。

本次论坛深入探讨了大数据云服务时代,智能交通信息流的采集、挖掘及处理应用的前沿技术趋势,广泛展望综合交通信息的个性化应用的平台架构基础及方式方法。以开放的理念展望智能交通发展未来,交流最新技术成果,以期推动行业技术创新,促进城市智能交通体系科学、节约、低碳、快速发展。

(3)第三十届中心城市交通改革与发展研讨会

2013年11月6日,第三十届中心城市交通改革与发展研讨会在南京召开。本届研讨会的主题是"深化交通运输改革,提升服务保障能力"。会议代表互动交流,研判当前城市交通运输领域的热点、难点问题,提出中心城市应该勇于创新体制机制,快速推进城市综合交通运输体系建设,为全国交通运输发展提供宝贵经验。

中心城市交通改革与发展研讨会是在交通运输部指导下,由南京、成都、深圳、沈阳等城市交通运输主管部门发起,全国36个中心城市广泛参与的高端研讨会,在30年的发展中,已经成为全国中心城市交通运输领域最具品牌的研讨交流平台。第三十一届中心城市交通改革与发展研讨会将于2014年在海口召开。

(4)2013年中欧城镇化伙伴关系论坛城市交通分论坛

2013年11月21日,由中国国家发展改革委、交通运输部和欧盟交通总司共同主办的

2013年中欧城镇化伙伴关系论坛城市交通分论坛在北京举行。欧盟委员会副主席西姆·卡拉斯、中国交通运输部副部长翁孟勇出席论坛。来自欧盟各国和我国各地的200余名城市管理者、交通领域专家学者围绕"绿色交通、畅通城市"这一主题,就城市交通规划、城市交通安全、城市拥堵管理、城市交通收费以及公共交通运营与管理领域的新趋势、新战略进行了深入交流。

翁孟勇在发言中指出,学习借鉴欧洲先进的城市交通发展与管理经验,将为我国政府在新型城镇化进程中科学指导城市交通发展提供有益帮助。一是制订绿色交通规划,开展公共交通导向型和混合型开发,注重各种交通方式衔接,引导城市绿色出行;二是创新多模式公共交通系统,提供高品质公交服务,发展大容量公交,提升公共交通在城市机动化出行中的分担率;三是改善慢行交通环境,建设慢行交通设施,出台相关法规,开展宣传教育,鼓励慢行交通发展;四是综合运用拥堵收费等经济手段,加强交通需求管理,减少私人小汽车出行;五是建设城市交通智能化管理体系,提升城市交通智能化、信息化水平。

**3. 汽车安全**

(1)2013中国汽车产业发展(泰达)国际论坛

2013年9月6~8日,2013中国汽车产业发展(泰达)国际论坛(第九届)在天津滨海新区举办。本届论坛以"责任与未来"为年度主题,展开全方位交流和研讨,共谋汽车产业未来发展。

本届论坛的议题内容聚焦行业热点,围绕"责任与未来"的年度主题,分别展开汽车产业的责任与未来、政策导向与产业发展、企业社会责任、城市限购与交通拥堵、"引进来"与"走出去"、整—零协同发展、空气污染与行业机遇、技术升级与节能减排、循环经济与绿色制造、新能源汽车之路、汽车安全等领域的战略性、前瞻性研讨。

(2)第二届中德电动汽车技术标准法规交流会

2013年10月11~12日,工业和信息化部与德国交通部在福建组织召开了第二届中德电动汽车技术标准法规交流会。中方一汽、上汽、北汽、华晨、汽研中心和18所,以及德方戴姆勒、宝马、大众、德国国际合作机构的企业及研究机构30多名代表参加了会议。

会议从安全、环保、充电设施等多角度探讨了中德双方行业标准、技术法规及电动汽车的监管要求,进一步明确电动汽车技术和产业化发展所需满足的技术规范和相应要求。与会的企业专家就电动汽车安全法规及所涉及的整车防水、电池针刺和挤压、电池热箱试验等具体技术问题进行了认真讨论。会议还交流了双方在电动汽车产业发展中的体会和经验,并表示下一步将在电动汽车技术标准法规领域进行更加具体和深入的合作。

(3)电动汽车安全工作组和电动汽车与环境工作组国际会议

2013年10月14~16日和17~18日,工业和信息化部在北京分别主办电动汽车安全(EVS)工作组会议和电动汽车与环境(EVE)工作组国际会议。来自欧盟、日本、美国、加拿大、韩国等政府部门,以及世界主要汽车及零部件生产企业的近100名代表参加了会议。中方汽车业界代表在会议上作了电动汽车安全标准、测试规范、电池性能测试、充电设施建设、无线充电技术等多个方面的报告。

电动汽车安全(EVS)工作组主要讨论了中美欧日四方正在牵头起草的电动汽车安全全球技术法规草案,并针对各方关注的整车防水、荷电状态、电池防火、电池针刺和挤压、内部短路等具体技术问题进行了深入讨论。会议决定成立由中国、欧盟、日本、韩国、OICA 等牵头或参与的技术研究小组，共同针对各方关切的技术问题进行深入研究，支撑电动汽车安全全球技术法规的制定。会议同时对电动汽车安全法规的下一步工作计划进行了讨论。

电动汽车与环境（EVE）工作组主要讨论了正在起草的电动汽车与环境相关技术标准和法规参考指南草稿，比较分析了各方在电动汽车续航里程和能耗效率、电池性能和耐久性、电池循环利用和回收、充电技术和设施等标准和法规方面的差异，以及在市场导入、政策措施等方面的信息，讨论了未来在电动汽车续航里程和能耗效率、电量消耗量换算、电池性能、电池回收利用等领域制定全球技术法规的可能性。

在中国成功召开电动汽车安全工作组和电动汽车与环境工作组国际会议，进一步深化了中国在国际电动汽车标准法规领域的交流与合作，提高了中国企业参与电动汽车标准及全球法规制定的积极性，对明确电动汽车法规要求、推进电动汽车产业化健康发展具有重要意义。

（4）"绿色轮胎在道路运输中的应用"技术交流会

2013 年 10 月 15 日，由交通运输部道路运输司和德国国际合作机构（GIZ）联合主办的"绿色轮胎在道路运输中的应用"技术交流会在深圳举行。会议主题为"创新驱动，迎接道路运输行业轮胎运用的绿色挑战"。

9 名国内外专家学者围绕绿色轮胎制造及创新技术、道路运输车辆的节油轮胎、我国翻新轮胎现状与期望、运输企业轮胎科学管理等话题进行交流讨论。代表们一致认为，通过对轮胎选、用、养、修等关键环节进行科学管理，可避免轮胎的非正常损坏，同时在确保行车安全的前提下，能延长轮胎使用里程，下一步要成为行业绿色、可持续发展重要举措。国家橡胶轮胎质量监督检验中心主任马良清在会上介绍，绿色轮胎的主要特点是安全高效、节能环保，原材料、生产过程和产成品都要实现绿色化，翻新利用率较高，而传统轮胎中含有致癌的配合剂，随胎面磨损扩散到空气中污染环境，被称为"黑色污染"。

（5）第二届国际汽车安全高峰论坛

2013 年 12 月 16 日，由《汽车商报》主办的"谁将引领汽车安全 3.0 时代——第二届国际汽车安全高峰论坛"在北京举办。论坛围绕汽车与智能化、汽车安全新时代等话题，邀请相关专家、学者进行了探讨。

论坛上，吉利控股集团董事长、沃尔沃汽车董事长李书福、搜狗 CEO 王小川、易到用车 CEO 周航，以及麦肯锡全球资深董事、合伙人高旭等嘉宾就未来汽车智能化及主导力量等问题，面对面展开一场高端跨界"论战"。据介绍，汽车智能化巨大的发展潜力已经吸引了众多 IT 巨头的目光，以谷歌和苹果为代表的两家 IT 公司已将它们之间的"战火"燃烧到了汽车行业。有专家预测，未来在智能汽车领域呼风唤雨的或许不再是传统的汽车制造商，而是 IBM、英特尔、苹果、谷歌这样的在互联网、无线通信等智能化领域占据重要位置的公司。与 IT 业界嘉宾观点不同，李书福仍然坚持"汽车还是汽车"的观点，认为互联网及其应用是为汽车和车主服务的，不应该由 IT 来主导汽车行业。他认为，这就像没有苹果手机，任何应用都无用武之地一样，没有汽车，所有应用也将无从谈起。

**4. 基础设施安全**

（1）第六届中国公路科技创新高层论坛

2013 年 4 月 17 ~ 18 日，第六届中国公路科技创新高层论坛在北京举行。本届论坛由中国公路学会、国际道路联盟(IRF)、美国交通研究委员会(TRB)联合主办,主题为“创新方法与最佳实践”。

本届论坛围绕公路学科发展、生态公路与低碳环保、钢桥面铺装、路网管理与公路应急保障等领域,开设了4个国际论坛和14个国内论坛,邀请了106名中外知名专家举办学术报告,系统介绍了世界最新的技术发展动态。

(2)第十一届全国桥梁维修加固技术交流会

2013年6月27~28日,由中国公路学会主办的“第十一届全国桥梁维修加固技术交流会”在广州召开。本次会议的主题是“钢结构桥的维修与加固技术”。此次交流会内容包括桥梁维修加固的检测与评估、加固设计、加固施工工艺;加固过程中的施工监控;加固后的健康监测等。会后,各位代表还参观了位于广州市内正在进行维修加固的海珠桥。

(3)第七届中国高速公路服务区管理年会

2013年10月17~18日,第七届中国高速公路服务区管理年会在沈阳召开。本届年会由中国公路学会主办,辽宁省公路学会、辽宁省高速公路管理局协办。

本届年会的主题是服务区的“能力提升与品质塑造”,与会代表围绕着如何提高服务区服务能力,塑造更高品质服务区,完善服务区服务功能,更好地发挥服务区服务经济社会发展的窗口作用等问题,展开交流和探讨。此外,年会公布了“第一届中国高速公路优秀服务区管理公司”和“第一届中国高速公路服务区知名品牌”名单,并向获奖企业颁发了奖牌和证书。

(4)在役桥梁安全运营保障技术论坛

2013年12月7~8日,中国科协第270次青年科学家论坛——在役桥梁安全运营保障技术论坛在北京召开。本次论坛由中国科协主办,中国公路学会承办,主题为“在役桥梁安全运营保障”。

本次论坛主要围绕我国公路在役桥梁安全运营总体状况、在役桥梁结构安全检测与评估新技术和新方法、在役桥梁维修与加固的新技术新工艺新材料、长大跨径桥梁健康检测与养护管理的新技术和新工艺等方面展开讨论。

**5. 交通安全**

(1)第十六届四大洲国际道路安全大会

2013年5月15~17日,第十六届四大洲国际道路交通安全大会在北京举行。四大洲国际道路安全大会是世界首批以道路安全研究为主题的会议之一,在道路安全领域颇具影响力。本次大会以“交流道路安全前沿、传递道路安全知识”为主题,由我国交通运输部和瑞典企业能源与交通部共同主办,中国交通运输部公路科学研究院、瑞典国家道路和运输研究院、北京工业大学具体承办。100名来自亚洲、欧洲、北美洲、非洲的国外学者和200名国内技术人员参加了此次会议。会议还进行了最新道路交通安全技术和产品展览。

大会安排了3个分会场同时召开专题会议,涉及20个专题。主题涵盖了道路安全从政策到技术发展的各个方面,包括:道路安全战略与计划;速度管理问题;GRSF分会场;事故记录系统黑点分析及评估;包括道路设计在内的交通工程创新;道路使用者行为;交通经济议题,交通执法与交通应急;包含道路设计、几何设计、行为学等在内的交通工程创新;道路使用者教育、驾驶人执照;乡村道路安全,预防性安全措施,安全评价;交通建模与评估技术;驾驶中注意力分散和酒精导致的负面影响;车辆安全、城市及施工安全;注意力分散对驾驶的影响;安全管理技术;学校及儿童安全;健康问题、车队安全。

(2)2013 年世界电信和信息社会日大会

2013 年 5 月 17 日,由工业和信息化部与交通运输部主办的"2013 年世界电信和信息社会日大会"在北京召开。国际电信联盟将 2013 年的主题确定为"信息通信技术与改善道路安全",旨在呼吁各成员国推动利用信息通信技术改善道路安全举措的落实,同时有效减少不合理使用该技术的安全风险。

本次大会紧紧围绕信息通信助力道路安全、智慧交通、车联网等内容展开。电信运营、交通运输、通信设备制造、软件开发企业的高层领导及部分专家围绕主题进行了演讲,会场外还设立小型展示区,进行了大量的相关技术成果展示。

(3)第二届交通信息与安全国际学术会议

2013 年 6 月 28 日 ~7 月 1 日,由中国交通运输协会、美国土木工程师协会和加拿大土木工程师协会共同主办,武汉理工大学承办的第二届"交通信息与安全国际学术会议"在湖北武汉开幕,国内外 200 多名交通运输相关领域的专家和学者参加了此次大会。

此次大会以"物联网时代的交通安全"为主题,研讨交通运输领域公路、铁路、水运、航空以及城市交通等有关信息和安全的新理论、新技术、新方法、新标准和新设备,促进国内外学者交流最新研究成果和技术经验,为交通信息和交通安全领域的专家、学者提供了高水平的国际交流平台。

(4)第五届中国国际道路交通安全产品博览会

2013 年 8 月 28 ~ 30 日,由公安部、科技部批准,中国道路交通安全协会主办的第五届中国国际道路交通安全产品博览会在北京举行。本届博览会以"关爱生命,安全畅通"为主题,为期三天,集中展示了国内外近年来预防交通事故、缓解交通拥堵等方面的最新科技和产品。

第五届中国国际道路交通安全产品博览会紧密联系交通安全管理工作实际,荟萃了国内外众多科技含量高、专业化程度强的交通安全产品,代表了当今世界交通安全行业的最高水平,为中外道路交通安全产品生产企业与用户、交通安全专家、学者之间提供了一个交流、合作、贸易的平台。博览会主要集中展示了近年来交通管理部门在交通管理科技应用以及基层交警执勤执法和缓解道路交通拥挤、预防减少交通事故、提高交通管理等工作中实用的小创造、小发明,以及国内外道路交通产品领军企业研发的新技术、新产品,如驾驶人考试培训系统、IT 智能交通系统、单警执法装备等。博览会期间还举办了技术交流会,重点介绍交通安全移动执法系统、酒精检测仪技术发展的方向与展望、智慧交通解决方案及案例、大数据助力交管信息管理、新形势下的交通控制技术应用与发展、道路交通优化在城市智能交通中的应用与探讨等内容,为交管部门、生产厂商、科技人员提供一个沟通交流的平台。

为进一步提高人民群众的交通安全意识和法制意识,本届博览会还专门设置了交通安全体验区,利用 3D、4D、全息投影、虚拟仿真、模拟驾驶等多种先进技术,集观看性、体验性、互动性于一体,让参观者零距离体验安全驾驶等方面的真实感受,用亲身体验的方式使参观者深切体会交通安全的重要性。

作为我国道路交通领域里的一项重要活动,中国国际道路交通安全产品博览会已经成为充分展示交通安全新技术、新产品及开展国际交流合作的一个重要平台,对推进全国交通管理部门科技化应用进程,深化道路交通管理理论研究,提高我国道路交通管理整体水平,营造安全、畅通、文明、和谐的交通环境将起到积极的推动作用。

(5)2013 中国道路交通安全论坛

2013 年 8 月 29 日,由中国道路交通安全协会、中国汽车技术研究中心和中国经济网共同主办,以"道路交通安全:共同的责任"为主题的 2013 中国道路交通安全论坛在北京举行。本届论坛为期两天,有包括公安部、交通运输部、国家安全监管总局、经济日报社、汽车整车和零部件企业以及国内外相关研究机构和高校在内的 500 多位嘉宾和代表参加。围绕论坛主题,来自国内外的多名专家从道路运输安全管理、交通事故紧急救治、交通管理执法、交通事故数据研究利用、汽车安全评价、交通基础设施建设、交通安全宣传教育等方面,对我国道路交通安全现状进行分析,全方位多角度诠释了交通安全事业需要社会各界的积极参与和共同努力。

**6. 其他**

(1)校车安全管理部际联席会议第二次会议

2013 年 1 月 5 日,校车安全管理部际联席会议第二次会议在北京召开。会议总结了 2012 年校车安全管理工作情况,通报了各地贯彻落实《校车安全管理条例》(以下简称《条例》)专项督查情况,分析了校车安全管理面临的形势,并就 2013 年校车安全管理工作做出部署。

会议认为,联席会议第一次会议后,联席会议办公室充分发挥综合协调作用,各成员单位密切配合努力,圆满完成了第一次联席会议确定的各项工作任务。各地校车安全管理工作也在稳步推进。全国各省(直辖市、自治区)都已启动了《条例》实施办法的制定工作,半数以上省(直辖市、自治区)的实施办法已经出台或形成了报送稿。2012 年全国中小学生上下学交通事故起数、死亡人数、受伤人数分别较上年有大幅度下降。

会议要求联席会议成员单位制定完成各项工作的时间表和路线图,加大对地方的督办力度,强化对在用学生接送车辆的监管,继续加强舆论引导,确保校车安全管理工作取得新进展。

(2)第八届中国卫星导航运营商大会

2013 年 3 月 18 日,由中国卫星应用产业联盟、广东省汽车信息化协会、《智能交通管理》杂志社举办的第八届中国卫星导航运营商大会在广州开幕。作为卫星导航车载领域重要的行业交流会议,该大会第一次从深圳移师到卫星导航车载应用产业重镇——广州举办,吸引了全国 50 多家企业参展,交通运管单位、通信运营商、卫星导航运营商等单位的 1 000 余人到会交流。

2013 年是我国北斗导航大规模民用化元年,作为北斗民用化最重要的车载领域,交通运输部正在推动八省一市 8 万辆重点营运车辆安装北斗导航终端。本次大会以"借力北斗产业化,助推运营新发展"为主题,讨论北斗导航大规模民用对智能交通、商用车联网、道路运输、公共出行信息服务等领域的促进作用。此外,自 2011 年交通运输部发布《道路运输车辆卫星定位系统》系列标准并强制实施之后,卫星导航运营行业的调整逐步深入,中小运营商的未来何去何从,也是本次大会讨论的重要议题。

(3)第十五届中国高速公路信息化研讨会

2013 年 3 月 28 ~ 30 日,第十五届中国高速公路信息化研讨会在安徽合肥召开。本届研讨会由中国公路学会主办、安徽省公路学会协办,主题为"安全、畅通、低碳"。来自交通运输主管部门,高速公路建设运营单位,高速公路机电工程设计、施工、监理、科研、集成等单位的代表参加了会议。

会议设有交通信息化形势分析论坛、高速公路信息化管理论坛、综合技术论坛、学者论坛、新技术新产品论坛、设计创新论坛、联网收费新技术论坛、视频监控发展论坛、计重收费论坛共9个分论坛，共有56场管理和技术报告。会议同期举办了高速公路信息化技术产品展示会，共有170多家厂商参展。

(4)2013年节能与新能源汽车产业发展高峰论坛

2013年10月17~18日，"中国节能与新能源汽车产业发展高峰论坛"在北京举行。论坛由国务院发展研究中心产业经济研究部、中国国际贸易促进委员会机械行业分会和中国电工技术学会联合举办，中国机械工业联合会、中国汽车工业咨询委员会为支持单位，汽车知识杂志社、寰球时代汽车投资管理(北京)有限公司等单位为论坛承办单位。本届论坛积极贯彻落实国家《节能与新能源汽车产业发展规划(2012~2020年)》，总结交流各地方、各企业推进节能与新能源汽车发展的经验，深入探讨了节能与新能源汽车加快发展的制度环境等议题，为我国节能与新能源汽车产业的发展建言献策。

新能源汽车是国务院确定的重要战略性新兴产业，是我国最具发展潜力的重要领域之一。2013年我国中东部地区的主要城市饱受雾霾天气困扰的严峻形势，使得加快节能与新能源汽车的发展迫在眉睫。

(5)第八届中国交通高层论坛

2013年10月26日，第八届中国交通高层论坛在北京举行。本次论坛以"中国综合交通的新形势与新任务"为主题，涉及综合交通运输体制与机制建设、综合交通系统协同创新机制与政策、交通规划理论与方法等专题。

论坛邀请政府、高校、研究机构和产业各界专家，从交通运输系统理论、交通运输领域管理体制改革、协调交通运输系统布局、协调国家能源战略与交通发展战略的关系等角度展开讨论。该论坛已成为我国综合交通领域最有影响的"交融思想、开拓创新、引领前沿"的高水平交流平台。

(6)中美交通论坛第六次会议

当地时间2013年10月30日，中美交通论坛第六次会议在美国伊利诺伊州芝加哥市召开，主题为"推进绿色交通技术，共享可持续发展未来"。中国交通运输部副部长高宏峰和美国联邦运输部副部长约翰·波加利分别率领各自代表团参会。来自中美两国中央(联邦)和地方交通运输主管部门、科研机构、行业组织及企业界的约180位代表参加了会议。

会议听取了论坛下设的城市交通拥堵、危险品运输、(铁路)运输新技术、安全与灾难应急协调、港口与内河倡议五个工作组过去一年的工作汇报和未来计划安排。会议结束后，中国交通运输部副部长高宏峰和美国联邦运输部副部长约翰·波加利共同签署了《中美交通论坛第六次会议联合声明》，强调绿色交通技术的开发与应用能够推动经济繁荣、增加就业机会，促进中美在可持续交通运输解决方案领域的合作符合两国的共同利益。会议决定论坛第七次会议于2014年在中国举行。

(7)第二届两岸四地公路交通发展论坛

2013年11月5~6日，第二届两岸四地公路交通发展论坛在台北市举行，本届论坛由台湾省中华道路协会、中国公路学会、香港特别行政区公路学会、澳门特别行政区工程师学会联合主办，论坛主题为"安全、友好、永续之运输环境"，来自两岸四地的160多名公路交通界专家学者和工程技术人员出席。本届论坛收录发表了两岸四地的80多篇论文,14位专家进行大会交流。

近年来,两岸四地公路界在发展进程中,面临着相同的深层次矛盾和问题。特别是极端异常天气呈增多趋势,导致公路交通突发应急事件不断增多,还面临着低碳环保、节能减排等环境与可持续发展课题。构建两岸四地在公路交通领域新的合作格局,共同促进中华民族公路交通事业的新发展,势在必行。

(8)北京交通信息服务国际研讨会

2013年11月14~15日,由北京市交通委员会主办的2013年北京交通信息服务国际研讨会在北京举行。会议以"交通信息服务快乐绿色出行"为主题,探讨世界交通信息服务技术发展、行业发展以及智能交通技术的发展应用。

来自美国波特兰大学、新加坡资讯通信研究院、德国fraunhofer研究机构、日本智能交通协会、中国科学院、中国交通运输部公路科学研究院的多名专家,围绕物联网服务平台等信息科技前沿技术发表主题演讲。中国电信、百度公司、INRIX公司、高德软件、日产汽车等企业的负责人分享了交通信息服务应用于实践的宝贵经验。北京、江苏、广州、深圳等地的交通运输管理部门、投融资机构以及百度等多家企业,共同探讨"交通信息服务产业模式与未来发展趋势"。会议还就"公共交通服务与大数据"和"移动互联与信息服务"两个主题,举行分论坛。

## 三、标准规范

### 1.机动车驾驶员计时培训系统相关技术规范

2013年8月9日,交通运输部发布了《机动车驾驶员计时培训系统　平台技术规范》和《机动车驾驶员计时培训系统　计时终端技术规范》,这两部技术规范自发布之日起实施。2013年9月22日,交通运输部办公厅印发了《关于做好机动车驾驶员计时培训系统技术规范实施工作的通知》(厅运字[2013]249号),要求对照上述技术规范的要求,尽快建立或升级改造计时培训系统平台,督促培训机构尽快安装符合上述技术规范要求的计时终端,已安装计时终端的,要确保按照上述技术规范的要求上传培训记录信息,保持终端正常工作。各级道路运输管理机构要切实采取有效措施,加强指导和监督,确保所有机动车驾驶员计时培训系统平台和终端在2014年10月1日前,全部符合上述技术规范的要求。

(1)《机动车驾驶员计时培训系统　平台技术规范》

《机动车驾驶员计时培训系统　平台技术规范》(以下简称《平台技术规范》)规定了机动车驾驶员计时培训系统平台的功能要求、平台与接口技术要求、平台安全与运行环境要求。它适用于机动车驾驶员计时培训管理平台和企业平台,是机动车驾驶员培训机构开展计时培训及道路运输管理机构实施计时培训管理的基础。

根据《平台技术规范》,机动车驾驶员计时培训系统平台包括管理平台和企业平台。其中,管理平台部署在道路运输管理机构,对学员计时培训全过程进行监督和管理,并与相关管理机构进行信息共享;企业平台部署在机动车驾驶员培训机构,对学员计时培训全过程进行管理和服务,并为相关管理机构提供信息。

根据《平台技术规范》,管理平台须具备以下九种功能,即身份信息采集功能、图像采集功能、计时功能、培训信息查询功能、数据传输功能、数据存储和备份功能、统计分析功能、违规处理及信息查询功能、培训过程及结果打印功能。

根据《平台技术规范》,区(县)、市(州)级管理平台须具备以下八种功能,即培训机构管理功能、计时监督管理功能、培训记录管理功能、统计分析功能、信息发布功能、信息共享功能、综合评价功能、计时终端远程管理功能。省级管理平台须具备以下五种功能,即信息查询功能、统计分析功能、信息发布功能、综合评价功能、信息共享功能。

(2)《机动车驾驶员计时培训系统 计时终端技术规范》

《机动车驾驶员计时培训系统 计时终端技术规范》(以下简称《计时终端技术规范》)规定了机动车驾驶员计时培训系统计时终端的功能要求、技术要求及记录卡读写设备功能要求、记录卡技术要求。它适用于机动车驾驶员培训机构开展理论培训、模拟驾驶训练和实际操作训练的计时终端,是驾驶培训机构开展培训业务、道路运输管理机构实施机动车驾驶员计时培训管理的依据。

《计时终端技术规范》规定,计时终端是采集、记录和传输学员的培训类型、培训阶段、培训起止时间、教练员教学等信息的终端设备,包括车载计时计程终端、理论(模拟)计时终端。其中,车载计时计程终端安装在教练车上,采集和记录车辆的位置、速度和运行状态,学员的培训阶段、培训起止时间、培训里程等信息,以及学员、教练员的图像信息,并能通过记录卡或无线通信网络将信息上传到管理平台和企业平台;理论(模拟)计时终端安装在理论教室内或者汽车驾驶模拟器上,采集和记录学员的培训阶段、培训起止时间等信息,并能通过记录卡或无线通信网络将信息上传到管理平台和企业平台。

《计时终端技术规范》规定了计时终端的一般功能要求,即签到和签退、计时、数据显示、无线数据传输、培训记录存储、学时查询、断电保护、参数设置、电源开关、开机自检这十项功能。

除一般功能要求之外,车载计时计程终端和理论(模拟)计时终端还各有其特殊要求。其中,车载计时计程终端应具备身份验证、卫星定位、无线数据传输、学时记录卡和计时终端设置卡读写等功能;车载计时计程终端应仅支持一名教练员在同一时间段内教一名学员;车载计时计程终端还应具备车辆行驶速度和里程采集、培训记录采集、图像抓拍、数据通信、卫星定位及报警等功能。理论(模拟)计时终端应具备身份验证、记录卡读写功能,对学员和教练员身份进行验证,记录培训学时;理论(模拟)计时终端还应具备培训记录采集、数据通信的功能。

**2.《包车客运管理信息系统建设及管理规范》**

为进一步规范包车客运管理信息系统建设,统一包车客运标志牌信息交换格式,交通运输部于2013年2月25日印发了《关于印发〈包车客运管理信息系统建设及管理规范〉和推广应用〈包车客运标志牌二维码识别软件〉的通知》(厅运字[2013]56号)。《包车客运管理信息系统建设及管理规范》明确了包车客运管理信息系统建设的功能要求、系统管理规范、数据格式规范、二维码加密和解密规范等。省际包车客运管理信息系统建设和管理应当符合此规范,省内包车客运管理的有关工作可参照此规范。

各省级交通运输主管部门和道路运输管理机构要紧密结合本地实际,严格按照《包车客运管理信息系统建设及管理规范》的规定,进一步规范包车客运管理信息系统建设。要制定本地区包车客运管理信息系统建设方案,加快建设包车客运管理信息系统;要按照统一的数据内容和格式,加快完善包车客运管理信息系统的数据库;要按照包车客运管理信息系统的管理规范,加快建立包车客运信息化管理办法。

**3. 北斗兼容车载终端相关技术规范**

为进一步推进北斗卫星导航系统在交通运输行业的应用,交通运输部组织编制了《道路运输车辆卫星定位系统　北斗兼容车载终端技术规范》和《道路运输车辆卫星定位系统　北斗兼容车载终端通信协议技术规范》。2013 年 1 月 23 日,交通运输部发布了《关于发布〈道路运输车辆卫星定位系统　北斗兼容车载终端技术规范〉等两项技术规范的公告》(交通运输部公告 2013 年第 21 号),对这两项技术规范予以发布。这两项技术规范自发布之日起实施。

(1)《道路运输车辆卫星定位系统　北斗兼容车载终端技术规范》

此规范规定了道路运输卫星定位系统北斗兼容车载终端的一般要求、功能要求、性能要求以及安装要求。此规范适用于道路运输卫星定位系统中安装在车辆上的北斗兼容终端设备。

此规范是对《道路运输车辆卫星定位系统　车载终端技术要求》(JT/T 794—2011)的补充和完善。与 JT/T 794—2011 相比,除编辑性修改外还有以下 7 个主要技术变化:一是修改了原 3.1.3 连续驾驶时间的定义,并调整为 3.1.5;二是增加了 3.1.3 行驶开始时间、3.1.4 行驶结束时间的定义;三是修改了功能要求,修改 5.2.1 定位功能、5.4.1 驾驶员身份、5.5 行驶记录、5.9 警示、5.10 终端管理、5.11 人机交互、5.12 信息服务、5.14 多中心接入等章节;四是修改了功能要求,将原 5.15 调整为 5.19,将原 5.2.2 调整为5.2.3;五是新增了 5.2.2 北斗定位功能、5.4.10 车辆信号采集、5.15 车辆故障远程诊断、5.16 使用前锁定、5.17 自动关闭通信、5.18 双向语音通话等功能要求;六是修改了 7.2 终端主机的安装;七是修改了附录 A 表 A.1 不同类型运输车辆终端的基本功能要求。

(2)《道路运输车辆卫星定位系统　北斗兼容车载终端通信协议技术规范》

此规范规定了道路运输车辆卫星定位系统北斗兼容车载终端与监管/监控平台之间的通信协议与数据格式,包括协议基础、通信连接、消息处理、协议分类与说明及数据格式。此规范适用于道路运输车辆卫星定位系统北斗兼容车载终端和平台之间的通信。

此规范是对《道路运输车辆卫星定位系统　终端通信协议及数据格式》(JT/T 808—2011)的补充和完善。与 JT/T 808—2011 相比,除编辑性修改外还有 8 个主要技术变化:一是修改了通信连接中"5.2 连接的维持"的描述;二是修改了协议分类中"7.8.1 采集驾驶员身份信息数据"的流程描述;三是增加了协议分类中 7.12"分包消息"的流程描述;四是修改了数据格式中,原8.4 终端注册、8.8 设置终端参数、8.12 位置信息汇报、8.23 文本信息下发、8.28 设置圆形区域、8.36 行驶记录数据采集命令、8.37 行驶记录数据上传、8.38 行驶记录参数下传命令、8.40 驾驶员身份信息采集上报、8.41 多媒体事件信息上传、8.42 多媒体数据上传、8.43 多媒体数据上传应答、8.46 存储多媒体数据检索应答、8.49 数据下行透传、8.50 数据上行透传等章节的内容;五是增加了数据格式中,8.4 补传分包请求、8.11 查询指定终端参数、8.14 查询终端属性、8.15 查询终端属性应答、8.16 下发终端升级包、8.17 终端升级结果通知、8.22 人工确认报警消息、8.47 上报驾驶员身份信息请求、8.49 定位数据批量上传、8.50 CAN 总线数据上传、8.55 摄像头立即拍摄命令应答、8.60 单条存储多媒体数据检索上传命令等 12 条命令,并对影响的章节和表格编号进行了调整;六是修改了附录 A 中,表 A.2 外设类型编号表、表A.3命令类型表的内容;七是增加了附录 A 中,A.3.4 查询从机版本号信息、A.3.5 从机自检、A.3.6 从机固件更新、A.3.7 查询外设属性、A.4.1 道路运输证 IC 卡认证请求、A.4.2 道路运输证 IC 卡读取结果通知、A.4.3 卡片拔出通知、A.4.4 主动触发读取 IC 卡等终端主机与外设的通信协议指令;八是修改了附录 B 消息对照表中上述修改相对应的内容。

**4.《营运客车类型划分及等级评定》**(JT/T 325—2013)

2013 年 7 月 29 日,交通运输部印发了《关于贯彻落实交通行业标准〈营运客车类型划分及等级评定〉(JT/T 325—2013)的通知》(交运发[2013]448 号,简称《通知》)。《通知》中提到,新修订的《营运客车类型划分及等级评定》(JT/T 325—2013)标准已正式发布实施。

《通知》要求,自本通知发布之日起,新申报营运客车类型划分及等级评定的客车称为新车型;在此之前已经列入部和各地省级交通运输部门或道路运输管理机构发布的《高、中级客车类型划分及等级评定表》的客车,称为老车型。

自《通知》发布之日起,所有新车型申报营运客车类型划分及等级评定的,一律按照《营运客车类型划分及等级评定》(JT/T 325—2013)标准执行,鼓励达到高一级以上级别(含高一级)的客车从事旅游客运经营。自《通知》发布之日起至 2013 年 12 月 31 日,为新、老标准实施的过渡期。过渡期内,新、老客车车型均可按照原规定继续进入道路营运市场。自 2014 年 1 月 1 日起,由部和各省(区、市)发布的老车型客车等级评定级结果一律废止,不再作为办理该车型评级和准入的依据。凡属于老车型仍要进入道路营运市场的,相关客车生产企业要对照 JT/T 325—2013 标准,对其配置、性能进行整改,重新申报、核定其类型等级。其中,凡属于只需要减少座位数后,其他各项配置性能均符合 JT/T 325—2013 标准老车型,可按视同车型程序申报。

## 四、重要科研事件

**1.《道路交通应急抢险抢通技术》出版**

2013 年年初,由武警交通公路应急救援工程技术研究所主持编撰的《道路交通应急抢险抢通技术》一书由人民交通出版社正式出版发行。该书填补了我国道路交通应急抢险抢通技术书籍方面的空白,也为应急救援实战提供了有力的技术支撑。

**2. 公路隧道建设技术国家工程实验室第一届理事会成立**

2013 年 3 月 22 日,公路隧道建设技术国家工程实验室第一届理事会和技术委员会成立大会在重庆召开。交通运输部科技司、重庆市发改委等政府部门和有关企事业单位派出的理事和专家近 40 人参会。

会议产生了实验室第一届理事会和技术委员会,并任命实验室主任。该实验室是国家发改委和交通运输部共同组织实施的"公路水路交通领域创新能力建设专项"项目之一,也是目前国内唯一的公路隧道专业领域国家工程实验室,依托招商局重庆交通科研设计院有限公司组建。

**3. 首个国家车联网产业基地落户北京通州**

2013 年 4 月 12 日,我国首个国家车联网产业基地正式落户于北京市通州区的环渤海高端总部基地。该产业基地是由交通运输部和北京市政府合作共建,交通运输部将在车联网政策研究、技术研发、标准制定、检测认证和应用示范等方面予以支持,鼓励进驻基地企业对车联网相关交通运输信息资源进行开发利用和市场化服务。

该产业基地由中国交通通信信息中心、北京环渤海高端总部基地管委会和北京千方科技集团有限公司共同建设，将从商用车入手，以车辆动态监控和运营服务为核心，聚集一批车联网产业领域的研究机构、职能机构和上下游核心企业，构建包括汽车电子、芯片、车载终端生产、电子地图、导航服务、民用北斗、物流服务等在内的车联网产业链。2013 年，该产业基地引入全国运营车辆监控服务平台、全国道路货运车辆公共监管服务平台、道路运输物流信息平台和全国汽车后服务平台，并推动成立车联网产业发展基金，组建车联网产业发展研究院。预计到 2017 年，该产业基地将聚集机构、企业 100 家左右，总收入达到 300 亿元。到 2022 年产业规模将超过 1 000 亿元，形成具有国际竞争力的车联网产业集群，推动我国道路交通科学管理达到国际先进水平。

**4. 电动汽车国际标准法规制定与协调工作组成立**

为贯彻落实《节能与新能源汽车产业发展规划》，加快推动我国电动汽车标准研究制定和产业健康发展，同时在电动汽车全球技术法规制定中积极发挥中国作用，履行好我国作为世界车辆法规协调论坛（WP29）框架下《1998 年协定书》缔约国的权利和义务，在前期研究和汽车业界讨论的基础上，2013 年 4 月，工业和信息化部决定成立电动汽车国际标准法规制定与协调工作组。

电动汽车国际标准法规制定与协调工作组明确工作章程和组织架构，由国内汽车整车及动力电池等零部件相关企业、电网公司、科研院所、高等院校和行业组织机构等近 40 家成员单位组成，装备工业司司领导任组长，全国汽车标准化技术委员会秘书处（中国汽车技术研究中心）承担秘书处工作；各成员单位选派专家分别组成电动汽车安全专家组、电动汽车与环境专家组。其中，电动汽车安全专家组由中国第一汽车集团公司担任组长单位，北京汽车集团有限公司为副组长单位；电动汽车与环境专家组由上海汽车集团股份有限公司担任组长单位，深圳市比亚迪汽车有限公司为副组长单位。

电动汽车国际标准法规制定与协调工作组的成立推动了我国电动汽车标准化工作机制创新。工作组将充分发挥产学研用各方优势和企业主体作用，为我国参与制定电动汽车全球技术法规提供有力支撑，为电动汽车国家及行业标准的制定、修订提供技术支持，为完善电动汽车标准体系、推进电动汽车标准化工作提供重要咨询，将在提升我国电动汽车研发能力、提高标准法规制定水平、促进电动汽车产业健康发展等方面起到重要作用。

**5. 交通安全应急信息技术国家工程实验室揭牌**

2013 年 8 月 8 日，交通安全应急信息技术国家工程实验室揭牌暨启动仪式在北京国际移动卫星地面站举行，标志着实验室建设正式启动。实验室是由中国交通通信信息中心牵头，联合武汉理工大学、集美大学、中交水运规划设计院有限公司、陕西汽车集团有限责任公司、郑州宇通客车股份有限公司共同组建。实验室将结合我国安全应急信息技术发展现状和行业实际应用需求，针对交通安全应急领域存在的核心问题，整合利用行业已经形成的安全应急基础设施，通过基地建设，为交通安全应急信息技术成果转化和产业化发展提供技术支撑，全面提高交通安全应急服务保障能力和水平。

**6. 交通运输部公路院获批建设汽车国检中心**

2013 年 9 月，国家质检总局科技司发布《关于国家汽车质量监督检验中心（北京）有关问题意见的函》(质检科函[2013]133 号),批准交通运输部公路科学研究院及北京市产品质量监督检验院按照“一个中心、两个基地”的建设目标,建设“国家汽车质量监督检验中心(北京通州)”和“国家汽车质量监督检验中心(北京顺义)”两个基地。两个基地将区分检测业务范围,各自申请“三合一”评审,分别验收授权及挂牌,独立运行。筹建中的“汽车国检中心”将作为国家级权威检测机构,从事车辆整车性能特别是营运车辆性能、汽车零部件、汽车电子产品及控制系统、车用保修设备、车用化学品以及新能源车辆等方面的产品质量检测。

**7. 中国智能交通产业联盟成立**

2013 年 9 月 24 日,由交通运输部指导组建的中国智能交通产业联盟正式成立。该联盟由交通运输部公路科学研究院牵头,国内外数十家大型智能交通相关企业和高校、标委会、科研单位组成,旨在进一步推动智能交通系统产业化、标准化、检测服务和应用等方面的工作。联盟在成立之后会开展合作式智能交通、车载信息服务与安全、智能公交、便携移动终端支持交通信息服务四个方面的标准化工作,同时搭建联盟试验与测试平台,加强国际合作与海峡两岸合作。

**8. 交通运输部公路院获批成立国际科技合作基地**

2013 年 11 月 29 ~ 30 日,在科技部举办的国家国际科技合作基地证书授予仪式上,交通运输部公路科学研究院被授予“公路绿色建造与安全营运示范型国际科技合作基地”(简称“公路国合基地”)证书,成为交通运输系统首家入选科技部国家国际科技合作基地的科研院所。

国家国际科技合作基地是由科技部及其职能机构认定,在承担国家国际科技合作任务中取得显著成绩,具有进一步发展潜力和引导示范作用的国内科技园区、科研院所、高等学校、创新型企业和科技中介组织等机构载体。公路国合基地成立后,将进一步加大对国外科技资源的吸纳力度,提高公路交通运输行业国际科技合作工作的集成度和显示度;积极探索国际科技合作工作新途径,形成国际合作项目的密集区,积极促进国际科技合作人才队伍不断壮大。

**9. 中国交通通信信息中心获批设立博士后工作站**

经人力资源社会保障部、全国博士后管理委员会审核批准,中国交通通信信息中心被批准设立博士后科研工作站。该博士后科研工作站的近期任务将围绕下一代移动卫星通信系统应用关键技术研究、水上智能搜救关键信息技术研究、北斗地基导航信号网络关键技术研究、基于物联网的危化品运输安全监管关键技术研究、交通运输大数据分析处理技术研究等方向开展。

## 五、科研成果

**1. 交通事故现场信息快速采集系统**

中国工程院院士、第三军医大学大坪医院野战外科研究所研究员王正国带领交通医学研究所的尹志勇攻关小组,研制出交通事故现场信息快速采集系统。该系统的进一步完善,有望取代传统的信息采集和分析模式。

传统的交通事故现场信息采集,通常采用全站仪、三维激光扫描、摄影测量法及人工皮尺测量四种方法。这些方法存在诸多缺点,如设备昂贵,只能近景测量,还会发生现场漏测漏标、数据错标,一旦现场恢复交通,就不能再次测量和核实数据等。尹志勇攻关小组在王正国的指导下，将航拍等技术运用于现场信息采集，研制了以航模为载体的信息采集设备。他们通过数百次实验攻关，运用GPS定位等技术，成功解决了航拍中操作难度、影像抖动、拍摄光轴与现场不能垂直、图像畸变以及精度误差等关键技术。同时，还研制了与之配套的信息分析软件，不仅能以事故现场为背景，全方位、多角度逼真再现事故起因、发生、发展和结果的全过程，还能省去过去人工绘制现场图示复杂而漫长的时间，快速生成交通事故实景图和现场图。

这套交通事故现场信息快速采集系统体积小，质量轻，配置和使用方便。采集系统能在10分钟固化较复杂交通事故现场信息，并可迅速将现场情况在最短时间内传递到交通管理指挥中心，让后方专家第一时间了解事故概况。

**2. 公路交通应急救援关键技术及成套设备研究**

针对国内应急抢险救灾设备与国外尚存较大差距，单纯购买国外设备会产生诸多不适合中国国情、同一设备不适宜不同灾害的使用、设备维修保养不便等问题的现实情况，“公路交通应急救援关键技术及成套设备研究”项目根据我国迥异的地域特点，给出了公路交通应急抢险救援成套设备配置方案。

该项目是由中国交通通信信息中心、交通运输部科学研究院等单位承担，依托河南高远公路养护设备股份有限公司、北京中交通信科技有限公司进行设备研发、试验和产品鉴定的。它的研究内容包含公路交通应急综合指挥调度系统关键技术研究、公路交通应急基础救援装备集成化研究、公路交通应急救援成套装备配置方案研究三个专题。该项目重点研究了便携应急卫星通信终端、最低限度应急通信设备、综合语音调度系统、应急现场综合信息发布系统等公路应急救援成套装备，并对公路交通应急基础救援装备集成化进行研究。同时，为了便于这些应急救援装备将来在我国公路交通突发事件应急救援过程中发挥最大的作用，项目组同步开展了应急救援成套装备的配置研究，提出满足应急需求、效率最高、成本最低的公路交通应急救援成套装备配置方案，为政府提供决策依据。

**3. 高速公路行车主动预警技术**

由交通运输部公路科学研究院、华北高速公路股份有限公司、北京市气象局、河南高速公路发展有限责任公司联合承担的“高速公路行车环境风险主动预警技术及应用”通过了科技成果鉴定。

该项目以“十一五”国家科技支撑计划项目“国家高速公路安全和服务技术开发与工程应用示范项目”的智能化管理与服务成果为主体，综合了科研院所社会公益研究专项“不利气象条件对公路安全影响机理及对策研究”等多项科研项目的重要成果。来自交通运输部、中国公路学会、高校及行业应用单位的专家组成的鉴定委员会认为，该项成果形成了成套的高速公路行车环境风险主动预警技术，研究成果总体上达到国际先进水平。

近年来，随着我国高速公路通车里程不断增长，由于不利气象条件、不良路面状况、夜间以及合流交织区等高速公路特殊行车环境引发的交通事故风险仍旧存在，主动信息预警技术的研发和应用，对降低事故风险、改善行车环境具有重要意义。此项研究提出了我国高速公路交通气象灾害风险区域分布规律及灾害敏感性分级，形成了成套的高速公路气象信息精细化预警与服务技术；开发了专用短程通信（DSRC）的车路合作式移动信息服务终端的预警信息发布系统，将专用短程通信的应用领域从电子不停车收费扩展至信息服务；提出了高速公路安全信息走廊概念、构建技术和综合处理平台,建立了高速公路行车风险预警信息时空演变模型,提出了多种信息发布手段的协同模式。

**4. 汶川地震灾后重建公路抗震减灾关键技术**

交通运输部重大专项“汶川地震灾后重建公路抗震减灾关键技术研究”通过验收鉴定。由中国工程院院士卢耀如领衔的鉴定委员会对抗震重大专项研究成果给予高度评价,认为在公路网灾情辨识与应急调查评估、抢通保通、次生灾害识别诊断与监测预警、公路恢复重建等方面取得重大突破,完善了我国公路抗震技术体系,丰富了公路应急装备储备,为创新提升公路减灾防灾理论和技术标准规范体系奠定了坚实基础。

**5. 高速公路交通气象服务成套支持技术**

国家ITS中心的“高速公路交通气象服务成套支持技术研究与应用”荣获2013年度中国智能交通协会科学技术一等奖。该项目系统分析了目前影响我国高速公路交通安全的主要灾害天气类型以及影响机理和程度,研发了高速公路气象数据综合分析处理及预警软件和气象检测设备布设辅助软件,形成了具有我国自主知识产权的高速公路交通气象服务成套支持技术。

# 参 考 文 献


[1] 公安部交通管理局. 中华人民共和国道路交通事故统计年报(1995 ~2013 年度)[R].

[2] 交通运输部. 公路水路交通行业发展统计公报[EB/OL](2000 ~2007 年度). 交通运输部网站:http://www. mot. gov. cn.

[3] 交通运输部. 公路水路交通运输行业发展统计公报[EB/OL](2008 ~2013 年度). 交通运输部网站:http://www. mot. gov. cn.

[4] 国家统计局. 国民经济和社会发展统计公报[EB/OL](1978 ~2013 年度). 国家统计局网站:http://www. stats. gov. cn.

[5] U. S. Department of Transportation. Traffic Safety Facts 2008. http://www. nhtsa. dot. gov.

[6] U. S. Department of Transportation. Traffic Safety Facts 2009. http://www. nhtsa. dot. gov.

[7] U. S. Department of Transportation. Traffic Safety Facts 2010. http://www. nhtsa. dot. gov.

[8] U. S. Department of Transportation. Traffic Safety Facts 2011. http://www. nhtsa. dot. gov.

[9] Ministry of Home Affairs, India. Accidental Deaths & Suicides in India 2012[EB/OL]. http://www. nic. in.

[10] Department for Transport, Scottish Government, Welsh Assembly Government. Reported Road Casualties Great Britain: 2012[EB/OL]. http://www. gov. uk.

[11] 住房和城乡建设部. 城市建设统计公报[EB/OL](2004 ~2006 年度). 住房和城乡建设部网站:http://www. mohurd. gov. cn.

[12] 住房和城乡建设部. 城市、县城和村镇建设统计公报[EB/OL](2007 ~2010 年度). 住房和城乡建设部网站:http://www. mohurd. gov. cn.

[13] 交通部公路科学研究院. 中国道路交通安全蓝皮书(2006)[M]. 北京:人民交通出版社,2007.

[14] 交通部公路科学研究院. 中国道路交通安全蓝皮书(2007)[M]. 北京:人民交通出版社,2008.

[15] 交通运输部公路科学研究院. 中国道路交通安全蓝皮书(2008)[M]. 北京:人民交通出版社,2009.

[16] 交通运输部公路科学研究院. 2010 年中国道路交通安全蓝皮书[M]. 北京:人民交通出版社,2010.

[17] 交通运输部公路科学研究院. 2011 年中国道路交通安全蓝皮书[M]. 北京:人民交通出版社,2011.

[18] 交通运输部公路科学研究院. 2012 年中国道路交通安全蓝皮书[M]. 北京:人民交通出版社,2012.

[19] 交通运输部公路科学研究院. 2012 年中国道路交通安全蓝皮书[M]. 北京:人民交通出版社,2013.

[20] 公安部. 公安部教育部部署"中小学生交通安全宣传月"活动[EB/OL]. 2013-8-30. 公安部网站:http://www. mps. gov. cn.

[21] 公安部.关于进一步加强和规范工程运输车交通安全管理工作的通知(公交管[2013]419号)[EB/OL]. 2013-11-14. 公安部网站:http://www.mps.gov.cn.
[22] 公安部.全国“大排查、大教育、大整治”货车违法行为专项行动成效明显[EB/OL]. 2013-11-22. 公安部网站:http://www.mps.gov.cn.
[23] 樊猛.三部局专项检查营运车辆卫星定位系统使用情况[N].中国交通报,2013-11-08.
[24] 林春江.驾培新教材出版发行[N].中国交通报,2013-1-15.
[25] 交通运输部.交通运输部召开全国机动车驾驶培训工作会议[EB/OL]. 2013-3-1.交通运输部网站:http://www.mot.gov.cn.
[26] 交通运输部.关于开展中国高速公路交通广播示范工程建设的通知(交公路发[2013]449号)[EB/OL]. 2013-7-29. 交通运输部网站:http://www.mot.gov.cn.
[27] 龚鹭.交通运输部要求层层落实责任加强汛期公路和桥梁安全工作[N].中国交通报,2013-7-11.
[28] 交通运输部.关于印发“机动车驾驶培训教练员素质提升工程”实施方案的通知(交运发[2013]330号)[EB/OL]. 2013-5-29. 交通运输部网站:http://www.mot.gov.cn.
[29] 孙英利,张新年,赵平. 武警交通开建首个应急救援保障基地[N].中国交通报,2013-4-15.
[30] 田翔,涂敦法,彭一桐. 全国首个交通应急救援训练保障基地建成[N].中国交通报,2013-12-11.
[31] 教育部,公安部,交通运输部.关于做好校车信息采集工作的通知(教基一厅函[2013]12号)[EB/OL]. 2013-3-18.教育部网站:http://www.moe.gov.cn.
[32] 孙英利. 重要干线公路力争6小时内预警雾霾[N].中国交通报,2013-4-1.
[33] 刘亚军,彭一桐,涂敦法.武警交通第三总队挂牌[N].中国交通报,2013-3-19.
[34] 田翔.交通运输部要求创建平安交通坚决遏制重特大事故[N].中国交通报,2013-1-9.
[35] 樊猛.全国交通运输服务监督电话12328将陆续开通[N].中国交通报,2013-12-31.
[36] 交通运输部,公安部,国家安全监管总局.关于深入开展城市轨道交通运营安全隐患排查治理专项活动的通知(交运发[2013]739号)[EB/OL].2013-12-6. 交通运输部网站:http://www.mot.gov.cn.
[37] 田翔.全国公路执法行风投诉举报电话公布[N].中国交通报,2013-12-23.
[38] 孙英利,白秋薇,平晋恩.冯正霖参加2013年度公路交通联合应急演练[N].中国交通报,2013-11-29.
[39] 交通运输部. 关于进一步加强安全生产工作的意见(交安监发[2013]1号)[EB/OL]. 2013-1-5. 交通运输部网站:http://www.mot.gov.cn.
[40] 交通运输部.交通运输部办公厅关于开展高速公路和大型水运工程“防坍塌、防坠落、反三违”专项整治活动的通知(厅质监字[2013]129号)[EB/OL]. 2013-5-16. 交通运输部网站:http://www.mot.gov.cn.
[41] 交通运输部.关于做好机动车驾驶员计时培训系统技术规范实施工作的通知(厅运字[2013]249号)[EB/OL]. 2013-9-22. 交通运输部网站:http://www.mot.gov.cn.
[42] 交通运输部.关于印发《包车客运管理信息系统建设及管理规范》和推广应用《包车客运

标志牌二维码识别软件》的通知(厅运字[2013]56 号)[EB/OL].2013-2-25. 交通运输部网站:http://www. mot. gov. cn.

[43] 交通运输部. 关于贯彻落实交通行业标准《营运客车类型划分及等级评定》(JT/T 325-2013)的通知(交运发[2013]448 号)[EB/OL]. 2013-7-29. 交通运输部网站:http://www. mot. gov. cn.

[44] 熊婧,赵晓夏. 中美公路技术交流中心成立[EB/OL].2013-4-18. 中国公路网:http://www. chinahighway. com.

[45] 钱民峰,高海龙. 部公路院获批成立国际科技合作基地[N]. 中国交通报, 2013-12-12.

[46] 孙英利. 军车年底前全面使用 ETC[N]. 中国交通报, 2013-6-24.

[47] 孟庆丰. 首个国家车联网产业基地落户北京通州[N]. 中国交通报,2013-4-15.

[48] 汤一亮,赵悦彤. 第五届中国国际道路交通安全产品博览会开幕[EB/OL].2013-8-28. 中国广播网:http://www. cnr. cn.

[49] 孟庆学. 部公路院获批建设汽车国检中心[N]. 中国交通报, 2013-9-13.

[50] 邹争春,陈磊. 我科学家研制世界首套交通事故信息采集系统[N]. 科技日报, 2013-5-28.

[51] 丁灿. 第二届国际汽车安全高峰论坛在京举办[N]. 中国交通报, 2013-12-25.

[52] 于渊. "首届水下隧道建设与管理技术交流会"在南京举行[EB/OL]. 2013-11-28. 中国公路网:http://www. chinahighway. com.

[53] 杨宝众. 国际沥青资源再生利用会议在京召开[N]. 中国交通报, 2013-11-29.

[54] 田翔,袁芳. 翁孟勇在中欧城镇化伙伴关系论坛城市交通分论坛上提出:借鉴欧洲经验科学指导城市交通发展[N]. 中国交通报, 2013-11-22.

[55] 钱民峰,孟庆丰. 公路抗震减灾技术取得重大突破[N]. 中国交通报, 2013-11-22.

[56] 梁微,王文芳. 北京交通信息服务国际研讨会开幕[N]. 中国交通报, 2013-11-15.

[57] 康茜. 第二届两岸四地公路交通发展论坛举行[N]. 中国交通报, 2013-11-7.

[58] 王涛. 第 30 届中心城市交通改革与发展研讨会提出将城市作为交通改革的创新源[N]. 中国交通报, 2013-11-7.

[59] 张鸿斌. 中美交通论坛聚焦绿色技术应用[N]. 中国交通报, 2013-11-1.

[60] 杜爱萍. 道路运输业倡导应用绿色轮胎[N]. 中国交通报, 2013-10-18.

[61] 孟庆丰,滕学蓓. 中国智能交通产业联盟成立[N]. 中国交通报, 2013-9-25.

[62] 刘布阳. 交通运输部率先建立成果公开制度交通科技硕果社会共享[N]. 中国交通报, 2013-8-19.

[63] 刘文峰,赵丽. 高速公路行车主动预警技术通过鉴定[N]. 中国交通报, 2013-7-5.

[64] 吴超仲. 交通信息与安全国际学术会议开幕[N]. 中国交通报, 2013-7-4.

[65] 国家安全监管总局,公安部,交通运输部. 关于印发重庆道路交通安全工作做法的通知(安监总管二[2013]66 号)[EB/OL]. 2013-6-5. 交通运输部网站:http://www. mot. gov. cn.

[66] 周晓欧. 驾培教练员素质提升工程启动[N]. 中国交通报, 2013-6-6.

[67] 康茜,李璐. 桥梁维修加固技术交流会本月召开[N]. 中国交通报, 2013-6-3.

[68] 王涛,鲍健.城市公交研讨会碰撞新思路专家建议引入特许经营提升公交效率[N].中国交通报,2013-5-22.

[69] 国家发展和改革委.关于印发促进综合交通枢纽发展的指导意见的通知(发改基础[2013]475号)[EB/OL].2013-3-7.国家发改委网站:http://www.ndrc.gov.cn.

[70] 国务院.关于推进物联网有序健康发展的指导意见(国发[2013]7号)[EB/OL].2013-3-7.中央人民政府网站:http://www.gov.cn.

[71] 邹伟,白阳.我国将开展危爆物品安全大检查大整治[EB/OL].2013-9-16.新华网:http://news.xinhuanet.com.

[72] 孙英利.杨传堂在全国交通运输科技创新电视电话会上强调:加快推进科技创新支撑"四个交通"建设[N].中国交通报,2013-10-14.

[73] 车丽."第六届中国公路科技创新高层论坛"在京举行[EB/OL].2013-4-17.中国广播网:http://www.cnr.cn/.

[74] 钱民峰,孙婧.高速公路信息化研讨会召开[N].中国交通报,2013-4-2.

[75] 教育部.校车安全管理部际联席会议召开第二次会议[EB/OL].2013-1-6.教育部网站:http://www.moe.gov.cn.

[76] 侯小梅.首部交通建设监理历史文献图书出版[N].中国交通报,2013-12-30.

[77] 李旭,张方方.全国首条制式创新的轨道交通工程开工[N].中国县域经济报,2013-10-24.

[78] 张旭.第八届中国卫星导航运营商大会召开[N].中国交通报,2013-4-11.

[79] 曾叔云.2013年世界电信和信息社会日大会在京举行[N].中国商报,2013-5-20.

[80] 商务部.关于进一步加强报废汽车回收拆解行业监督管理工作的通知(商办建函[2013]59号)[EB/OL].2013-2-2.商务部网站:http://www.mofcom.gov.cn.

[81] 田翔.交通运输部与中国地震局签署会谈纪要[N].中国交通报,2013-1-14.

[82] 交通运输部.关于进一步加强安全生产工作的意见(交安监发[2013]1号)[EB/OL].2013-1-5.交通运输部网站:http://www.mot.gov.cn.

[83] 交通运输部.关于近期几起重大事故情况的通报(交安委明电[2013]2号)[EB/OL].2013-3-21.交通运输部网站:http://www.mot.gov.cn.

[84] 国家安全监管总局,公安部,交通运输部.关于近期四起重大事故情况的通报[EB/OL].2013-2-4.http://www.chinasafety.gov.cn

[85] 国家旅游局.关于进一步加强旅游安全工作的通知(旅办发[2013]70号)[EB/OL].2013-4-11.国家旅游局网站:http://www.cnta.gov.cn.

[86] 交通运输部.关于开展长途客运接驳运输试点工作的通知(交运发[2012]784号)[EB/OL].2012-12-31.交通运输部网站:http://www.mot.gov.cn.

[87] 交通运输部.关于进一步做好长途客运接驳运输试点工作的通知(交运发[2013]374号)[EB/OL].2013-6-17.交通运输部网站:http://www.mot.gov.cn.

# 附　　录

# 一、2013年道路交通安全十大新闻

**1. 十年来道路交通安全形势持续改善，年死亡人数下降近一半**

2013年，我国道路交通安全形势继续改善。全国共发生涉及人员伤亡且不适用简易程序处理的道路交通事故198 394起，造成58 539人死亡、213 724人受伤，比2012年分别下降2.84%、2.43%和4.73%。全国道路交通万车死亡率为2.34，10万人口死亡率为4.32，同比分别减少0.16和0.11。全国国道网和高速公路网亿车公里事故率分别降至3.0和1.0，亿车公里死亡率分别降至1.4和0.7。十年来，我国公路通车里程由2003年年底的180.98万公里增至2013年年底的435.62万公里，机动车保有量从2003年底的7 975.68万辆增至2013年年底的2.50亿辆，机动车驾驶人从2003年年底的10 278.14万人增至2013年年底的2.79亿人。与2003年相比，2013年全国国道网、高速公路日平均交通量分别增长188.51%和37.81%，日平均行驶量分别增长294.57%和406.19%。在这种情况下，我国道路交通安全形势持续得到改善，涉及人员伤亡且不适用简易程序处理的道路交通事故持续下降，我国道路交通事故死亡人数和受伤人数持续迅猛减少。与2003年相比，2013年我国道路交通事故死亡人数下降43.91%、受伤人数下降56.75%，十年间，我国道路交通事故年死亡人数下降了近一半。

**2. 修订后的《机动车驾驶证申领和使用规定》正式施行**

为进一步严格大中型客货车驾驶人管理，改进驾驶人考试制度，提高社会管理和服务群众水平，修订后的《机动车驾驶证申领和使用规定》（公安部令第123号）自2013年的1月1日起正式施行。修订后的《机动车驾驶证申领和使用规定》（公安部令第123号）在涉及机动车驾驶人考试、驾驶证日常管理、交通违法行为记分等方面的规定发生显著变化。修订后的《机动车驾驶证申领和使用规定》（公安部令第123号）实施一周年之后，在推动依法从严治理交通乱象，完善交通管理配套制度和执法设施建设，有效预防和减少重特大交通事故，培养汽车社会安全文明出行的新风尚等方面产生了重大的影响。机动车驾驶人的守法意识得到了明显提高，全国的严重交通违法行为也出现了大幅下降。

**3.《关于办理醉酒驾驶机动车刑事案件适用法律若干问题的意见》出台**

2013年12月18日，最高人民法院、最高人民检察院、公安部联合印发了《关于办理醉酒驾驶机动车刑事案件适用法律若干问题的意见》（法发［2013］15号，以下简称《意见》）。《意见》对"醉酒驾驶"进行了明确的界定。在道路上驾驶机动车,血液酒精含量达到 80 毫克/100 毫升以上的,属于"醉酒驾驶"。犯罪嫌疑人经呼气酒精含量检验达到醉酒标准,在抽取血样之前脱逃的,可以以呼气酒精含量检验结果作为认定其醉酒的依据。犯罪嫌疑人在公安机关依法检查时,为逃避法律追究,在呼气酒精含量检验或者抽取血样前又饮酒,经检验其血液酒精含量达到醉酒标准的,应当认定为醉酒。《意见》还规定了对"醉酒驾驶"从重处理的八种情形。

**4.《道路危险货物运输管理规定》修订**

2013 年 1 月 23 日,交通运输部修订并发布了《道路危险货物运输管理规定》(交通运输部令 2013 年第 2 号)。修订后的《道路危险货物运输管理规定》与之前所沿用的《道路危险货物运输管理规定》(交通部令 2005 年第 9 号)相比,在内容上发生了较大的变化。修订后的《道路危险货物运输管理规定》建立了专职安全管理人员制度、安全评价制度、"剧毒化学品、爆炸品"道路运输从业人员考试制度和危险货物道路运输豁免制度、举报制度和事故报告制度,还调整和细化了对停车场的要求、从源头上杜绝罐车超载,解决了专用车辆维修问题、危货车运普通货物问题、"民用爆炸物品、烟花爆竹除外"问题。修订后的《道路危险货物运输管理规定》自 2013 年 7 月 1 日起施行。

**5. 全国校车信息管理系统建立**

为贯彻落实《校车安全管理条例》,便于各级政府和相关部门及时了解掌握全国校车、校车驾驶人、随车照管人员和校车运营企业的基本情况,满足校车安全管理工作需要,提高校车安全管理水平,2013 年 3 月 18 日,教育部办公厅、公安部办公厅、交通运输部办公厅联合印发了《关于做好校车信息采集工作的通知》(教基一厅函[2013]12 号,以下简称《通知》),决定建立全国校车信息管理系统。《通知》要求,在全国中小学生学籍信息管理系统中建设校车信息管理子系统,专门管理校车信息、校车驾驶人信息、随车照管人员和校车运营企业信息。教育行政部门应当在系统中为公安交管部门和交通运输部门设立专门的用户账号,为查询相关信息提供方便,实现校车安全管理信息共享。

**6.《机动车强制报废标准规定》实施**

自 2013 年 5 月 1 日起,《机动车强制报废标准规定》(商务部令 2012 年第 12 号,简称《报废标准》)正式施行。根据《报废标准》的规定,已注册的机动车应当强制报废的情况包括:一是达到规定的使用年限;二是经修理和调整仍不符合机动车安全技术国家标准对在用车有关要求的;三是经修理和调整或者采用控制技术后,向大气排放污染物或者噪声仍不符合国家标准对在用车有关要求的;四是在检验有效期届满后连续 3 个机动车检验周期内未取得机动车检验合格标志的。

**7.《缺陷汽车产品召回管理条例》实施**

自 2013 年 5 月 1 日起,《缺陷汽车产品召回管理条例》(国务部令 626 号,以下简称《召回条例》)正式施行。在中国境内生产、销售的汽车和汽车挂车的召回及其监督管理都适用本条例。与之前所沿用的《缺陷汽车产品召回管理规定》(2004 年实施)相比,《召回条例》进一步加大了对缺陷汽车产品生产者的惩戒力度,也加大了对缺陷汽车产品经营者的管理力度。

**8. 交通运输部开展长途客运接驳运输试点工作**

自2013年1月20日起，交通运输部在北京、上海、江苏、浙江等13省（自治区、直辖市）开展长途客运接驳运输试点工作。试点工作开展以来，在防止驾驶人疲劳驾驶、提高车辆利用效率、避免车辆夜间停驶带来的诸多问题等方面发挥了积极作用，取得了初步成效。但也存在一些问题，主要表现在接驳运输车辆夜间通行难、接驳点选择难、试点企业运营成本增加、接驳点管理不到位等方面，制约了长途客运接驳运输试点工作的深入开展。为进一步做好长途客运接驳运输试点工作，交通运输部于2013年6月17日印发了《关于进一步做好长途客运接驳运输试点工作的通知》，对进一步落实长途客运车辆夜间通行政策、规范接驳点设置和管理、加强接驳运输监督管理等方面进行了再部署。

**9. 公安部开展货车违法行为专项整治**

2013年4月1日~9月30日，公安部在全国开展"大排查、大教育、大整治"货车违法行为专项治理。公安部总结了货车十大野蛮行为，并发出了《致全国货车驾驶人的一封信》，号召广大货车驾驶人积极参与到此次整治行动中去。货车违法行为专项整治行动有效遏制了货车肇事事故上升的势头，进一步带动了全国道路交通安全形势的好转。专项整治期间，全国货车肇事交通事故起数、死亡人数同比分别下降18.3%和19.8%，其中货车肇事导致一次死亡3人以上较大事故同比下降16.7%。同时，整治货车违法行为专项行动也促进和带动了整体事故预防工作。2013年4~9月，全国发生一次死亡10人以上重大事故8起，同比减少7起，并创造了连续88天未发生重大事故的记录。

**10. 道路交通安全重庆经验获推广**

2013年6月5日，国家安全监管总局、公安部、交通运输部联合印发了《关于印发重庆道路交通安全工作做法的通知》（安监总管二[2013]66号），要求全国各地结合实际学习借鉴，进一步加强道路交通安全工作。三部局通过调研，对重庆道路交通安全工作做法进行了总结，形成了《完善道路交通安全管理体系 实施道路交通安全发展战略》的经验材料，要求各地认真学习把握重庆市道路交通安全工作做法的实质，深入分析本地区道路交通安全工作的特点，找准薄弱环节，研究方案并加以落实。要借鉴重庆市"生命工程"先进经验，对本地区事故易发路段进行全面摸排，对存在的安全隐患开展有针对性的整治，落实整改资金，完善危险路段基础防护设施，并加大农村道路交通安全的投入。

# 二、2013年一次死亡10人以上的重大道路交通事故

**1. 四川泸州市古蔺县"2·1"重大道路交通事故**

2013年2月1日16时58分，四川省泸州市古蔺县畅通运业有限公司驾驶人王某某驾驶川E44303号大型普通客车，乘载30人(核载30人)，由古蔺县城驶往古蔺县水口镇庙林村。王某某在行驶途中与人闲谈，精力不集中，行至省道S309线古蔺县石宝镇境内K29+100m处时，因在长上坡、弯道上强行超越一辆同向行驶的重型货车，又在发现对向蒋某某驾驶的川EM2986号小型普通客车后处置不当，向右猛打转向盘，从而与对向来车发生刮擦，冲上道路右侧土堆，停滞20秒后翻下路侧山崖，造成11人死亡、18人受伤。

**2. 甘肃庆阳市宁县"2·1"重大道路交通事故**

2013年2月1日21时50分，河北衡水运输集团有限公司驾驶人姜某某驾驶冀T23171号大型普通客车，乘载54人(其中7名儿童，核载47人)，由河北廊坊市文安县驶往甘肃庆阳市宁县，行至甘肃省庆阳市宁五公路(宁县至陕西黄陵县五里墩)K2+200m处转弯下坡路段时，因超速行驶，遇急弯时临危采取措施不当，驶出弯道外侧，撞击路侧波形梁护栏后，坠入29.2米深的坡下林地，随后起火燃烧，造成18人死亡、32人受伤。

**3. 贵州黔东南州从江县"2·2"重大道路交通事故**

2013年2月2日8时14分，贵州黔东南州运发汽车运输有限公司从江分公司驾驶人周某某驾驶贵HA2008号中型普通客车，乘载34人(核载19人)，由黔东南州黎平县驶往从江县，行至从江县四寨河口至下银潭改扩建施工公路K5+800m长下坡向左急转弯处，因擅自闯入禁止客运车辆通行的改扩建公路，且超速行驶和在急弯路段操作不当，车辆失控向右侧翻，滑行8.7米后坠下距路面落差约125米的路坎下，造成12人死亡、22人受伤。

**4. 云南昆明"2·6"重大道路交通事故**

2013年2月6日13时30分许，云南省昆明市"倘甸产业园区和轿子山旅游开发区"乌蒙乡基鲁村驾驶人李某某驾驶云AG956Q号微型普通客车，乘载15人(核载6人)，由乌蒙乡基鲁村委会准备前往施宽村委会小街赶集，行至乌蒙乡基鲁村委会至施宽村委会乡村道路杨开地水洞附近上坡路段时，因严重超员和酒后驾驶，在上陡坡过程中车辆后溜，致使车辆翻坠入道路北侧深50余米的山崖，造成12人死亡、3人受伤。

**5. 湖北恩施州建始县“2·19”重大道路交通事故**

2013 年2 月19 日10 时33 分,湖北恩施州交运运输集团昌瑞客运有限公司驾驶人向某某驾驶鄂 Q01466 号中型普通客车,乘载19 人(核载19 人),由恩施建始县官店镇客运站返回恩施,行至官店镇红二线 K66 +700m 处,在与对向车辆会车时,因处置不当,过于靠边(悬崖)行驶,加上路面湿滑,不慎翻滚至路侧150 米的山坡下,造成10 人死亡、9 人受伤。

**6. 湖北二广高速荆州长江公路大桥“3·12”重大道路交通事故**

2013 年3 月12 日19 时04 分,湖北恩施州鹤峰县益通汽运有限公司驾驶人陈某某驾驶鄂 Q69888 大型双层卧铺客车,乘载22 人(核载36 人),由武汉市硚口区古田客运站驶往恩施州鹤峰县走马镇客运站,行至二广高速 K1765 +200m 处荆州长江大桥路段时,在桥面快速车道超越同向行驶的一辆大型普通客车后,遇肇事驾驶人张某某驾驶的鄂 E2J440 号普通两轮摩托车在快速车道内逆向行驶,陈某某向右猛打转向盘避让,因操作不当,客车向右斜穿大桥并撞毁桥梁防护栏,坠入高度为15.45 米的桥下长江大堤护坡上,造成14 人死亡、9 人受伤。

**7. 云南保山市隆阳区“3·18”重大道路交通事故**

2013 年3 月18 日16 时18 分许,云南楚雄州汽车运输公司驾驶人高某某驾驶该公司云 E10598 号大型普通客车,乘载29 人(核载30 人),由德宏州瑞丽市驶往楚雄州南华县,行至杭瑞高速公路 K2689 +200m 处时,因在雨后路面湿滑的情况下超速行驶,致使车辆失控与道路中央水泥隔离墩发生刮擦,且操作不当,导致车辆向右急转撞断道路右侧防护栏后驶离路面,坠落至95 米深的山崖,造成15 人死亡、14 人受伤。

**8. 福建夏蓉高速漳州段“3·22”重大道路交通事故**

2013 年3 月22 日11 时25 分许,湖北省仙桃市驾驶人别某某驾驶江西省鹰潭市顺驰物流有限公司的赣 L38239 号(赣 LE738 挂号)重型半挂汽车列车,运载34 吨水泥(核载31 吨),由福建龙岩驶往漳州,行驶至国道 G76 线夏蓉高速 K109 +524m 长陡下坡处,因车辆失控,先后与闽 DUM793 号小轿车、贵 C80937 号大型卧铺客车(乘载45 人、其中儿童3 人,核载44 人)、闽 E63356 号重型自卸货车发生碰撞,造成12 人死亡、34 人受伤。

**9. 新疆昌吉“6·18”重大道路交通事故**

2013 年6 月18 日17 时10 分许,新疆安吉达国际旅客运输有限责任公司驾驶人马某某驾驶该公司新 A89385 号大型普通客车,乘载36 人(核载37 人),从索尔巴斯陶景区返回昌吉市,行至庙尔沟乡县道 X125 线 K13 +620m 处(该路段正在建设尚未竣工验收),因超速行驶和操作不当,向左侧翻下路基,造成15 人死亡、21 人受伤。

**10. 江西抚州市南丰县“7·23”重大道路交通事故**

2013 年7 月23 日20 时35 分,江西抚州南丰县驾驶人梅某某驾驶赣 F43073(赣 F2392 挂号)重型半挂汽车列车,乘载27 人(驾驶室乘坐6 人,车厢内货物上乘坐21 人,驾驶室核载3 人)及29 840 公斤黄花梨,沿南建公路由福建省建宁县溪口镇返回江西省南丰县,行至江西境内南建公路209 省道 K33 +190m 处下坡右转弯路段时,因车速过快、制动失效,导致车辆失控向左侧翻,车头冲至左侧路外土堆,造成16 人死亡、10 人受伤。

**11. 安徽蚌合高速合肥段“8·9”重大道路交通事故**

2013年8月9日3时20分左右,上海市奉贤区驾驶人程某某驾驶上海瑞锦旅游客运有限公司的沪B67525号大型普通客车,乘载53人(核载53人),由上海驶往安徽省阜阳市颍上县,行至安徽省道S17线蚌合高速公路合肥段K111+500m处时,因未与前车保持安全距离、超速行驶,追尾碰撞前方同向行驶由程某某驾驶的皖S55940(皖SC859挂)号重型普通半挂汽车列车的尾部,造成10人死亡、31人受伤。

**12. 云南曲靖市罗平县“8·11”重大道路交通事故**

2013年8月11日8时许,云南曲靖市罗平县驾驶人郭某某驾驶云DV5586号小型普通客车,乘载15人(核载7人),由罗平县阿岗镇戈维村委会挖玉冲村前往阿岗镇,行至挖玉冲村“大转弯”下陡坡左转急弯路段,因在潮湿路面路段超速行驶,车辆驶出路面,翻下22.8米山坡,坠落于该道路下一台路面上,造成11人死亡、4人受伤。

**13. 河南信阳光山县“8·12”重大道路交通事故**

2013年8月12日15时58分,河南周口市驾驶人张某某驾驶周口金豫汽车运输有限公司的豫PP6696号重型仓栅式货车(空载),由东向西行驶至信阳市光山县境内的312国道K768+260m处时,因超速、疲劳驾驶制动和安全性能不良的重型仓栅式货车,越过道路中心黄实线,与相向行驶的信阳市运输集团有限责任公司第三客运公司的豫SA0905号大型普通客车发生侧面碰撞,致使两车冲入路边稻田,造成11人死亡、12人受伤。

**14. 安徽宿州市“8·26”重大道路交通事故**

2013年8月26日16时46分,驾驶人邵某某驾驶皖L58126号重型自卸货车,运载36吨黄沙(核载15.8吨),沿国道G310由东向西行驶至K305+140m处,遇到同向行驶的前方车辆制动时,因采取措施不当,向左急打方向,驶入道路左侧,与对向由葛某某驾驶的苏CP8660号中型普通客车(乘载15人,核载15人)发生正面碰撞,造成10人死亡、5人受伤。

**15. 四川达州市渠县“9·15”重大道路交通事故**

2013年9月15日13时11分,四川达州市亚通运业有限公司驾驶人孙某某驾驶川S37789号重型自卸货车,运载46.8吨石膏(核载15.67吨),由渠县聚力兴石膏矿业有限公司运往渠县华新水泥厂,行至达州市渠县李馥乡境内渠汇路K11与望石路K54+060m交叉路口处,因处置不当,在左转弯过程中车辆失控向右侧翻,将右侧同向正常行驶的川S31500号大型普通客车(乘载27人,核载24人)挤撞翻坠至5.4米高的桥下河沟内,所载约4/5石膏倾泻于桥下,将川S31500号大型普通客车中后部掩埋,造成21人死亡、7人受伤。

**16. 安徽亳州市利辛县“9·24”重大道路交通事故**

2013年9月24日1时15分,安徽亳州市利辛县驾驶人江某某驾驶皖S73712号(皖SG225挂号)重型半挂汽车列车,运载109吨石粉(核载33吨),沿利辛县城延陵大道由东往西行驶至富强路交叉路口处,因在未经验收路段上超速、超载行驶,与驾驶人石某某驾驶的沿富强路由北往南行驶的皖KG5551号大型普通客车(乘载37人、核载47人)发生接触性碰撞继而发生连续剐碰,致使重型半挂汽车列车向右侧倾倒;大型普通客车向南偏西滑移,轮胎与路缘石发生剐碰后车头撞断延陵大道西南侧路边桥上栏杆,造成10人死亡、28人受伤。

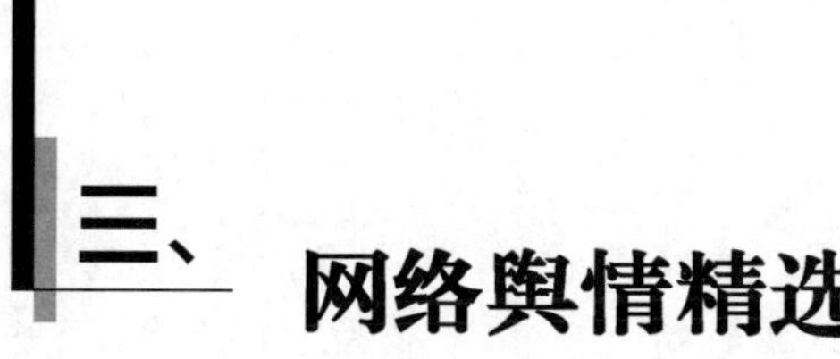

# 三、网络舆情精选

1. 文明出行

## “处罚闯红灯”遇阻力是惯出来的毛病

作者:曹　林　摘自:中国青年报(2013年4月11日)

看得出来,中国这一次真的要向“中国式过马路”这种违法陋习开刀了。多地都严查行人闯红灯,动用了各种手段,如协管员劝导,媒体曝光,交警罚款等。尤其是罚款这一招,引起了很大的争议,遇到了很大的阻力,北京处理一起闯红灯就需要半个小时,甚至出现交警被打的现象。媒体报道了不少闯红灯的行人阻挠交警执法的案例,比如南京一位大妈乱穿马路,交警说:“旁边就是路口,多绕几百米不就到了吗?”大妈反击:“人生能有多少个几百米,每天都绕几百米,那人生很大一部分就荒废了!”这样的狡辩让人啼笑皆非,很多国人都把哲学用在这种狡辩上,将思辨变成一种油滑,而在公共问题上缺乏真正的思辨意识。这些人平常也会谈“法律信仰”,可仅仅只在自己处于弱势位置、寻求法律救助、法律对自己有利时,才想到“法治”;一旦处于某种强势位置、法律对自己不利、能从违法中获益时,眼中就没有法律,而成为阻碍“法治”的钉子户了。天天喊着法律,不过是指望别人守法,而自己是例外者,凌驾于法律之上,享受别人守法带来的便利。我们生活中这种“伪法治主义”者大行其道。

“中国式过马路”应该是一个让中国人感到脸红的词条,就像“中国特色”有时让人感到尴尬一样,这不是对“特立独行”的描述,而是一种反文明、反法律、反秩序、缺乏公德的野蛮状态,对应的是没有规则意识:人家过马路都循规蹈矩,而中国人却不守规矩——就像世界很多旅游景点专门以中文提醒游客要守规矩一样,“中国式过马路”中的批评是显而易见的。当然,只要批判不指向个人,不触及个人利益,“中国式过马路”这种仅让集体难堪的污名标签,很难触动国人反思。前几天,我在课堂上进行过一次统计,问学生“谁从未闯过红灯”,只有一个女生弱弱地举起了手。

此次交通管理部门严查严罚“中国式过马路”,遇到了很大的阻力。与一些外国朋友聊到这个话题时,他们对此感到非常困惑:闯红灯的行人有什么理由阻止交警的执法呢?“不闯红灯”的要求是天经地义、世界通行的交通规则、法规的明文要求，有什么理由去抵制和拒绝呢？

这种阻力在法律上是完全站不住脚的，剩下的只能是像南京的那个大妈那样去诡辩了。阻碍的理由无非有三：其一，闯红灯的人非常多，很多人已经养成闯红灯的习惯，处罚应该考虑到这个国情，法不责众，治理应该循序渐进；其二，以前闯红灯怎么不罚，现在突然开罚，让人受不了，不应该“运动式执法”；其三，交通规则存在问题，很多路口通行信号灯太短，或者机动车不讲规则，如果不闯红灯就很难过马路，行人是弱者，不应该处罚行人；其四，闯红灯只是一种不文明陋习，不应该以罚款方式去治理。

显然，这四个理由都是胡搅蛮缠，毫无道理。其一，违法的人多，并不就有了正当性；其二，以前闯红灯未被处罚，是法律执行不够，并非以前就可以闯红灯；其三，不能为“守法”设置条件，即使交通规则有问题，即使行人与机动车在路权分配上有问题，也不能成为可以违规闯红灯的理由；法律如果有问题，可以通过民主方式和立法程序去矫正，有问题的法律在修改前也应该遵守，这才是真正的法治精神；其四，不要再以轻飘飘的“不文明陋习”去辩护，闯红灯本身就是“交通违法行为”。

众多阻挠的理由归结为一条：这是长期以来交通管理中“弹簧式执法”惯出来的毛病。如果从法律实施开始，就严格执法，对过马路闯红灯的交通违法行为进行处罚，就没这么多理由了。可管理部门执法不严，先没把行人闯红灯当回事，行人当然也就有法不依，甚至误以为“红灯可以闯的，不闯才是傻瓜”。执法者的娇惯和纵容，最终使得行人不把红灯放在眼里，竭力阻碍“严查闯红灯”。

此前，管理部门已进行过多轮闯红灯治理，可在这种惯出来的巨大阻力下都“流产”了。越是“作罢”，越是继续娇惯，越是给闯红灯者一种错误的暗示：只要民间阻力足够大，就可以绑架官方，官方对闯红灯的治理就不得不作罢。

终结这种怪圈，唯有持之以恒的严格执法。每一次“一阵风后便作罢”，都会让下一次的治理更加艰难，阻力更大。“行人闯红灯”这种最庸常的、处处可见的交通违法行为都治不了，何以能建成什么法治社会？连严查闯红灯这种小事上都没有执法的韧性，这种“微利益”的阻力都突破不了，又何以能树立国人对法律的信仰？闯红灯问题只是中国很多社会问题的一个缩影，没有不可以突破的阻力，阻力都是惯出来的。

## 文明出行，请上好汽车时代的“必修课”

作者：王昊魁　赵　健　摘自：光明网（2013 年 12 月 2 日）

开车打手机、随意变更车道、乱停乱放等交通陋习，损害社会公德，破坏公共秩序。治理交通陋习，需要重塑全面完整的汽车文化，让“安全文化”占领汽车文化高地。

12 月 2 日是全国交通安全日，今年的主题为“摒弃交通陋习，安全文明出行”。交通陋习与道路交通安全密切相关，2013 年 1 ~ 10 月，仅“闯红灯”这一行为就导致事故近3 000起，直接造成 535 人死亡。文明出行，已成为汽车时代的“必修课”。

**汽车大国难掩汽车文明缺失之痛**

前两天，家住北京市西城区的任先生开车上班，不到 10 公里的路程，两次遇到右侧车辆随意变更车道,“连转向灯都不打,只看前方行驶车辆,不管后车车距见空就钻,还好我制动及时,才避免了剐蹭或追尾事故的发生。”

任先生的经历相信很多驾驶人都遇到过。一方面是机动车保有量的快速上升;另一方面,是社会对交通陋习引发交通违法行为的担忧。有专家指出,虽然我国已进入汽车社会,但与之相对应的汽车文明却发展缓慢。

这种担忧并非没有根据。据公安部统计,截至2013年10月底,我国机动车保有量已达到2.5亿辆,汽车驾驶人数量达到2.16亿人。而今年前10个月,全国交管部门查处的随意变更车道、乱停车、驾乘摩托车未戴头盔等交通违法行为分别为181.5万起、3 924.6万起、252万起,同比增长34.58%、34.64%、12.60%。

公安部交管局局长许甘露指出,目前部分群众安全文明观念缺失,交通陋习比较普遍,事故伤亡总量仍然较大,道路交通安全形势不容乐观。

公安部交管局统计显示,今年(指2013年,编者注)前10个月,全国城市道路因随意变更车道导致事故1 276起,造成152人死亡、1 467人受伤。因无证驾驶车辆导致事故3 639起,造成1 290人死亡、4 464人受伤。营运车辆因超速行驶导致事故1 413起,造成752人死亡、1 581人受伤。

“习以为常的交通陋习,其引发的后果非常严重。”北京交通大学法学院教授张长青指出,车辆、行人较为密集的道路,是高度危险的场合,一旦发生交通事故,危害的是人的生命财产安全。车损坏、人伤亡是家庭不幸、社会之痛。

**交通参与者缺乏对消极汽车文化的应有之思**

11月29日晚10点,在北京市海淀区北三环学院路辅路,记者发现,一辆黑色轿车停放在明显设有“禁止停车”的标志旁,10分钟内,又有两辆车停了下来。面对记者“有禁停标志为什么还要停车”的问题,一位车主不情愿地说:“晚上车少人少不会妨碍交通,而且大家都往这儿停啊。”

张长青表示,有的交通陋习就是不遵守道路交通法律法规的行为,严格意义上说就是违法,产生这种现象,既有人们法律意识淡薄的原因,也有很多人将现实条件作为违法违规的借口的原因。“如乱停乱放,许多驾驶人都有从众心理,且大城市停车难、停车贵等因素更助长了他们的交通陋习。”

一位山东基层交警告诉记者,有些驾驶人是有急事赶时间,但有些人是在炫耀,炫耀驾驶技术高超,或展示车辆性能,在这种心理作用下左拐右穿、有空就钻,影响了正常交通秩序。

我国广泛接受了现代汽车文化,但对其消极方面尚未引起足够重视。交通运输部管理干部学院教授张柱庭认为,产生交通陋习的原因还在于交通法治的缺失,没有起到惩罚、震慑、规范作用,成为汽车安全的“致命伤”。他解释说,由于行政执法是“选择性执法”,在执法时间、地点、处罚等方面存在选择性,无疑助长了交通参与者的侥幸心理,使有些交通违法行为越来越严重。

**多管齐下尤其要健全摒弃交通陋习之法**

专家表示,摒弃交通陋习,安全文明出行是一项系统工程,需要多措并举,在健全法律法规、加强宣传教育、增强执法规范性、增加执法标识、改善执法环境等方面下大力气。

“首先应完善有关法律法规,让执法者有法可依,让群众知法懂法”,张长青说。“酒驾”

“闯红灯”“开车打手机”等属于交通违法行为已被越来越多的人所知晓、接受，但有些交通陋习，我国还存在立法空白，交通参与者不以为然，要改变这种状况必须依靠严密的法律。

“醉驾入刑”取得的成效可以佐证张长青的观点。据统计，自 2011 年 5 月 1 日正式实施“醉驾入刑”以来，截至 2013 年 4 月 30 日，全国公安机关共查处酒后驾驶 87.1 万起，较法律实施前两年下降 39.3%。其中，醉酒驾驶机动车 12.2 万起，较法律实施前两年下降 42.7%。

张柱庭说，治理交通陋习，需要重塑全面完整的汽车文化，让“安全文化”占领汽车文化高地。交通安全知识缺失的补救应当通过制度来实现，将驾驶培训改为“强制培训”，增加事故发生的原理分析。通过驾驶培训、宣传教育，加深交通参与者对交通违法后果的认识。在此基础上，加大违法处罚力度，变“运动式执法”为常态化执法，变事后“侦查”为事前防止。

2010 年，由中央文明办、公安部部署开展的为期三年的“文明交通行动计划”已取得积极成效，各地在巩固深化成效的基础上，2013 ~ 2015 年将继续深入实施新的三年计划。近日，公安部等六部门也联合下发通知，要求各地根据实际，分别在城市、农村及运输行业重点开展主题活动，采取多种方式，深入剖析交通陋习深层次原因，加强违法行为曝光力度，倡导文明交通新风尚。

**2. 交通安全隐患**

## “超低速”，流动的路障太危险

作者：黄庆畅　摘自：人民日报(2013 年 12 月 18 日)

提到超速，人们往往想到的是车速超过最高限速，却容易忽视另一种“超速”：车速慢过最低限速，也称“超低速”，这同样会被处罚。

车开快了要受罚，为什么车开慢了也要受罚？“超低速”的危害有多大？“超低速”的原因何在，又当如何避免？记者就这些问题进行了调查。

根据我国道路交通安全法实施条例的规定，正常情况下，我国高速公路最高限速为 120 千米/小时，而最低限速为 60 千米/小时。各省市的地方性法规对“超低速”明确了具体罚则，正常情况下驾车低于规定最低时速行驶的，由公安机关交通管理部门处以 200 元罚款，对驾驶证记 3 分。

**“超低速”容易引发事故**

今年(指 2013 年，编者注)1 ~ 10 月，我国共发生因“超低速”引发的交通事故 1 万余起，共造成近 3 万人伤亡。

“十次事故九次快”，开快车容易出事，对此人们已有共识。可开慢车也会“躲着中枪”，听起来有点令人难以置信。公安部交管局相关负责人就介绍了一起“超低速”引发严重交通事故的典型案例。

今年 8 月 24 日 23 时 05 分，秦某驾驶重型半挂牵引车行驶在兰海高速上，正当他从第二行车道转入第一行车道时，后面行驶在第一行车道的一辆小轿车根本来不及制动，只好往第二行车道打方向，结果撞上了秦某驾驶的半挂车，造成何某驾驶的小轿车里的 5 人当场死亡。

后经交管部门查明，虽然事发前何某驾驶的小轿车速度为 143 千米/小时，存在着超高速的违法行为，但秦某驾驶的半挂牵引车在事发时速度为44千米/小时，低于高速公路最低限速行驶，并在低速情况下变更车道，其行为存在车速低于规定限速而影响其他车辆行驶的过错行为。事故责任认定，秦某负同等责任，不但赔了钱，还因交通肇事罪被法院判处3年有期徒刑。

"'超低速'确实很危险！"江苏省公安厅交巡警总队高速公路管理处民警胡锐介绍，高速路上低于最低时速开慢车，很容易引发交通事故，因为后方车辆在高速行驶的情况下，突遇前方"超低速"车辆，极易导致后车驾驶人反应不及或操作不当而引发交通事故。

对此，湖南省公安厅交通管理局高速公路管理支队潭邵大队交管科长邓俊飞也有同感。他解释说：一方面，驾驶人视力在高速运动中会下降，感知能力和辨别能力会下降，尤其是在夜间等能见度较差的情况下，运动中的车辆缺少参照物，驾驶人难以目测车距，也难以估计前车的速度；另一方面，驾驶人的驾驶经验形成习惯性思维后，会在潜意识上默认前车在高速行驶，容易出现误判，从而引发追尾事故。

公安部统计数据显示，今年1~10月，我国共发生因"超低速"引发的交通事故1万余起，共造成近3万人伤亡。

**"超低速"大多缘于超载**

今年1至10月，全国查处货车超载111万多起，同比下降46.20%。

"'超低速'还是一个流动的路障。"谈到"超低速"的危害，邓俊飞说，高速路上"超低速"行车，除了容易引发严重事故外，还影响高速公路的道路通行效率，会造成局部交通行驶缓慢，而在大流量的情况下更易导致交通阻塞。

在高速公路上开过车的人或许深有体会：一辆车爬行，后面的车就得集体变道；两辆车并排爬行，后面就得压一长串车，有的车便冒险闯应急车道。

在分析"超低速"的原因时，不管是交警，还是驾驶人，都把矛头指向了大货车的超载。胡锐表示，"超低速"的车辆大多是大货车，其成因主要有三点：一是车况差，车辆技术标准低；二是超载行驶，车辆跑不动；三是极少数路段设计缺陷，有长爬坡，大货车更跑不起来。

针对大货车超载问题，湖南高速交警在通过雷达测速仪等科技手段加大打击力度的同时，加大对大货车驾驶员的宣传教育。像湖南省一样，近年来全国交通管理部门加大了对大货车超载、"超低速"的宣传教育和查处力度，目前已初见成效。据公安部统计，今年1~10月，全国查处货车超载近112万起，比去年同期下降46.20%。

"虽然小轿车'超低速'现象较少，但自身威胁更大。"邓俊飞介绍，个别小轿车驾驶人有时也会因为路况不熟，查看路线时造成"超低速"。以前有一些"新手"上高速，误以为慢慢开就安全，殊不知"超低速"成为路障，如被大车撞上，后果难以想象。因此，他特别说明，从今年1月1日起，"新手"不能单独上高速，必须由持相应或更高车型驾驶证3年以上的驾驶人陪同，公安部这样的规定非常必要和及时。

**被迫"超低速"不受罚**

车辆因故障或其他原因导致行驶速度明显降低时，应当立即开启危险报警闪光灯。

"超低速"危害巨大，交管部门又在严管重罚，人们自然关心：雨雪天或节日长假堵车，怎么办？

公安部交管局相关负责人表示，在冰、雪、雨、雾等恶劣气候条件或者交通拥堵、道路施工等特殊情况下，驾驶人首要保证的还是行车安全，应当降低车速。受交通道路通行条件限制，如事故现场路段、施工路段和采取交管措施路段的低速行驶不属于“超低速”行为。作为高速公路堵车造成的被迫“超低速”，应当不属于正常情况下驾车低于规定最低时速行驶的范畴，交管部门应不予处罚。

据了解，高速公路的限速规定（最高及最低）均是针对正常通行情况而言，之所以限速，其根本目的还是在于确保高速公路通行效率和行车安全。高速公路的车速限制，是道路设计、建设部门经过充分论证后设定的，并非公安交警部门自行决定。

对于如何预防和减少“超低速”，胡锐坦言，“超低速”最大的威胁还在于部分驾驶人的思想麻痹，不把“超低速”当回事。同时受查处方式和手段的制约，光靠处罚还不够。因此需要广大驾驶人充分认识“超低速”的危害，不能心存侥幸，特别是大货车驾驶人要做到拒绝超载、安全驾驶。

邓俊飞也提醒广大驾驶人，高速公路上除了防“超高速”，也要防“超低速”。一旦车辆因故障或其他特殊原因导致行驶速度明显降低时，应当立即开启危险报警闪光灯，有必要时应将车辆靠右行驶或驶入最近的停车港湾、服务区。

## 我国百万辆报废车重返公路致安全事故频发

作者：陆文军　宗　巍　摘自：新华网（2013 年 5 月 13 日）

近来，报废汽车重新上路致人死命的案件时有发生，引发了人们对行车安全的进一步担忧。

从 5 月 1 日起，我国新的《机动车强制报废标准规定》开始实施，有关部门强调报废机动车必须强制拆解。

**百万辆报废车，“改头换面”上岗**

今年（指 2013 年，编者注）4 月，一名男子在哈尔滨驾驶报废车辆时突然出现故障，将一名骑车人撞飞 60 多米当场死亡。

今年 3 月，在广西境内，一报废车“摸黑”上路，引发 5 车相撞的连环事故。

2012 年 12 月，一男子贪图便宜买了报废汽车在江苏扬州从事运货，由于缺乏安全制动措施，货车在停下后突然快速向后滑行，将正在路边玩耍的五岁男童撞死。

中国物资再生协会的统计数据显示，自 2006 年以来，每年大约有 80 万辆报废汽车没有进入正规渠道拆解，累计大约有 500 万辆报废汽车不知去向。

“这些不知去向的报废汽车有一半进入地下非法拆解渠道，变成废铜烂铁卖掉了，还有一半‘改头换面’以黑车形式沉淀在全国道路上继续行驶。”中国物资再生协会会长刘坚民如是说。

2010 年 6 月，无锡一辆报废汽车上路肇祸，致人重伤，经查才发现此报废车已经过 4 次转卖；2011 年 11 月，一车主购买报废货车改装成超重罐车，后在四川某地由于突然制动失控，造成 5 死 25 伤的恶性事故。

专家指出，中国汽车市场在经历了多年高速增长之后，将迎来首轮汽车报废高潮期，因而老旧汽车如何规范报废，遏制其重返公路，是一件关系到交通安全的大事。

**三种地下渠道,成全报废车辆**

新的机动车强制报废标准规定实施以来,记者在采访时发现,我国实施汽车报废的正规企业“吃不饱”,而不法分子从事老旧汽车“假过户、假转籍”的生意红火,导致大量报废车辆重新流入市场。

据调查,一辆本该报废的车辆没有进行拆解而是流入“黑市”的话,主要通过以下三种渠道:

一曰“假转籍”。在车辆报废前一年左右,车主到当地车管所办理车辆转籍手续,比如说要从 A 市转到 B 市,但在转籍手续办完之后,车主并没有带着手续到 B 市落籍,而是将这辆车卖到第三地继续行驶或者直接高价卖给私拆滥解的黑作坊。

中国物资再生协会副会长龙少海说,“假转籍”现象在全国各地都很多见。“摇身一变”之后,转出地车管所信息显示该车已经转出,但名义上的转入地并没有该车的登记,实际的转入地更不可能有这辆车的信息。这样一来,这辆报废车“明目张胆”地消失了。

二曰“假过户”。记者走访了部分二手车市场发现,有相当一批的中间人为了收取费用,帮助车主办理“假过户”手续,例如通过孤寡老人的身份证或假身份证先将车辆进行过户,然后卖到异地。

据了解,这些不法分子在办理“假转籍”、“假过户”的过程中,甚至将车辆的识别代码——车辆大架号抹掉。这样一来,即便这辆车发生交通事故,当地交警也无法找到原车主。

三曰“假报废”。鉴于各地车管所管理上宽严不一,自 2008 年政府允许车辆异地报废的规定出台后,一些不法分子选择一些“有门路”“有关系”的车管部门进行异地“假报废”。

天津国联报废汽车回收公司负责人介绍,离天津不远的河北省某县就是异地“假报废”车辆集中地。一些天津车主在车辆报废前,会到这儿的车管部门,以“车辆因损坏无法驶回登记地”为由,运用一些手段,请对方开具异地报废证明。实际上,这辆名义上已经报废的车辆,不久又会回到天津市继续行驶,或者转卖给私下拆解的黑作坊。

**老旧汽车报废,亟待加强监管**

国务院四部委联合发布的《机动车强制报废标准规定》要求,强制报废汽车应交售给报废机动车回收拆解企业,由报废机动车回收拆解企业按规定进行登记、拆解、销毁等处理,并将报废机动车登记证书、号牌、行驶证交公安机关交通管理部门注销。

如何治理“三假”毒瘤?记者调查发现,报废汽车流失大约有两个环节:在上游,车管部门被动进行“强制注销”,无法从源头上管住报废汽车流向黑市;在中游和下游,监管部门缺乏有效执法手段,除了不定期联合检查外,并未形成打击黑车市场的长效机制,以至于拼装二手车或翻新后的零部件重返汽车市场。

业内人士建议,首先要加强转入、转出两地车管所的联动,封堵“假转籍”“假过户”交易空间。在车主办理转籍手续时,两地的车辆管理部门必须联合行动,可借鉴以往做法,先拿到转入地证明后,转出地才能办理转籍,通过约束性的规定,杜绝车主“假转籍”。

其次,要保证报废汽车信息的真实录入,确保信息统计的准确性。商务部门要尽快出台规定,明确要求各报废汽车回收拆解企业对回收车辆进行信息录入时,必须包括所有接收的报废车辆。

其三,对报废汽车回收企业实行严格的职业资格认证制度,提高行业准入门槛。龙少海说，我国正规的报废汽车回收企业500多家，每家企业下设很多网点，实际上的回收单位已超过2 000家，“僧多粥少”及“恶性竞争”的状况亟待改善。

**3. 农村交通安全**

## 农村交通陋习为何难根治

作者：张　洋　余哲西　来源：人民日报（2013年12月4日）

**农村地区常见交通陋习**

①酒驾；②不佩戴安全帽；③无证驾驶；④无牌驾驶；⑤货车载人；⑥随意变车道；⑦驾驶人与人聊天；⑧行人随意穿行马路。

**农村交通陋习的背后是散漫的生活习惯**

电动三轮车原本是用来运输杂货的，但是很多车的货箱里都加装了简易的座椅。

11月24日，笔者来到北京市海淀区苏家坨镇草厂村，实地观察了这里的交通状况。

中午1时许，两位中年男子从路边的一家餐馆出来，其中一人立马发动了三轮摩托，另一人毫不犹豫地坐进车后狭小的货箱。随着一声起动机轰鸣，两人有说有笑地向北出发了。

货车载人，在农村司空见惯。很多电动三轮车原本只是用来运输杂货的，但是货箱里往往都会加装简易的座椅，有的干脆放几个用绳子简单固定的小马扎。

问及为什么，大多数驾驶人、村民给出的答案是“行个方便、赚个外快”。

此外，笔者还观察到，村民随意穿行公路、驾驶人探头与熟人打招呼、车辆在道路两侧随意停放等交通陋习随处可见。

为了进一步观察、体验农村交通陋习的危险，笔者还专门搭乘了一辆电动三轮车。

笔者坐在电动三轮车后面的货箱里，一路颠簸、一路忐忑：公路上的行人、自行车、摩托车、大货车鱼龙混杂、络绎不绝，道路显得十分拥挤。尽管如此，笔者所搭乘的电动三轮车根本没有“车道”的概念，也没有“秩序”的意识，时而左转，时而右行，一个劲地在夹缝中往前冲。即便在会车时，也是“狭路相逢勇者胜”的决心，没有“退一步海阔天空”的念头。

再看电动三轮车的师傅，不仅自身没有任何安全防护措施，还特别健谈，尤其是说到车辆载客能力时，师傅竟然一手驾着车，然后很自然地转过身来，用另一只手放平了货箱里的座椅，“这车坐4个人没问题。”师傅很潇洒地说道。

农村交通，陋习百出。对此，上海工程技术大学副教授钱宇彬认为，近年来，农村生活水平显著提高，汽车也走进了广大农村群众的家庭。但农村交通安全的“软环境”还没有与农村交通供给的“硬增长”完全合拍，当他们将传统农村社会中的生活习惯带到现代交通上，必然会出现不文明的行为。

“农村群众一个突出的生活习惯就是散漫，把这种散漫带到交通环境中，就变成了‘行个方便、赚个外快’等一系列心理。一些农村群众总是抱着不会有事的侥幸心态，也极少想到自己的行为要对他人负责，更不会考虑自己的行为会对交通秩序造成什么影响。久而久之，农村交通也就自然而然地变得‘散漫’。”钱宇彬补充说道。

**薄弱的交通管理也是交通陋习盛行的重要因素**

在农村,一个中队一般只有两三个交警,但要负责两三个乡镇。

交通陋习,害人害已,大力整治,势在必行。其中,"醉驾入刑"就是一例。

逢年过节,亲戚朋友之间的礼尚往来缺不了酒,更少不了往来的交通工具。不幸的是,在一些农村地区,电动车、摩托车、私家车等现代交通工具让人们的生活驶入了快车道,无酒不欢的文化习俗也让酒驾事故的数量驶入了快车道。对此,自2011年5月1日起,我国《刑法修正案(八)》正式实施,醉酒驾驶作为危险驾驶罪,依法追究刑事责任。

重典惩治,效果如何?笔者发现,"不行不行,查得严",这是城里开车人士拒酒的流行语;"放心放心,没人查",这是农村劝开车人畅饮的常用说辞。在一些农村地区,酒驾之风依然盛行。

今年农历正月初三,家住山东省郓城县的李某一大早就开始省亲之旅。早上8点,到达三姑家,一大桌子的菜加上三瓶白酒早已准备妥当。席间,三姑家人左劝右说,李某在不知不觉中,几大杯酒就已经下了肚。微醉中,李某骑上摩托车,继续赶往二姑、大姑家。临近中午,李某不得不面临另一场酒局。最终走出大姑的家门时,李某的步子都有点趔趄了,可是,他依然选择醉酒驾驶。

为什么要以身试法、铤而走险?除了"酒文化"外,李某的另一番说辞让笔者大吃一惊,"路上没几个警察,根本没有摄像头,怕什么?"

的确,薄弱的交通管理是农村地区酒驾盛行、交通陋习难改的又一重要因素。"农村面积大,警力不足。在农村,一个中队一般只有2~3名交警,其余全是协警,而且一个中队要负责两三个乡镇。"山东省交警总队民警于安波还说道,农村交通工具繁杂,特别是摩托车、电动车多为无牌驾驶,甚至一些人是无证驾驶。在查处过程中,即便发现酒驾,为了当事人的安全,考虑当事人驾驶技术未必娴熟,交警也不敢全力追捕,防止追捕过程中发生交通事故。

同时,农村交通安全设施的不足也值得关注。"交通安全设施具有指引、警示作用,告知广大交通参与者有所为有所不为。可是,在很多农村地区的公路上,缺乏必要的交通信号设施、机动车与非机动车隔离设施、路面标线等,这在一定程度上加剧了农村交通的随意性,让广大农村群众始终没有规范自身交通行为的意识,甚至不知道什么是交通陋习。"钱宇彬说。

**农村地区的交通文明亟须跟上**

一些交通陋习已经被规定为违法行为。

农村交通陋习,究竟该怎么管?日前,公安部、中央文明办、教育部、司法部、交通运输部、国家安全监管总局六部门发出了"摒弃交通陋习,安全文明出行"的倡议,并以此作为今年全国交通日的主题。

"充实基层交通执法力量,加大农村地区执法检查力度,是必要之举。"于安波说,事实上,我国现行的《刑法修正案(八)》《道路交通安全法》《公路法》等一系列法律法规已经将酒驾、无牌无证车辆驾驶、不佩戴安全帽、非法载客等交通陋习上升为违法行为,并且在法律责任上作出了明确规定。"接下来,相关管理部门需要保证这些法律法规在农村地区得到贯彻落实,为农村筑起交通安全的屏障。"

农村地区的交通文明亟须跟上。"人们聚会喝酒在常理之中,可是'喝酒不开车、开车不喝酒'显然还没有成为大家的习惯。再如大家在路间道口寒暄两句在所难免,可是,大家显然也没有意识到随意停车、探头与他人打招呼就很有可能酿成交通事故。"钱宇彬建议，进一步加强农村交通安全教育，从根本上提高人们的交通安全意识，甚至可以通过村两委，组织群众自发学习，发动群众相互监督，让群众在自治中自省，提高对交通安全的认识。

## 农村公路，安全短板在哪里

作者：颜　珂　来源：人民日报（2013 年 12 月 1 日）

### 安全形势堪忧

车多了，通车里程长了，但道路通行条件差。

每到节假日，湖南省岳阳县新墙镇双港村村民孙勇波总难清闲。他本是一家餐馆的老板，因为靠近当地工业园区，生意一直不错，节假日事情就更多——107 国道就从餐馆门口过，自从当上了义务交通协管员，每到放假，这位年过半百的老人总是穿上黄马甲，上路疏导交通。

"这几年，车多了，事故也多了。"孙勇波说。

岳阳县公安交警大队队长刘金林对此也深有同感。刘金林列了这样一组数据：去年，岳阳县全年机动车新上户的数量，等于 1999 年之前所有年头的总和，全县在册机动车达到 6.4 万多台；每天新拿证的驾驶员，就有 50 多名；全县公路通车里程已经超过4 500公里，基本已经通到组。

恼人的是，交通安全事故同样在攀升。"我干交警工作 8 年了。8 年前，每年的交通事故大约 1 600 多起，现在，早已经超过 3 000 起了。"刘金林说，这其中，70% 以上发生在农村地区。

搜索近期发生的重大交通事故，农村地区几乎"当仁不让"地成了"重灾区"：

今年（指 2013 年，编者注）11 月 10 日，湖北省罗田县新麻线 K49 + 650m 处突发一起重大事故，一辆由麻城开来的小车失控冲入河中，致车内 6 人不幸溺水身亡。

11 月 14 日，云南省兰坪县石登乡石中坪村委会仁和村民小组村民甘某，驾驶一辆轻型货车至石登乡境内，车辆驶离路面，翻下公路边坡，造成 5 人死亡，5 人受伤。

"过去出门，雨天一身泥，晴天一身灰；现在就是担心出车祸，出了门回不来。"一位农民朋友半调侃地说。

对于山区丘陵多的湖南省而言，农村道路交通安全形势，显得尤为严峻。湖南省公安交警总队交通秩序管理支队副支队长梁少雍告诉记者，湖南全省农村公路通车里程超过 18.5 万公里，占全省公路通车里程 81.5%；机动车辆 680 余万台，其中低速货车、三轮车、摩托车三类车共占总数的 67%，"车多了，但车辆安全等级低；通车里程长了，但道路通行条件差。"

据统计，近 5 年来，湖南省 10 人以上的特大道路交通事故有 60% 发生在农村公路上。

### 人车路各有"短板"

警力少，交通违法违规多，"光头路"令人愁。

去年 4 月开始，岳阳县筻口镇派出所副所长李忠于，多了一份新差事——派出所里的"交通专干"。他的职责包括交通安全宣传、巡查以及简易交通事故的处理。去年，李忠于与另外一名交通专干一道，处理了交通事故 100 多起。

一般交通事故处理权下放给派出所，是岳阳县的新办法。过去，交通事故处理，全交给县里的122中队。“从城关镇到边远山区,最远的有100公里,一个中队12个人,哪能忙得过来?”刘金林说。

受警力不足困扰的,不仅仅是岳阳县。整个岳阳市,农村地区仅有429名交警,据估算,农村交警实际人均负担3 000辆机动车、2 000名驾驶人、80公里的安全管理任务。

“农村交警中队平均管理5个乡镇,每位民警管一个乡镇。交警中队年均受理事故报警500~1 000起,按一般程序纠正交通违法800~2 000起,仅事故一项就让他们疲于奔命。”梁少雍说。

与之形成鲜明对比的,是农村交通违法行为的居高不下。据统计,近年来湖南农村交通安全事故,95%以上都是由于驾驶人违法行为引起的。

摩托车的违法行为,最让刘金林头疼。在农村,摩托车几乎家家户户都有,却呈现出“三低两高”的困境——事故发生率、违法率高,上牌率、持证率、检验率低。“全县交通安全事故,有60%~70%都与摩托车有关。”刘金林说。

存在“短板”的,还有路。

“你看,这里有减速带,前面接国道时,还装上了警示灯。”驱车行驶在筻口镇新安村,刘金林耐心地向记者提示着村里新设的交通安全设施。这个被国道107和省道306夹在中间的村庄,道岔多,车流量大,属于重点路段。在刘金林看来,有了安全设施,就等于添上了一道“安全阀门”。

不过,更多情况下,农村道路安全设施的配置,远不及新安村这般规范。截至2011年年底,湖南省农村公路达到18万公里,农村道路硬化率达到90%以上,但由于资金不足,标准不高,配套不完善的问题比较突出。

“一些路段,没有路肩,是名副其实的‘光头路’;在陡坡、急弯和临水、临崖、临谷等危险路段,没有标志标线,没有防撞隔离墩等警示标志和防护设施,往往是易出现车毁人亡事故的‘死亡路段’。”梁少雍说。

**触角延伸基层**

“平安出行”既要用大力,也要用“巧力”。

黄志坚每天的工作时间,是从早上6点半开始的。从岳阳县长湖乡天龙村,到乡中心学校,每天得跑6趟——65名孩子的上下学,全由他的校车接送。

黄志坚的19座国标校车,是他去年8月份新购置的,花了近20万。通过直接补贴和减免费用,岳阳县政府大约补贴了2万,加上他每年收取的车费,“保本没问题,还略有盈余”。

产权归个人,管理却要听从县里的校车服务公司。这种被称为“政府主导,市场运作,公司管理,部门监管”的校车管理模式,让岳阳县不仅拥有了178辆国标校车,还有了一套各方满意的运营体制。“我们计划三年内,让全县所有校车都达到国标水平。”岳阳县春蕾校车服务公司经理游鹏飞说。

校车安全,各地都在探索,岳阳县以“巧力”破题。近三年来,全县无一例校车交通事故,无一例学生伤亡。

在岳阳市,类似的“巧力”还被用在对付基层监管力量不足的“老大难”。去年以来,岳阳市公安局改革基层警务模式,全面推行派出所参与农村道路交通管理,由于管理半径小,办事效率高,群众欢迎,效果不错。

事实上,管理体系“下沉”的做法,已在湖南全省推广。湖南省要求,在2013年年底前完成50%、2015年年底前全面完成乡镇交通安全管理服务站的建设任务,将农村交通安全管理的工作触角,延伸到最基层。

更多的问题,则需在源头上着力。今年9月,湖南省出台《关于加强道路交通安全工作的实施意见》(以下简称《意见》)。其中,对于如何从源头堵住农村交通安全“漏洞”,划上了许多“硬杠杠”,从源头上防止农村道路安全设施的“先天不足”。此外,提升道路安保设施,加快推进农村客运发展,明晰农村交通安全管理责任等内容,都被写入《意见》之中。

“每项任务的最后,都写上了组织实施的部门,责任十分明确。”梁少雍说。

# 四、道路交通安全新技术

**1. 沃尔沃城市安全系统显著减少交通事故**

隶属于美国公路安全保险协会（IIHS）的公路损失数据研究所（Highway Loss Data Institute）发布的一项报告显示：与其他中型豪华 SUV 相比，配备城市安全系统的沃尔沃 XC60 所涉及的财产损失事故少 27%，涉及的人身伤害事故少 51%。

沃尔沃城市安全系统是一项能够自动制动的领先主动安全科技，配备在 XC60 及 S60 两种车型上。该系统在车速低于 30 千米/小时时启动，利用内置在风窗玻璃顶部，装于后视镜高度的一个激光传感器监测前方的交通状况。如果前车突然制动，该系统判断有发生碰撞的危险时便会对驾驶员发出警示并对制动器进行预加压。如果驾驶员仍未采取任何行动，车辆就会自动制动。如果两车的相对速度差低于 15 千米/小时时，该系统可帮助驾驶人避免碰撞。当两车的相对速度差在 15～30 千米/小时时，该系统可在碰撞发生前将速度降至最低。

**2. 谷歌地图整合 Waze 可报告交通事故**

北京时间 2013 年 8 月 21 日，IOS、Android 版 Google 手机地图升级。在本次升级中，提供交通事故报告的功能很重要。它整合了 Waze 功能，增加了一些提醒信息，比如车祸、建筑位置、封路信息及其他路况信息。2013 年 6 月，Google 花费 10 亿美元收购 Waze。整合之后时 Waze 服务将专注于两点：一是 Waze 社区，二是向经常出行的用户提供帮助。Waze 将提供多个国家的交通事故报告，包括阿根廷、巴西、智利、哥伦比亚、厄瓜多尔、法国、德国、墨西哥、巴拿马、秘鲁、瑞士、英国和美国等。

**3. 日产汽车全新技术进一步提升安全屏障性能**

在 2013 Nissan 360 活动中，日产汽车首次展示了两项新型安全技术，分别为高级传感器和高级人工智能。通过配备高级传感器，可以实现激光扫描仪与全景式影像监控系统 360°全方位监控汽车周边环境，不间断搜寻障碍物、其他车辆和潜在风险以及道路标志与信号；高级人工智能技术实现了在车辆智能领域的突破，它可以使车辆对高级传感器收集的数据做出反应。两项技术共同作用，将可以实现车辆自主处理复杂的实际路况。

# 五、国际道路交通安全

**1. 日本交通事故死亡人数连续 12 年减少　老人占半数**

日本 2013 年版《交通安全白皮书》显示，至 2012 年年底，日本交通事故死亡人数已连续 12 年下降。死亡人数下降的原因主要有安全带使用率上升、制动技术改良等。在交通事故死亡者中，65 岁以上老人为 2 264 人，占总体的 51.3%。这是自 1967 年日本警察厅留有记录以来的最高比例。在老年死亡者中，49.0% 是步行中发生的事故，“乘坐汽车时”“骑自行车时”紧接其后，分别为 26.1% 和 16.1%。

**2. 俄政府拨款 320 亿卢布加强道路交通安全**

俄罗斯政府官网于 2013 年 10 月 8 日公布了俄政府关于在 2013 ~ 2020 年加强道路交通安全工作的新纲要。根据该文件，俄罗斯将在 2020 年前拨款 320 亿卢布用于降低道路交通事故，整治道路交通违法行为。为实现该纲要，俄罗斯联邦政府将拨款 171.9 亿卢布，地方政府出资 141.6 亿卢布，其他投资来源约为 10 亿多卢布。目标是在 2020 年前将俄罗斯道路交通死亡人数降低 30%。

**3. 2012 年美国交通事故死亡率增长 3%**

美国国家公路交通安全管理局（NHTSA）于 2013 年 11 月 14 日公布，2012 年交通事故死亡率增长了 3.3%，死亡人数达到 3.356 1 万人，是自 2005 年以来的首次增长。高速公路死亡事故 3% 的增长原因可能在于 2013 年美国异常的暖冬导致摩托车骑行季的延长。其中，72% 的事故发生在当年的前三个月。伤亡人员大部分为摩托车驾驶者或行人。

# 六、国际道路交通安全数据[1]

部分国家或地区道路交通事故10万人口死亡率

| 年份(年)<br>国家或地区 | 1975 | 1980 | 1985 | 1990 | 1995 | 1996 | 1997 | 1998 | 1999 | 2000 | 2001 | 2002 | 2003 | 2004 | 2005 | 2006 | 2011 | 2012 |
|---|---|---|---|---|---|---|---|---|---|---|---|---|---|---|---|---|---|---|
| 爱尔兰 | 18.4 | 16.6 | 11.6 | 13.6 | 12.1 | 12.5 | 12.9 | 12.4 | 11.0 | 11.0 | 10.7 | 9.6 | 8.4 | 8.8 | 9.7 | 8.6 | 4.2 | 3.5 |
| 奥地利 | 33.4 | 26.5 | 20.1 | 20.3 | 15.2 | 12.9 | 13.9 | 12.1 | 13.5 | 12.2 | 11.9 | 11.8 | 11.5 | 10.7 | 9.3 | 8.8 | 6.2 | 6.3 |
| 澳大利亚 | 26.6 | 22.3 | 18.6 | 13.7 | 11.2 | 10.8 | 9.5 | 9.4 | 9.3 | 9.5 | 8.9 | 8.7 | 8.1 | 7.9 | 8.0 | 7.7 | 5.7 | 5.7 |
| 比利时 | 24.0 | 24.3 | 18.3 | 19.9 | 14.3 | 13.4 | 13.4 | 14.7 | 13.7 | 14.4 | 14.5 | 13.1 | 11.7 | 11.2 | 10.4 | 10.2 | 7.8 | 6.9 |
| 冰岛 | 15.1 | 11.0 | 10.0 | 9.4 | 9.0 | 3.7 | 5.6 | 9.9 | 7.6 | 11.5 | 8.5 | 10.1 | 8.0 | 7.9 | 6.5 | 10.3 | 3.8 | 2.8 |
| 波兰 | 16.5 | 16.8 | 12.6 | 19.2 | 17.9 | 16.5 | 18.9 | 18.3 | 17.4 | 16.3 | 14.3 | 15.2 | 14.8 | 15.0 | 14.3 | 13.8 | 11 | 9.2 |
| 丹麦 | 16.4 | 13.5 | 15.1 | 12.3 | 11.2 | 9.8 | 9.3 | 9.4 | 9.7 | 9.3 | 8.1 | 8.6 | 8.0 | 6.8 | 6.1 | 5.6 | 4 | 3.0 |
| 德国 | 22.0 | 19.3 | 13.0 | 14.0 | 11.6 | 10.7 | 10.4 | 9.5 | 9.5 | 9.1 | 8.5 | 8.3 | 8.0 | 7.1 | 6.5 | 6.2 | 4.9 | 4.4 |
| 法国 | 27.3 | 25.1 | 20.6 | 19.8 | 15.3 | 14.7 | 14.4 | 15.2 | 14.4 | 13.6 | 13.8 | 12.9 | 10.2 | 9.3 | 8.8 | 7.7 | 6.1 | 5.8 |
| 芬兰 | 19.4 | 11.5 | 11.1 | 13.0 | 8.6 | 7.9 | 8.5 | 7.8 | 8.4 | 7.7 | 8.4 | 8.0 | 7.3 | 7.2 | 7.2 | 6.4 | 5.4 | 4.7 |
| 韩国 | 10.8 | 14.7 | 18.4 | 33.1 | 26.3 | 32.0 | 29.0 | 22.5 | 23.1 | 21.8 | 17.1 | 15.2 | 15.1 | 13.7 | 13.2 | 13.1 | 10.5 | 10.8 |
| 荷兰 | 17.1 | 14.2 | 9.9 | 9.2 | 8.6 | 7.6 | 7.5 | 6.8 | 6.9 | 6.8 | 6.2 | 6.1 | 6.3 | 4.9 | 4.6 | 4.5 | 3.3 | — |
| 加拿大 | 26.7 | 22.7 | 17.3 | 14.9 | 11.4 | 10.4 | 10.2 | 9.7 | 9.7 | 9.5 | 8.9 | 9.3 | 8.7 | 8.5 | 9.1 | 9.1 | 5.9 | 5.8 |

[1]数据来源:经济合作与发展组织(OCED)道路安全年报2013、欧盟交通事故数据库(CARE)、IRTAD交通安全年报2013等。

续上表

| 国家或地区＼年份(年) | 1975 | 1980 | 1985 | 1990 | 1995 | 1996 | 1997 | 1998 | 1999 | 2000 | 2001 | 2002 | 2003 | 2004 | 2005 | 2006 | 2011 | 2012 |
|---|---|---|---|---|---|---|---|---|---|---|---|---|---|---|---|---|---|---|
| 捷克 | 16.3 | 12.2 | 9.6 | 12.5 | 15.4 | 15.2 | 15.5 | 13.2 | 14.1 | 14.5 | 13.0 | 14.0 | 14.2 | 13.5 | 12.6 | 10.4 | 7.3 | 7.1 |
| 卢森堡 | 34.7 | 27.0 | 21.6 | 18.8 | 17.0 | 17.2 | 14.4 | 13.4 | 13.5 | 17.5 | 15.9 | 14.0 | 11.8 | 11.0 | 10.2 | 7.7 | 6.5 | 6.5 |
| 美国 | 20.7 | 22.5 | 18.4 | 17.9 | 15.9 | 15.9 | 15.7 | 15.4 | 15.3 | 15.2 | 14.8 | 14.9 | 14.7 | 14.6 | 14.7 | 14.3 | 10.4 | — |
| 挪威 | 13.5 | 8.9 | 9.7 | 7.8 | 7.0 | 5.8 | 6.9 | 8.0 | 6.8 | 7.6 | 6.1 | 6.9 | 6.2 | 5.6 | 4.8 | 5.2 | 3.4 | 2.9 |
| 葡萄牙 | 34.7 | 27.7 | 22.1 | 28.2 | 25.2 | 25.4 | 23.4 | 22.4 | 23.2 | 20.0 | 17.9 | 17.8 | 16.3 | 13.6 | 13.0 | 10.6 | 8.4 | 6.8 |
| 日本 | 12.5 | 9.7 | 9.9 | 11.8 | 10.1 | 9.3 | 8.9 | 8.5 | 8.2 | 8.2 | 7.9 | 7.5 | 7.0 | 6.7 | 6.2 | 5.7 | 4.3 | 4.1 |
| 瑞典 | 14.3 | 10.2 | 9.7 | 9.1 | 6.5 | 6.1 | 6.1 | 6.0 | 6.6 | 6.7 | 6.2 | 6.0 | 5.9 | 5.3 | 4.9 | 4.9 | 3.4 | 3.0 |
| 瑞士 | 19.0 | 19.2 | 13.6 | 13.9 | 9.9 | 8.7 | 8.3 | 8.4 | 8.2 | 8.3 | 7.6 | 7.1 | 7.5 | 6.9 | 5.5 | 5.0 | 4.1 | 4.3 |
| 斯洛文尼亚 | 32.9 | 29.2 | 23.5 | 25.9 | 20.9 | 19.5 | 18.0 | 15.6 | 16.9 | 15.8 | 13.9 | 13.5 | 12.1 | 13.7 | 12.9 | 13.1 | 6.9 | 6.3 |
| 西班牙 | 16.6 | 17.6 | 16.6 | 23.2 | 14.7 | 14.0 | 14.3 | 15.1 | 14.5 | 14.5 | 13.8 | 12.9 | 12.8 | 11.0 | 10.2 | 9.3 | 4.5 | 4.1 |
| 希腊 | 13.8 | 15.0 | 20.2 | 20.2 | 23.1 | 20.6 | 20.0 | 20.7 | 20.1 | 18.7 | 17.2 | 14.9 | 14.6 | 15.1 | 15.0 | 14.9 | 10.1 | — |
| 新西兰 | 20.0 | 18.9 | 22.6 | 21.4 | 15.9 | 13.8 | 14.4 | 13.2 | 13.4 | 12.1 | 11.8 | 10.3 | 11.5 | 10.7 | 9.9 | 9.5 | 6.5 | 6.9 |
| 匈牙利 | 16.0 | 15.2 | 16.5 | 23.4 | 15.5 | 13.4 | 13.7 | 13.5 | 12.9 | 11.9 | 12.1 | 14.0 | 13.1 | 12.8 | 12.7 | 12.9 | 6.4 | 6.1 |
| 以色列 | — | — | — | 8.9 | 9.8 | 9.0 | 8.8 | 8.9 | 7.5 | 7.1 | 8.2 | 7.8 | 6.6 | 6.8 | 6.3 | 5.7 | 4.4 | 3.3 |
| 意大利 | 18.6 | 16.4 | 13.5 | 12.4 | 12.3 | 11.7 | 11.7 | 11.9 | 11.6 | 12.2 | 12.3 | 12.2 | 11.4 | 10.6 | 10.0 | 9.6 | 6.4 | 6.0 |
| 英国 | 11.6 | 10.9 | 9.4 | 9.4 | 6.4 | 6.4 | 6.4 | 6.0 | 6.0 | 6.0 | 6.0 | 6.0 | 6.1 | 5.5 | 5.5 | 5.4 | 3.1 | — |

## 部分国家或地区道路交通事故亿车公里死亡率

| 年份(年)<br>国家或地区 | 1975 | 1980 | 1985 | 1990 | 1995 | 1996 | 1997 | 1998 | 1999 | 2000 | 2001 | 2002 | 2003 | 2004 | 2005 | 2006 | 2011 | 2012 |
|---|---|---|---|---|---|---|---|---|---|---|---|---|---|---|---|---|---|---|
| 爱尔兰 | — | 2.8 | 2.0 | 1.9 | 1.4 | 1.3 | 1.5 | 1.4 | 1.2 | 1.2 | 1.1 | 1.0 | 0.9 | 0.9 | 0.9 | 0.8 | 0.4 | 0.3 |
| 奥地利 | 8.3 | 5.6 | 3.8 | 2.8 | 1.9 | 1.5 | 1.6 | 1.4 | 1.5 | 1.5 | 1.4 | 1.4 | 1.3 | 1.3 | 1.1 | 1.0 | — | 0.7 |
| 澳大利亚 | 3.8 | 2.8 | 2.1 | 1.5 | 1.2 | 1.1 | 0.9 | 0.9 | 0.9 | 0.9 | 0.9 | 0.8 | 0.8 | 0.7 | 0.7 | 0.7 | 0.6 | 0.6 |
| 比利时 | 6.2 | 5.0 | 3.4 | 2.8 | 1.8 | 1.7 | 1.6 | 1.7 | 1.6 | 1.6 | 1.6 | 1.5 | 1.3 | 1.2 | 1.1 | 1.1 | — | 0.8 |
| 冰岛 | — | 2.1 | 1.8 | 1.5 | 1.3 | 0.5 | 0.8 | 1.4 | 0.9 | 1.4 | 1.0 | 1.2 | 0.9 | 0.9 | 0.7 | 1.0 | 0.4 | 0.3 |
| 丹麦 | 3.1 | 2.5 | 2.6 | 1.7 | 1.4 | 1.2 | 1.1 | 1.1 | 1.1 | 1.1 | 0.9 | 1.0 | — | 0.8 | 0.7 | 0.6 | — | 0.3 |
| 德国 | — | 3.7 | 2.4 | 2.0 | 1.5 | 1.4 | 1.3 | 1.2 | 1.2 | 1.1 | 1.0 | 1.0 | 1.0 | 0.8 | 0.8 | 0.7 | 0.6 | 0.5 |
| 法国 | 5.9 | 4.4 | 3.3 | 2.6 | 1.9 | 1.8 | 1.7 | 1.8 | 1.6 | 1.5 | 1.5 | 1.4 | 1.1 | 1.0 | 1.0 | 0.8 | 0.7 | 0.7 |
| 芬兰 | 3.7 | 2.1 | 1.7 | 1.6 | 1.0 | 1.0 | 1.0 | 0.9 | 0.9 | 0.8 | 0.9 | 0.9 | 0.8 | 0.7 | 0.7 | 0.6 | 0.5 | 0.5 |
| 韩国 | — | — | — | — | — | — | — | — | — | 4.9 | 3.3 | 2.8 | 2.6 | 2.3 | 1.8 | 1.9 | 1.8 | 1.8 |
| 荷兰 | 3.5 | 2.7 | 1.8 | 1.4 | 1.2 | 1.1 | 1.0 | 0.9 | 0.9 | 0.9 | 0.8 | 0.8 | 0.8 | — | — | — | — | — |
| 加拿大 | — | — | — | — | — | — | — | — | — | 0.9 | 0.9 | 0.9 | 0.9 | 0.9 | 0.9 | 0.9 | 0.6 | 0.6 |
| 捷克 | — | 5.4 | 4.2 | 4.8 | 4.7 | 4.5 | 4.4 | 3.5 | 3.6 | 3.7 | 3.2 | 3.3 | 3.2 | 2.9 | 2.6 | 2.1 | — | 1.6 |
| 美国 | 2.1 | 2.1 | 1.5 | 1.3 | 1.1 | 1.1 | 1.0 | 1.0 | 1.0 | 0.9 | 0.9 | 0.9 | 0.9 | 0.9 | 0.9 | 0.9 | 0.7 | — |
| 挪威 | 3.5 | 1.9 | 1.7 | 1.2 | 1.0 | 0.8 | 1.0 | 1.1 | 1.0 | 1.0 | 0.8 | 0.9 | 0.8 | 0.7 | 0.6 | 0.7 | 0.4 | 0.3 |
| 日本 | 4.9 | 2.9 | 2.8 | 2.3 | 1.8 | 1.6 | 1.5 | 1.4 | 1.4 | 1.3 | 1.3 | 1.2 | 1.1 | 1.1 | 1.0 | 1.0 | — | 0.7 |
| 瑞典 | 2.7 | 1.6 | 1.5 | 1.2 | 0.9 | 0.8 | 0.8 | 0.8 | 0.8 | 0.8 | 0.8 | 0.7 | 0.7 | 0.6 | 0.6 | 0.6 | 0.4 | 0.4 |
| 瑞士 | 3.6 | 3.1 | 2.0 | 1.9 | 1.3 | 1.2 | 1.1 | 1.1 | 1.0 | 1.0 | 0.9 | 0.9 | 0.9 | 0.8 | 0.7 | 0.6 | — | 0.6 |
| 斯洛文尼亚 | 10.9 | 9.6 | 8.2 | 6.5 | 4.4 | 3.8 | 3.3 | 2.8 | 2.9 | 2.7 | 2.3 | 2.2 | 1.7 | 1.8 | 1.7 | 1.6 | 0.8 | 0.8 |
| 新西兰 | — | — | — | — | — | — | — | — | — | 1.2 | 1.3 | 1.1 | 1.2 | 1.1 | 1.0 | 1.0 | 0.7 | 0.8 |
| 以色列 | — | — | — | 2.3 | 1.8 | 1.6 | 1.6 | 1.6 | 1.4 | 1.3 | 1.4 | 1.4 | 1.2 | 1.2 | 1.1 | 1.0 | 0.7 | 0.5 |
| 英国 | 2.7 | 2.2 | 1.7 | 1.3 | 0.8 | 0.8 | 0.8 | 0.7 | 0.7 | 0.7 | 0.7 | 0.7 | 0.7 | 0.6 | 0.6 | 0.6 | — | — |